365日、今日行くべき

世界で一番

The BEST PLACE TO BE TODAY:
365 THINGS TO DO & THE PERFECT DAY TO DO THEM

すばらしい場所

サラ・バクスター 編著

Sarah Baxter

はじめに

今日これから旅に出るなら、どこに行くのが一番いいだろう？ 明日だったら？ あるいはそれが自分の誕生日だったら？

ああ、ここを選んだ自分を褒めたい。空が信じられないほど青い。この完璧までのコバルトブルーは、テクニカラーの映画か、Photoshopで加工したスクリーンの中でしか見られないのではないだろうか。ハイキングのピークシーズン前に分け入る古代の道は人影もなく、ハリエニシダの金色の花に縁取られている。そのまわりに広がる高原は紫とピンクの花で溢れかえり、若葉の鮮やかなグリーンがアクセントを添えている。葉叢の陰では、伴侶を求める鳥たちが歌い、鳴き交わしている。1日がとてつもなく長い。日照時間は午後10時にまで及び、暖かな戸外のテラスで極辛シシトウガラシのタパスと赤ワインを楽しむ至福の時間を過ごすことができる（もちろん、夏季の話だが）。そう、まさにこの場所、この時間。時は5月後半、正確には5月26日。場所はスペイン。旅の目的はカミーノ・デ・サンティアーゴ、巡礼の道をたどること。野生の花々が咲き乱れ、日は長く、ツアー客がほとんど来ないという、旅好きにはこたえられない条件が揃うのである。

文化的な背景や地理的な嗜好がどうであれ、「まさにこの場所、この時間」は、すべての旅人が願ってやまない条件であることは間違いない。オーロラの光が華麗に踊る場面に居合わせる（寒すぎるのはちょっと困るが）。ふだんは退屈な田舎町が年に一度の祭りに沸きかえる局面に居合わせる。クジラの大群が岩礁近くに押し寄せてくる場所に居合わせる。なんであれ旅の目的として選んだ冒険が、完璧な気候のもとに実行できることこそ、旅の醍醐味といえよう。この本は、そんな「まさにこの場所、この時間」を探すあなたのために作られた本である。旅を企画し、その旅のハイライトになるような時間と場所に焦点を当て、ベストな体験をしてもらいたいがために、この本は生まれた。

この本を手に取ったあなたは、たとえば日本で桜の花見をするにはいつが一番いいかを知りたいと思っているだろう（期日を特定するとしたら3月26日か）。あるいは、グランド・キャニオンからコロラド川までラフティングをするにはいつが一番いいかを知りたいと思っているかもしれない（9月16日がいいだろう。モーターボートのシーズンが終わっているからね）。それとも、イエスの御子（baby Jesus）よりはイボイノシシの赤ちゃん（baby warhog）を見てクリスマス休暇を過ごすほうがいいと考えているだろうか（であれば、12月27日にケニアに滞在することをお勧めする）。冬よりは夏にボブスレーをしたい（場所はケニア、時期は7月2日）、グランストンベリー・フェスティバルのような一大イベントを逃したくない（場所はイングランド、時期は6月28日）、天山山脈に登ってみたい（場所はキルギスタン、時期は8月25日）、などなど。

オーロラの光が華麗に踊る場面に居合わせる。私たちは誰だってそんな素敵な偶然に出会えることを願っている。

続 はじめに

あるいは、(しっかりした防水コートを用意する必要があるが) 普通の人なら避けるタイミングではあるけれど、大滝の圧倒的な水量を体験したいとあなたは思っているかもしれない (であれば、イグアスの滝をお勧めする。期日は12月9日)。「まさに」という時間と場所の捉え方は人それぞれだが、ピークシーズン直前の場合もあるだろう。たとえば、3月10日、ニュージーランドのミルフォード・トラックでトレッキングを考えているとしよう。その場合は、ハイカーが少なくなり、少し過ごしやすい気候の期日にシフトすることも考慮するとよい。

カレンダーの期日に特化して旅程を考えてみると、選んだ場所と季節の関係も見えてくる。バヌアツのバンジージャンプは元々ヤムイモの収穫時期の開始とともに行われた行事だし、パンダの求愛の声を聞きながらトレッキングをするとなると期日は限られていることもわかってくる。私たちの地球をそんな角度から切り取って見てみると、6月のハネムーンに行きたい場所や10月の定期休暇に訪れてみたい地域なども、よりターゲットを絞り込むことができるのではないだろうか。また、自分へのご褒美として、誕生日に自分がどこにいたいか、というような使い方もよいと思う。

ある特定の期日、ある特定の祝日 (宗教的な休日やフェスティバル、イベントの開始日など) で探したり、週や月で考えてみたりするのもいいだろう。一番涼しい時期、一番乾燥した時期、一番静かな時期、一番ワイルドな時

> ある特定の日で探したり、週や月で
> 考えてみたりするのもいいだろう。
> 涼しい、乾燥している、静か、ワイルド、
> などキーワードで探すのもアリ、だ。

期、など形容詞をキーワードに探すのもアリ、だ。

もちろん、オプションは無限にある。どの期日にも、滞在するのに最適な場所だったり、体験するのにベストなイベントがあるのだから。この本に書かれている365種類の場所や時間や出来事は、スタート地点に過ぎない。だから、この「はじめに」の文章を読むのはここまでにしよう。こんなところで留まっている場合ではない。さあ、ページをめくって、自分の「今日」を探しに行こう。自分の「明日」の計画を立てることから始めてはいかが?

サラ・バクスター

目次

JANUARY	1月	Page 008
FEBRUARY	2月	Page 030
MARCH	3月	Page 050
APRIL	4月	Page 072
MAY	5月	Page 094
JUNE	6月	Page 116
JULY	7月	Page 136
AUGUST	8月	Page 158
SEPTEMBER	9月	Page 180
OCTOBER	10月	Page 202
NOVEMBER	11月	Page 224
DECEMBER	12月	Page 244

あなたならいつどこに行きたい？

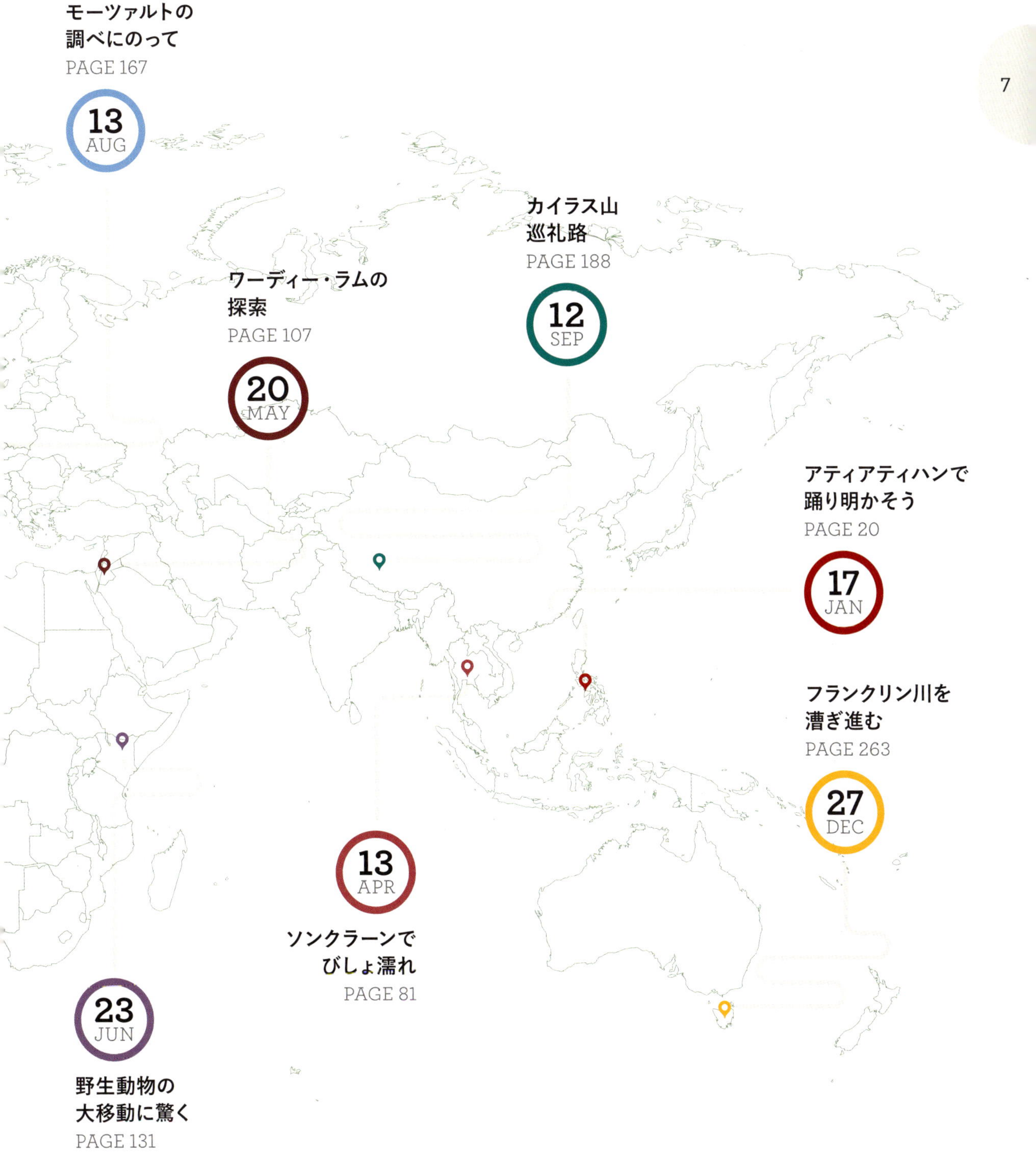

7

モーツァルトの
調べにのって
PAGE 167

13
AUG

ワーディー・ラムの
探索
PAGE 107

20
MAY

カイラス山
巡礼路
PAGE 188

12
SEP

アティアティハンで
踊り明かそう
PAGE 20

17
JAN

フランクリン川を
漕ぎ進む
PAGE 263

27
DEC

13
APR

ソンクラーンで
びしょ濡れ
PAGE 81

23
JUN

野生動物の
大移動に驚く
PAGE 131

ジャンカヌーの狂乱パレード

THE BAHAMAS バハマ

なぜ今？　国を挙げての新年のお祝いに参列する
どこで？　ナッソー
時期は？　1月（と12月26日）

01 JAN

ジャンキーというよりはファンキーと呼ぶべきか。バハマの公式行事は1年のうちの2日を費やして行われる。

国を挙げてのお祭り、ジャンカヌーは色彩と喧騒に満ちている。初日はボクシングデー（12月26日）。2日目が元旦。どちらも首都ナッソーで開催される。元旦のパレードのほうが集客数が多く、約5万人の観客が通りにひしめきあう。パレードの開始時刻は午前2時で、朝方の6時まで。会場となるベイストリート、シャーリーストリートでまず聞こえてくるのは口笛、ホルン、カウベル、ドラム、ツブガイが狂熱的にかきたてる音、音、音。それから思い思いの衣装を身につけた酩酊状態の人、人、人。不協和音とリズムにあおられるかのようにターンを繰り返しながら人々は行進を続けている。

祭りに参加する人々は1年をかけて衣装のデザインを考え、当日まで誰にも秘密を明かさない。バハマの人たちにとっては、勝負を賭けた一大事なのだ。
— www.bahamas.co.uk

January 1月

光と喧騒の「吟遊詩人のカーニバル」

SOUTH AFRICA 南アフリカ

なぜ今？	テーブルマウンテンのふもとで新年を祝う
どこで？	ケープタウン
時期は？	1月2日から1ヵ月間

「吟遊詩人のカーニバル」（アフリカーンス語でKaapse Klopse）はケープタウン最大のカーニバル。スパンコールやサテン地の色鮮やかな衣装を身に着けた集団がパレードを行う陽気な祭りである。カーニバルの始まりは19世紀。植民地奴隷が1年に1度、1月2日に与えられた休暇が起源となった。しかし、カーニバルが現在のように厚化粧や卑猥なダンスで知られるようになったのは、19世紀後半にアメリカの吟遊詩人たちが参加するようになってからだという。

メインのパレードは旧市庁舎前のダーリングストリートを午後出発し、ケープタウン・スタジアムで終了する。数万人の観客が進路に押し寄せるので、早めに見物場所を確保することをお勧めしたい。

「吟遊詩人のカーニバル」は現在、参加者が衣装や歌唱、ダンスなどさまざまな観点から審査を受けるコンテストになっている。開催期間は1月から2月前半の各土曜日。メインのパレードを見逃したとしても、グリーンポイント・スタジアム、アスローン・スタジアム（2010年FIFAワールドカップの開催会場）、フォイフルクロール・スタジアムの他会場で吟遊詩人たちのさまざまなパフォーマンスを見ることができる。

— www.capetown-minstrels.co.za

玉龍雪山でスキー？

CHINA 中国

なぜ今？	質・量ともに素晴らしい雪を楽しむ
どこで？	雲南省玉龍雪山
時期は？	11月から5月初旬

03 JAN

雲南省麗江にある玉龍雪山は世界でもっとも高いところにあるスキーリゾート。元々は2番目だったが、世界1位のチャカルタヤ氷河（南米ボリビア）で万年雪が溶けてしまったため、2009年トップの座に躍り出た。ロープウェイ駅から海抜4,506mの氷河公園駅まで行くと、駅のすぐ上あたりに小さなゲレンデがある。富士山よりも高い場所にあるので、リゾート売店では酔い止め薬と酸素マスクを販売している。中国国内のスキー場ではもっとも南に位置した暖かいスキーエリアでもあるため、高さよりは日差しを楽しむために訪れてもいいかもしれない。

— www.cnto.org

左：「吟遊詩人のカーニバル」のパレードは見逃せない。

下：地平線の近くに低く垂れ込める積乱雲。バンクーバー島ではおなじみの風景。

スケルトンのルーツを体験しよう

SWITZERLAND スイス

なぜ今？	トボガンコースで驚異のスピードを体験
どこで？	サンモリッツ
時期は？	クリスマスの数日前から2月の終わり

04 JAN

クレスタランは頭から滑り降りるスケルトン競技の一種。1885年にその専用コースがサンモリッツに作られた。以来毎冬コースの整備が行われており、競技と娯楽の両方で使用されている。ただし、ビジターは競技のない日にしか利用できず、女性はコースを使うことができない。

クレスタランのトップスピードは時速130kmにもなるが、初心者はブレーキング（ブーツのスパイク部分を氷面に立ててスピードを落とす）を使えるようになるだけでも結構な時間がかかる。ブレーキングをおざなりにすると、コースのなかでももっとも難所となるザ・シャトルコックと名付けられたコーナーで転落してしまうだろう。この段階を無事通過すると、シャトルコック・クラブと呼ばれる会員資格を得て、特製のネクタイを手にできる。

— www.cresta-run.com

荒れ狂う自然の猛威を体感

CANADA カナダ

なぜ今？	荒々しい冬の嵐を体感する
どこで？	バンクーバー島
時期は？	11月から3月
	（ピークシーズンは12月から2月）

05 JAN

バンクーバー島の西海岸は、北米西海岸のドラマティックな嵐を身をもって体験するのに絶好の場所である。この島と日本列島との間には遮るものが一切ないので、風は太平洋をあっという間に吹き渡る。アラスカ湾で発生する低気圧は激しい風雨を伴って南下し、ボクサーのパンチよりも強烈な嵐をもたらす。

海岸線を歩いて嵐の激しい怒りに身をまかせてみよう。ワイルド・パシフィック・トレイルと名付けられたトレッキングルートがあり、その途上の崖の上からは嵐の海と空をつぶさに見ることができる。トフィノの町からは嵐体験ツアーも出ている。トフィノのホテルの窓からでも、荒れ狂う自然の猛威を体験することは十分可能なのだが。

— www.tofino-bc.com; www.my-tofino.com

粉まみれ、泡まみれの奇祭「黒と白のカーニバル」

COLOMBIA コロンビア

なぜ今？	汚れても気分爽快なカーニバルに参加する
どこで？	ナリーニョ県パスト
時期は？	1月2日から7日 1月6日がグランドパレードの日

06 JAN

南米でもっとも古くから行われているカーニバルのひとつ、パストの「黒と白のカーニバル」。その起源はスペイン統治時代にまでさかのぼる。一年に一度だけ休みがほしいという黒人奴隷たちの願いを聞き入れた領主はその日を1月5日に定め、なおかつ黒人奴隷が白人の顔を黒く塗ってもかまわないとした（黒の日）。翌日は黒人が自分たちの顔を白くペイントする（白の日）。この伝統が今に至るまで続いている。祭りの間は誰もがグリース、チョーク、タルカムパウダー、小麦粉などありとあらゆるペイント粉やスプレー材でお互いの顔や服を塗りたくる。色は白黒がメインだが、赤や黄、緑や青など原色も使う。誰に粉をかけたり塗ったりしてもかまわない。結果、祭りの最後には誰もが全身粉まみれ、泡まみれになる。

行くと決めたら、自分のワードローブの中でも一番古い服を選ぶこと。顔面攻撃から目や鼻を守るため、アンティファス（マスク）を買うとよい。カーニバル用のものが現地で簡単に入手できる。また、パストは海抜2,500mの高地にあるので、セーターを一枚荷物の中に入れておくことをお勧めする。日中は涼しく、夜は気温がぐんと下がる。さもなければ市内のレストラン、サロン・グアダルキビールを訪れることにしよう。壁一面にカーニバルのポスターが飾られていて、服や顔を汚さずに祭りの気分に浸ることができる。

— www.colombia.travel

RIGHT: ANDREW WATSON – GETTY IMAGES

スーパーバンクで大波をキャッチ！

AUSTRALIA オーストラリア

なぜ今？ サイクロンシーズンに最高の波を捉える
どこで？ クイーンズランド州ゴールドコースト
時期は？ 1月から4月

07 JAN

クイーンズランド州ゴールドコーストの州境に位置するスーパーバンクは、世界最長の波とバレルで知られるサーフィン天国。数十年前には存在しなかったスポットだ。1999年、地元当局は、堆積した砂を北側のゴールドコーストビーチへ移動させるプロジェクトを敢行した。だが夏季のサイクロンがツイード川の水量を増幅させ、砂はスナッパーロックスからキラへと、帯状にまっすぐ広がった状態で移動。結果、石油のパイプラインのような長大な地形へと変貌した。
「スーパーバンク」とはよく名付けたものである。ニューサウスウェールズ州とクイーンズランド州の州境の北側、ツイードヘッズで発生した波はこの時期、巨大なうねりとなって打ち寄せてくる。伝説のビッグウェーブを捉えようとするサーファーを夜になっても見かける。日中の水際はいつも混雑しているが、あせることはない。波の数は訪れる全員が十分満足できるほどにあるから。

— queenslandholidays.com.au

ラジャスターンで
バードウォッチング

INDIA インド

なぜ今？ ケオラデオ・ガナー国立公園で冬の渡り鳥と留鳥を観察する
どこで？ ラジャスターン
時期は？ 11月から3月

08 JAN

大英帝国統治時代はマハラジャが英国総督のためのカモ漁を催す領地だったバラトプルの湿地。1982年、国立公園に昇格し、名前もケオラデオ・ガナー国立公園と改められた。マハラジャによる狩猟の時代が過ぎ去ると、野生動物の数が飛躍的に増加。現在では世界有数のバードウォッチング拠点として知られている。公園に至る交通網は非常に整備されている。デリーの南180kmに位置するバラトプラの町からバイクに飛び乗れば、池や沼を縫ってほぼ平坦な道路が通っているからだ。比較的小さな国立公園だが野鳥の種類はきわめて多く、種類を特定するのに苦労するほどである。

8月から10月の間、公園の木々はサギ、コウノトリ、シラサギなど鳥たちで鈴なりになる。平均すると1本の木に9種類の鳥の巣が見受けられるという。11月から3月の間はアジアやヨーロッパからの渡り鳥が大挙して押し寄せてくる。1日に見られる鳥の種類は180種にも上るそうだ。そのほかにも40種類の猛禽類、7種類のフクロウなど捕食鳥類を観察するのにこれほど最適な場所は他にない。

鳥類のほかにもアンテロープ、アクシスジカ、サンバー、ニルガイなどが浅瀬や草原にたむろしている。ニシキヘビ、サル、ジャングルキャットなどもすぐに見つけることができるだろう。

— www.rajasthantourism.gov.in

ツール・ド・アフリカのコースを疾走

EGYPT-SOUTH AFRICA
エジプトから南アフリカまで

なぜ今？ 歴史あるサイクルロードをたどる
どこで？ カイロからケープタウンまで
時期は？ レースは毎年1月初旬から5月
2015年は1月9日スタート

09 JAN

ツール・ド・アフリカは走行距離11,900kmの自転車レース。ギーザのピラミッドを出発し、カイロを経由し、南アフリカのケープタウンまでひた走る。参加者の多くが一日平均120kmをこなしていく。コース沿道には青ナイル渓谷、ケニア山、キリマンジャロ、マラウイ湖、ヴィクトリアの滝など、アフリカを代表するスポットが点在。アフリカの大自然を心ゆくまで楽しめる。

ツール・ド・アフリカは基本的にはタイムを競うレースだが、登山目的のライダーも参加できるよう、1,000kmから2,000kmの間で距離別に8つのコースが準備されている。過酷なコースもあるが、ムベヤ（タンザニア）からリロングウェ（マラウイ）に至るロードなどはきちんと整備されている。参加費はセクションにより異なり1,500ドルから。フルコースは15,900ドル。

— www.tourdafrique.com

ブードゥーフェスティバルを見物

BENIN ベナン

なぜ今？ ベナンの祝祭で踊り、歌い、人形にピンを刺す
どこで？ ウィダー
時期は？ 1月10日

10 JAN

ベナン人にとってブードゥー教の教えは日常生活に欠かせないもののひとつである。もちろん、謎めいた人形に針を刺して呪いをかけるなど、その教えにはダークな側面もある。だが、それはブードゥ教のひとつの要素ではあっても全部を象徴するものではない。ベナンでもっとも華やかな祭りのひとつ、ウィダーのブードゥーフェスティバルに行ってみれば、それがよくわかる。

ベナン政府が土着信仰とされていたブードゥー教を「宗教」に格上げしたのは1996年。国民（約920万人）の58%が信仰していたからだが、翌年から何百万人という信者が同教の聖地、ウィダーに集結し、町の主教から祝福を受けるようになった。祭りは最高主教がヤギを聖霊に捧げるところから始まる。その後は、ひたすら歌い、祈り、踊る。ドラムの音が鳴り響き、人々はジンをあおる。ウィダーはコトヌーの西42kmに位置するベナン最大の都市である。

— www.benin-tourisme.com

左：アオショウビンが獲物を狙っている。ケオラデオ・ガナー国立公園にて。

下：スーダンから早朝の出発。ツール・ド・アフリカ。

地の果てに広がる
パタゴニア探検

ARGENTINA/CHILE
アルゼンチン/チリ

なぜ今？ 一年中でもっともアプローチしやすい季節
どこで？ 北海道釧路市
時期は？ 12月から2月

11 JAN

パタゴニアは文字通り地の果てに広がる地域。南アメリカ大陸が南の寒冷地に向かって先細りになっていく一帯を指し、地形の起伏が激しい。太平洋沿岸には世界最長のアンデス山脈が連なる。パタゴニア・アンデスは、そのアンデス山脈と東側の大西洋側まで続くパタゴニア台地の総称。山脈自体には平均して2,000mと、それほどの高度はない。だが、指を折ったような形状のトーレス・デル・パイネ国立公園、ドーム型に聳えるフィッツロイの山頂（1,200m）など、風と氷が作り出した峻険な風景は一見の価値がある。フィッツロイ山の麓に隠れるようにして広がっているのは、南パタゴニア氷原。そこから流れ出す氷河のひとつがペリト・モレノ氷河で、湖面からの高さは60mもある。この終端部では大きな音をたてながら氷解が絶えず起こり、それが白く濁ったアルヘンティーノ湖に流れ込んでいる。

アンデス山脈がふたつの異なる気候風土を分割。東側は乾燥したアルゼンチンのステップ地域。マゼランペンギンやゾウアザラシが生息する野生動物の楽園、バルデス半島まで広がる。西側はフィヨルド状のチリ海岸が長く延び、セラノ川などの多数の川があり、氷で覆われた湖までカヤックで遡れるようになっている。さらに冒険を試みたいなら、チリのフタレフ川でのラフティングはどうだろう。世界有数の急流に挑戦できる絶好の機会となるはずだ。

パタゴニア台地の終点はティエラ・デル・フエゴ。チリ側は羊の放牧場と山々。アルゼンチン側には南極大陸に向かう船舶の母港、ウシュアイアがある。

— www.chile.travel; www.turismo.gov.ar

RIGHT: GARETH MCCORMACK – GETTY IMAGES

ウィーンで
ワルツを踊ろう

AUSTRIA オーストリア

なぜ今？　ウィーンのエリートダンサーと円舞のチャンス
どこで？　ウィーン
時期は？　1月から3月

12 JAN

リオデジャネイロで音楽といえばサンバ。ウィーンの音楽はワルツ。腰を激しく振るサンバがリオのカーニバルの象徴だが、ウィーンのワルツの特徴はそのダンスが舞踏会で披露されるという点にある。毎年1月から3月の間、ウィーンは実に450もの舞踏会を主催する。シーズンの始まりは大晦日の夜、ホーフブルグ王宮で開催されるル・グラン・バルと呼ばれる大舞踏会。その後、花の舞踏会、イエーガー舞踏会、ボンボン舞踏会など、いくつもの舞踏会が催される。

舞踏会の会場は大理石の円柱や巨大なシャンデリアがあるホーフブルグ王宮、あるいはウィーン国立歌劇場などのコンサートホール。ウィーンの舞踏会の特徴は、それらが市内のさまざまな職業の団体・協会によって主催されることだ。その結果、あなたが舞踏会に参加すると、ダンスのパートナーは弁護士だったり、カフェのオーナーだったりということになる。

そう、チケットさえ買えば、誰でも参加できる。ただし、正装でなくてはならない。タキシードかロングドレスが必要。そして、社交ダンスが踊れなくてはならない。ワルツを少し習った、というレベルであれば、ウィーンに行く前にもう一度レッスンを受けておくべき。シーズンはあっという間。その時期にウィーンを訪れるなら、エルマイヤーズ・スタジオが開講している臨時のダンス・レッスンを利用するとよい。

— www.vienna.info

ジェリーフィッシュレイクで潜る

PALAU パラオ

なぜ今？ 乾季のパラオでシュールな水中探検
どこで？ パラオ、ミクロネシア
時期は？ 1月から3月

13 JAN

サンゴ礁、ブルーホール、第二次世界大戦時の難破船、思わぬところにある洞窟、そして60カ所以上のドロップオフ。パラオは見所満載。なかでもロックアイランドは、古代のサンゴ礁が隆起した石灰岩の無人島が200カ所以上点在するスポット。周辺のラグーンとともに世界遺産に指定されている。

ロックアイランド周辺は1,500種類以上の外洋魚やサンゴ礁を住処とする魚が暮らす豊穣の海。ダイバーはマンタ、ウミガメ、ウツボ、シャコ貝、サメ、ジュゴンなど、多彩な海洋生物と出会える。なかでもクラゲの群れは圧巻。ロックアイランドの80余りの塩湖のひとつ、ジェリーフィッシュレイクには何百万匹もが生息。ダイビングは禁止だが、シュノーケリングは可能。生命が息づく水中の世界をクラゲと共有する体験はまさに未知との遭遇だ。

— www.visit-palau.com

アルボルツ山脈でスキーを満喫

IRAN イラン

なぜ今？ 一年中でもっとも涼しく、雪質も最高
どこで？ テヘラン近郊
時期は？ 1月中旬から3月中旬

14 JAN

雪で固めた滑走コースなんてこの国にあるの？などと思う向きも多いだろうが、イランには実際スキーリゾートがある。なかでもヨーロッパアルプスより高地にあるアルボルツ山脈のスキースポットは、初心者にも易しいスロープと良好な雪質で人気が高い。テヘランから日帰りの距離に4カ所あり、最大はディジン。最高峰が3,500mもあるので、6カ月もの間、スキーを楽しめる。

もう少しテヘラン寄りのシェムシャクも訪れて損はないスキースポット。高低差のあるコースで、モーグルやナイトスキーを楽しむことができる。ただし、アルボルツ山脈でスキーを楽しむのであれば、純粋にスキーをすることに集中したほうがよい。アフタースキーのパーティにはいささか不向きな場所なので。

— www.tourismiran.ir

左：オーストリア、ウィーン。大舞踏会でワルツを踊る。

下：ジェリーフィッシュレイクで2種類のクラゲと空間共有。両種とも刺したりはしない。

コブシフラミンゴを観察しよう

BOLIVIA ボリビア

なぜ今？ フラミンゴの生息数がもっとも多い時期
どこで？ ラパスから600kmのラグナ・コロラダ
時期は？ 11月から1月

15 JAN

ボリビア南部のエドゥアルド・アバロア国立自然保護区内にある「赤い湖」、ラグナ・コロラダ。この辺境の地に年間4万人もの観光客が逗留するのは、魅惑の鳥が生息しているから。高度約4,300m、太陽は容赦なく照りつけ、空気は薄い。生命の兆しのない山並みと、刻々と移り変わる光による異世界のような風景は、一見の価値がある。この地のフラミンゴはコブシフラミンゴを含め3種類。11月には何千羽ものコロニーが湖を赤く染める。

フラミンゴの営巣行為は外的要素に左右されるし、この地域の生態系も強固ではないので、旅行者はウユニやサンフアンなどの近隣の村でガイドを雇い、自然を荒らさないようにすることが求められる。ウユニ塩湖のツーリズム事務所に入園の届け出をしておくとよい。

— www.enjoybolivia.com

レーク・プラシッドでボブスレー

USA アメリカ

なぜ今？ 1月になれば快適な滑りが確実に
どこで？ ニューヨーク州レーク・プラシッド
時期は？ 12月後半から冬中

16 JAN

バン・ホエベンバーグ山はニューヨーク州レーク・プラシッドの南にある山。1932年、1980年の冬季オリンピック、および2009年のFIBT世界選手権の開催地。頂上からボブスレーに飛び乗れば、ちょっとしたオリンピアン気分が味わえる。レーク・プラシッドはアメリカで唯一、専門コースがある場所でもあるからだ。

プロ選手とブレイクマン（ボブスレーで最後尾のブレーキを引く担当）の間に押し込められたら、800mのパブリックコースで約30秒間の試乗を体験できる。うなりを上げる風の中、文字通りのジグザグをゴールまで駆け抜ければ、ケープ・カナベラル（ケネディ宇宙センター所在地）でロケット発射台に立っているような気分が味わえる。ボブスレーを操りたければ、リュージュロケットを借りて17回のターンに挑戦してみるといい。

— www.whiteface.com

アティアティハンで踊り明かそう

PHILIPPINES フィリピン

なぜ今？ フィリピン最大のストリートパーティで陽気に騒ぐ
どこで？ カリボ
時期は？ 1月の第3週

17 JAN

アティアティハンの祭りはフィリピン最大規模のマルディグラ。人々は明け方から宵闇迫る時刻まで、一週間にわたってこのストリートパーティを楽しむ。ピークはサント・ニーニョ（『聖なる幼きイエス』の意）を祝う1月の第3日曜日。世俗的できらびやかな祭りだが、れっきとした宗教行事である。

祭りの期間は一週間だが、クライマックスは後半3日。金曜朝のミサはそのまま大騒ぎのストリートパーティに移行し、人々は土曜日まで踊り明かす。日曜日はサント・ニーニョの像をカリボ大聖堂からパストラーナ公園に運び込み、盛大な野外ミサが行われる。祭りは日曜日の午後、盛大なパレードの後に終了となる。

— www.premium-philippines.com

右：ライベラのティムカット。正教会の僧侶たち。

下：アディロンダック山地、レーク・プラシッドでボブスレーのスピードを体験！

ウォータースレッジに挑戦

NEW ZEALAND ニュージーランド

なぜ今？ 氷河の雪解け水に立ち向かうなら、ニュージーランドの一番暖かい季節がよい
どこで？ ロトルア、ニュージーランド北島
時期は？ 一年中いつでも体験可能だが、気温の高い1月から2月にかけてがお勧め

18 JAN

ウォータースレッジは一人乗りの水上ソリ。足に装着したフィンの力と専用のプラスチックボードの浮力だけを頼りに川の急流を漕ぎ渡る新しいスポーツ。逆巻く急流の流れに乗って水の上を滑っていき、「できた！」と得意になった次の瞬間には、ブラックホールのような水中に引きずりこまれて永遠に呼吸ができなくなるのではないかと恐怖にかられる。そんなスリルを味わえる。

アクティビティ自体はロトルア以外でも挑戦できる。ワナカやクイーンズタウンでもスレッジ体験ができるコースがある。だが、ロトルアでは上流のオケレ川までヘリコプターで連れていってもらえるので、グレード5の急流を体験することができる。

— www.kaitiaki.co.nz

ティムカットの
敬虔な祭りに立ち会う

ETHIOPIA エチオピア

なぜ今？「アフリカのキャメロット」で
東方正教会の公現祭に立ち会う
どこで？ ファシリデス帝の沐浴場、ゴンダール
時期は？ 1月18日から20日

19 JAN

エチオピアでもっともカラフルな祭りといえば、イエス・キリストがヨルダン川で洗礼を受けた日を記念する祝祭、ティムカット。かつての帝都、ゴンダールで国を挙げての行事として行われる。ティムカットの前夜祭にはタボット（「聖櫃」のレプリカ）が各地の教会からファシリデス帝の沐浴場に持ち込まれる。僧侶と敬虔な信者たちはタボットを囲んで夜通しの祈祷を行う。翌朝（1月19日）は水を張った沐浴場の周りに集まり、水をまき、誓いを新たにする。そしてタボットは歌や踊りが続くなかで収められていた教会へと戻ってゆく。ゴンダールのティムカットのユニークなところは、キリストの沐浴を再現するかのように、信者たちが全身浸例（全身を水に浸す洗礼の形式）を行うことである。

「アフリカのキャメロット」として知られるゴンダールは、いつ訪れても宗教的敬虔さを感じさせてくれる町である。世界遺産に登録されたファジル・ゲビ（「ファジルゲビ、ゴンダール地域」名で登録）やデブレベルハンセラシエ教会を訪れてみよう。後者では104点の智天使を描いた天井画や無数の壁画を見ることができる。アディスアベバから空路でゴンダールに入るのがよいだろう。バスは2日に1本しかないので。

— www.ethiopia-emb.or.jp/e-front/e-tourism

タンチョウの壮麗な
求愛ダンスを鑑賞する

JAPAN 日本

なぜ今？	ツルの優美な舞を堪能できるのは冬の寒いこの季節だけ
どこで？	北海道釧路市
時期は？	1月から2月

20 JAN

　神話の中では不老不死のシンボルとされるタンチョウ。だが、1880年後半に乱獲されて絶滅の危機に追いこまれている。そのため、1910年に田畑で1羽、目撃され、さらに1952年冬に餓死寸前の群れが発見されたときには、誰もが奇跡が起きたと驚いた。農夫や子どもたちがツルに餌付けする習慣はこのころ始まり、今も続いている。

　現在では、雪に一面覆われた釧路市郊外の原野に集うタンチョウは数百羽にも及び、宝物のように慈しまれている。一番の観察ポイントは阿寒国際鶴センター「グルス」に隣接した阿寒丹頂の里だろう。体高1.5mの優雅なツルたちが原野を行きつ戻りつする風景はなかなかに趣が深い。芯まで凍りつくような寒さに耐えなくてはならないとわかっていても、常時数十人の観光客がその姿見たさに列をなす。すぐれた踊り手とされるツルの中でも、タンチョウの壮麗な求愛ダンスは宮中の舞を思わせるほどに見事なのだ。

　タンチョウの群れが空から急降下し、鳴き交わす声が丘に響き渡ると、その熱狂は頂点に達する。ほどなく彼らは、頭を下げ、飛び上がり、着地する、といった一連の動きを見せる。タンチョウのつがいは生涯を共にし、パートナーへの情熱は覚めることがない。

　人間の踊りは、ツルの動きを観察することから始まったといわれている。タンチョウを見ているときに自分の体が上下動を繰り返していることに気づいたとしたら、あなたにもその理由がわかるはずだ。
— www.lake-akan.com/en

ファンタジーの世界に迷い込む

MALI マリ

なぜ今？ 奇妙な世界をもっとも涼しい時期に歩こう
どこで？ ドゴンカントリー
時期は？ 11月から1月

マリ共和国にあるドゴン族の地、ドゴンカントリー。そこにはトールキンの「中つ国」を思わせる風景が広がっている。魔女の帽子のようなわらの屋根を持つ穀物倉庫、驚いて凍りついてしまったような形のバオバブの木、ホビット庄さながらの野原。50kmにもわたる赤銅色のバンディアガラの断崖が、崖下のこの地を外界から守るように広がっている。

「ドゴンの国」を探索する一番の方法は、このそそり立つ壁に沿ってトレッキングし、古代の道に散在する村々を訪ねることだろう。ガイドがいないと不可能とはいわないが、雇うことを強くお勧めしたい。彼らは正しいルートを示し、村人との会話の通訳を務め、聖地に入り込まないよう導いてくれる。ドゥルー村からバナニ村の間に広がる中央地帯は、圧巻の風景。また、ドゥルー村からジキポンボ村へと南下するエリアの景色も、非常に美しい。

— www.dogoncountry.com

カリブの魅惑の島をサイクリング

CUBA キューバ

なぜ今？ 涼しく乾燥した時期に爽快なサイクリングを
どこで？ キューバ
時期は？ 1月から4月

カリブ海諸国中最大の面積を持つキューバ。政情はさておいて、この魅惑の島を自転車でめぐる、というのはどうだろう。

飛行機で首都ハバナへ降り立った後は、自らペダルをこぎ、ウォーターフロント沿いにマレコン通りまで足を延ばしてみたい。片側には打ち寄せる波、一方にはコロニアル様式の華麗な邸宅が並び立つエリアで夕暮れを迎えるのだ。自転車を停め、サルサとソンのメロディが流れる中をそぞろ歩きし、地元産のラムカクテルを嗜もう。トロピカルフードを味わうのであれば、ハバナから東へ向かって、バラデロ海岸へ。その後は島の東端を横切ってキューバでもっとも高地にある300km超のマエストロ山脈に挑む。または、西に向かってペダルを漕ぎ、緑豊かなビニャーレス渓谷に向かうのもよい。タバコのプランテーションで知られるこの地域では、丸い形のモゴテス（急流）と静かなロードが、以前から待っていたようにチャリダーを迎えてくれる。

— www.travel2cuba.co.uk

左：お辞儀をし、飛び上がり、相手に動きを合わせるタンチョウヅルの舞。

下：キューバ、ビニャーレス渓谷をツーリングする。

マウンテンゴリラと遭遇する

UGANDA ウガンダ

なぜ今？	乾季、熱帯雨林で我ら霊長類の同胞を追う
どこで？	ブウィンディ原生国立公園
時期は？	12月から2月

23 JAN

野生のマウンテンゴリラの推定個体数は現在880頭（2012年11月、WWF調べ）。そのうちの約半分、400頭がウガンダのブウィンディ原生国立公園に生息している。彼らとの遭遇の瞬間は、アフリカならではの魔法のようなひとときである。

この地に生息する家族は36グループ。そのうち9つのグループが観光や研究の目的のために馴らされ、ブウィンディ原生林に住んでいる。彼らは毎日移動する。公園入口からわずか15分の場所にいるかと思えば、何時間もかけないとたどり着けないような丘の中腹や足元の悪い小道に潜んでいたりする。各グループに会いに行くことを許可されるのは1日8人まで。トレッキングに参加する許諾費用は通常600米ドル。許諾定員はあっという間にいっぱいになるので、訪問計画は早めに立てよう。15歳以下の子ども、風邪など病気の症状がある成人には許諾が下りない。首尾よくトレッキンググループに加わることができれば、マウンテンゴリラとの遭遇の可能性はぐんと高くなる。だが、ゴリラに出会った後その場で過ごせる時間は1時間のみに限られていることもお忘れなく。

マウンテンゴリラの大人のオス、シルバーバックは160キロもの体重だが、脅かしたりしなければ普通は穏やかだ。危険を察知する、あるいは未知の生物（たいていは人間だが）に遭遇すると、金切り声をあげて侵入者に襲いかかってくる。万一誤って彼らを刺激してしまったら、パニックになってはいけない。じっとして、視線を合わさないように顔を背けること。彼らのほうから人に危害を加えることはめったにないのだから。

— www.rwandatourism.com

カメレオンの
求愛行動を観察しよう

MADAGASCAR マダガスカル

なぜ今？	カメレオンの求愛行動を観察できるのが雨季だから
どこで？	マダガスカル
時期は？	11月から4月（雨季）

目にみえないぐらい小さいピグミーカメレオンから体長70cmに及ぶウスタレ（ジャイアント）カメレオンまで、75種ものカメレオンが暮らすマダガスカル島。太古の昔から生き延びてきた爬虫類の王国である。万力のような足で枝をつかみ、カタツムリさながらにゆっくりと枝の上を移動し、両方の目を別々に動かして木の葉の陰から獲物を探す。獲物が視野に入った瞬間、体長と同じくらいの長さの舌が飛び出し、電光石火の動きでそれを捉える。

　乾季に見られるこの穏やかな風景は、マダガスカルが雨季に入ると一変する。野生種、飼育種ともに隠れ家から這い出し、華やかな求愛と繁殖行動が始まる。特にツノがある種類の雄は、ライバルの雄に頭突きをくらわせ、苛烈な攻撃をしかける。また、多くの種類がミリ秒単位の速さで、迷彩色の茶系からきらめくような虹色の体色に自らを変身させる。普段の地味な体色と、ここ一番というときに垣間見せる獰猛さを見れば、なぜ彼らがカメレオン（ギリシャ語でカメ＝地上の小動物、レオン＝ライオン）と呼ばれるようになったかがよくわかる。

— www.wildmadagascar.org

モーリタニアで珍鳥の追っかけ

MAURITANIA モーリタニア

なぜ今？　群れをなす野鳥の観察には真冬がベスト
どこで？　バン・ダルガン国立公園
時期は？　1月

25 JAN

大西洋とサハラ砂漠の間にはさまれるようにして存在する国、モーリタニア。同国のバン・ダルガン国立公園は、世界最高の野鳥観察スポットのひとつである。ティミリス岬から200キロ北まで延びているこの絶壁は、およそ200万羽の野鳥の越冬拠点。そのうち30％が春になると大西洋を超えて移動する。渡り鳥の数としては世界最高である。

公園の渡り鳥の種類は、キリアイ、ピンク・フラミンゴ、モモイロペリカン、ハイイロペリカン、ハシグロクロハラアジサシ、ヘラサギなど約108種。公園内の陸地部分のほとんどが野鳥の営巣地なので、間近で彼らを観察するには小さなボートが頼りとなる。ボートは近隣の漁村のひとつ、イウィックで調達できる。

— www.pnba.mr

左：色鮮やかなパンサーカメレオンはマダガスカル島北部・東部に生息している。

下：バン・ダルガン国立公園は珍鳥の楽園。1羽のホワイトペリカンがピンク・フラミンゴの群れを飛び越えていく。

ロライマ山までトレック

VENEZUELA ベネズエラ

なぜ今？　他の季節は雨ばかり。乾季に感謝！
どこで？　カナイマ国立公園
時期は？　12月から3月

26 JAN

アーサー・コナン・ドイル著『失われた世界』は、時間が凍結した異世界を描いた物語だった。現代社会から遮断された山奥のその大地では、恐竜が生き延び闊歩していたという話である。ドイルはこのストーリーのヒントをロライマ山の風景から得たという。

ベネズエラ、ガイアナ、ブラジルの国境に広がる34km^{2}の平らなテーブル台地、ロライマ山。周辺地域ではもっとも高度が高いが、登頂は難しくない。黒々とした岩、渓谷、小川、ピンク色のビーチなど、そこで見る荒涼とした風景はまるで夢の中に出てくる景色のように現実離れしている。泳いだり跳ねたりができない小さな黒いカエルや、不用意にそばまでやってきた昆虫を捕獲する食虫植物など、過酷な環境に適した数種の動植物のみが生き延びている。

— www.venezuelaturismo.gob.ve

アウシュビッツに敬意を

POLAND ポーランド

なぜ今？　この日は国際ホロコースト記念日
どこで？　クラクフ近辺、ポーランド南部
時期は？　1月27日

27 JAN

1945年1月27日はアウシュビッツ・ビルケナウにあるナチ強制収容所を連合軍が解放した日である。この日はのちに国際ホロコースト記念日に定められた。この残虐な行為を人々の記憶に留め、二度と繰り返さないことを祈念するためである。

収容所訪問は憂鬱な気分になるが、人として知っておかなくてはならないことを学ぶ場でもある。アウシュビッツ側ではかつてのキャンプ内を自由に移動し、靴や髪の毛などの遺品展示を見たり写真を撮ったりすることができる。ビルケナウ側では、100万人以上の収容者を大量虐殺する際に使用した機械や設備を見学できる。

— www.auschwitz.org

ケアとの出会い

NEW ZEALAND ニュージーランド

なぜ今？	大型ギャングオウム、ケアを見に行く
どこで？	アーサーズ・パス国立公園 ニュージーランド南島
時期は？	1月と2月

28 JAN

ニュージーランド南島でケアに会えば、この高山性のオウムが遊び好きで好奇心旺盛、人を恐れず大胆不適なギャング鳥と呼ばれている理由がすぐわかる。彼らが大好きな遊びは雪の上を転がったり、上機嫌で空中回転を行ったりすることだ。ただ、車のワイパーをむしりとるなんてことも平気で行う。彼らの生息数が一番多くなるのは1月と2月。そのころのケアはおおよそ20羽くらいの群れを作って暮らすようになる。

体重1kgにもならんとするこの大型鳥は、あまりにも好奇心旺盛なので、なんでも試してみたくなるようだ。この時期、高地でエサになる獲物は少なくなる。だから一見不向きな場所でも、新しい猟場として開発しようとしているようだ。

— www.keaconservation.co.nz

バレー・ブランシュの滑降

FRANCE フランス

なぜ今？	22kmのコースを滑るには相当量の積雪が必要。なので真冬を選ぶこと
どこで？	シャモニー
時期は？	1月と2月

29 JAN

1924年に開催された第一回冬季オリンピックの会場がシャモニー。ここからケーブルカーに乗って針先のように尖ったエギーユ・デュ・ミディ山頂に行き、アレート（岩山稜）をルートとしてヨーロッパ屈指の長距離コースを滑り降りてくる。これが氷河スキー、バレー・ブランシュである。メール・ド・グラースなどの氷河の間を縫うように滑降し、シャモニーまでの22kmがコースとなる。最大標高差は2,760m。コース難度は比較的易しいが、スキー板の上にいる時間はおよそ5時間。途中にクレバスもあるので、経験豊富なガイドに付いてもらったほうがいいだろう。

— www.chamonix-guides.com

右：イエローストーン国立公園のオオカミ。群れを追うのは冬場のほうが容易だ。

下：スキーヤーが稜線を伝ってバレー・ブランシュのスタート地点に下りているところ。

アダムスピークに登ろう

SRI LANKA スリランカ

なぜ今？	乾季に巡礼者と一緒に聖なる峰を旅する
どこで？	スリランカの中央高地（世界遺産）
時期は？	12月から5月、巡礼の季節

30 JAN

アダムスピーク（2,243m）は何世紀もの間人々の想像力をかきたててきたスリランカの聖峰。頂上付近に巨大な「足跡」があることで知られる。この足跡はイスラム教徒によれば人類始祖のアダムが付けたものであり、仏陀が地上の楽園に降りてきたときに印したものとも言われている。キリスト教徒は聖トーマスの足跡だと主張し、ヒンドゥー教徒はいや、これはシヴァ神のものだとしている。いずれにしても巡礼者が絶えず訪れる場所であることは間違いない。

巡礼の季節はふもとの国々では乾季にあたる12月から5月。巡礼者はベースキャンプ地のダルハウジー村を出発し、ランプで足元を照らしながら急な階段状の山道を登っていく。巡礼者の行列に混じって深夜に出発すれば、あなたにも夢のように美しいご来光を拝めるかも。

— www.srilanka.travel

イエローストーン国立公園でウルフ・ウォッチング

USA アメリカ

なぜ今？　オオカミの観察には抜群の季節
どこで？　イエローストーン国立公園、ワイオミング州
時期は？　1月から3月

31 JAN

世界最古の国立公園としても知られるイエローストーン国立公園内にあるラマー渓谷。この場所がなぜ北米のセレンゲティと呼ばれているかは、行ってみればすぐわかる。公園の東北端を縫うように急流が流れ、エルク、バイソン、ムースらの大型草食動物と、それらを捕食するハクトウワシやグリズリーベアらが共存しているからだ。夏には多くの観光客たちが見晴らしのよい場所で、野生動物の観察を楽しむ。だがここは、冬にはまったく違う顔を見せてくれる場所でもある。

公園内を走る縦走トレイルから見下ろすと、イエローストーン国立公園は、間欠泉、温泉、森林、広野など、実に複雑。雪に覆われる冬は気温計の目盛りが最低まで下がる。だから、1月の朝の時間帯に車でラマー渓谷に入るのは自殺行為。だが、そんな一見悪条件に思える状態でも、公園内の待機所には、ワイルドライフ愛好家が集っている。目的はひとつ。オオカミを見ることだ。

1995年にオオカミの再導入計画が実施されて以来、ラマー渓谷は世界でも有数の野生オオカミの観察ポイントとなった。冬は雪上に足跡が残るため、彼らの足取りをよりたやすく追跡できる。ただ、冬の同公園にはほかにも多くの見所がある。体中に霜が貼りついた状態で温泉の周りに集まるバイソンや、幽霊のように枝だけになった立木の周りを彷徨うエルク、クリスタルのようにきらめく樹氷などにも、ぜひ目を向けてほしい。

— www.nps.gov/yell

ハルビン氷祭りで
一期一会の芸術に出会う

CHINA 中国

なぜ今？ 世界三大氷祭りのひとつを
歴史的に有名な列車で訪ねてみる
どこで？ 黒龍江省ハルビン市
時期は？ 1月初旬から2月下旬

中国北部の黒龍江省は、アジア諸国の中でも極寒の地として有名だが、州都ハルビンはその寒さを有効に利用した氷のイベントを開催し、同市のイメージアップに成功している。このイベントでは、市内の至るところで著名な建築物や自然の造形を再現した氷の彫刻作品が展示される。過去の展示作品としては、縮小サイズの紫禁城や万里の長城を模した氷の滑り台などがあった。

ほとんどの彫刻作品は兆麟公園、太陽島公園で見ることができるが、コアな祭り好きは松花河の氷塊漂う中に身を沈めるハルビン寒中水泳（ブルル！）大会に参加してみるのも一興。

寒さ以外の要素をハルビンで探したいならば、ロシア人の街だった華人居住区や聖ソフィア大聖堂をお勧めしたい。絶滅危惧種の野生のシベリアトラを保護している自然公園、東北虎林園は必見。

モスクワ・ハルビン間を往復する東清鉄道（シベリア鉄道の路線のひとつ）は国際列車であり、氷祭りを目的とする交通手段としては最適ではないだろうか。

— www.cnto.org

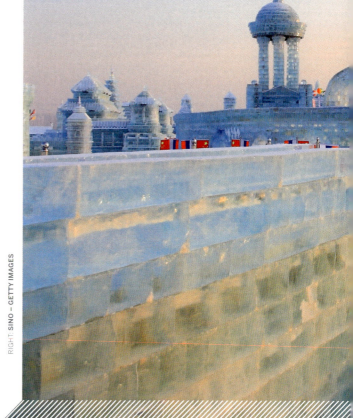

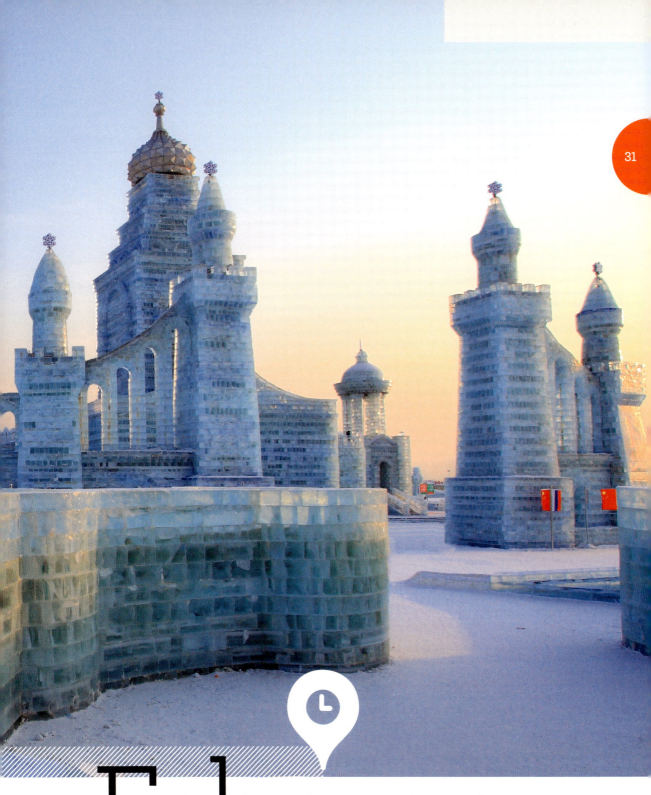

February 2月

バハ・カリフォルニアで
ホエールウォッチング

MEXICO メキシコ

なぜ今？ クジラの中で一番人懐こい
コククジラと友達になる
どこで？ サンイグナシオ・ラグーン、バハ
時期は？ 12月から3月

02 FEB

1850年に一度絶滅したと考えられたコククジラ。幸いなことにその個体数は順調に回復し、現在では2万頭近くで安定している。彼らは毎年12月に子育ての拠点であるバハ・カリフォルニア沿岸に戻ってくる。人間がそばにいる環境にも慣れてきたのかもしれない。母クジラが仔クジラを伴い、ウォッチャーでいっぱいの船のすぐ近くまでやってきて、仔クジラを撫でさせたりすることもある（タッチング。メキシコの海で唯一許可されている）。心温まる風景と言えよう。太平洋側のバハ沿岸にあるサンイグナシオ・ラグーンのコククジラは、クジラ目の中でもひときわ人間に慣れている種である。

数ある哺乳類の中でもコククジラの回遊距離は驚異的に長い。ベーリング海からバハ・カリフォルニアまで、実に1万kmの距離を移動。暖かで安全な海で交尾し、出産するためにやってくる。仔クジラの体重は約600kg。雄は雌の群れにつきまとい、交尾の相手を探し求める。運がよければ、観光客は小さなボートの上からその様子を至近距離で観察することができる。

— www.visitmexico.com

節分の日には豆を撒こう

JAPAN 日本

なぜ今？ 日本の風習で春の到来を祝おう
どこで？ 日本中どこでも
時期は？ 2月3日

03 FEB 準備はいいかい？ さぁ、大きな声で！「鬼は外、福は内！」。節分とは、「季節の分かれ目」という意味で、旧暦の立春前日のことを指す。この祝日の行事は18世紀に中国からもたらされたもの。「節分」には邪気を追い払う意味もある。どうやって追い払うかって？ もちろん、大豆を周辺に撒き散らすのだ。行事としての節分は神社仏閣で、「鬼は外、福は内！」の掛け声とともに行われる。豆まきをした後は自分の年の数だけ拾って食べるとよい。
— www.jnto.go.jp

左：コククジラの優美な動き。メキシコのバハ・カリフォルニア。

下：「鬼は外、福は内！」節分の豆まき。京都、八坂神社。

タンザニアでチーターを発見！

TANZANIA タンザニア

なぜ今？ 有名なヌーの大移動の時期は避けよう。乾季でも野生のスペクタクルは見られるので
どこで？ セレンゲティ国立公園
時期は？ 1月から2月、乾季の短い期間

04 FEB サファリツアーに参加すれば大型猫種を見られるだろう。そのなかでももっとも見つけやすいのは、狩りをしているチーターだ。昼行性のチーターは、視界を遮るものがないセレンゲティ国立公園の中であれば、たやすく見つけることができる。アンテロープ、インパラ、ガゼルといった俊足の獲物を主に狙い、茂みなどの隠れ場所から最高時速110kmものスピードで疾走し、獲物を追う。追い詰めたら7mほどジャンプして襲いかかって引き倒し、獲物の喉に噛み付いて窒息死させる。国立公園内のワンダム一川付近では、チーターの生息率が特に高い。涼しい早朝か午後遅くに出没する可能性が高いので、その時間帯に探してみよう。木の上や蟻塚の上で地平線を睥睨するチーターに出会えるかも。
— www.serengeti.org

キャバレテでウインドサーフィンを

DOMINICAN REPUBLIC ドミニカ

なぜ今？ この季節の波がベストだから
どこで？ キャバレテ北部海岸
時期は？ 12月から3月

05 FEB キャバレテの目の前にある湾は、まるでウインドサーフィンのために作られたかのようだ。湾の風上にある岩礁が波と潮目を落ち着かせ、湾内の大きなエリアを浅くてフラットな水面に保っている。朝の微風と穏やかな水面のおかげで、初心者でも気軽にウインドサーフィンを楽しめる。午後になると温度が上昇し、風は時速25kmから40kmの間で東から西へと吹くようになる。そうなると上級者の登場だ。360度のターンやエンドオーバーエンド・フリップ（側方転回）の練習が始まる。

キャバレテに行けばなにか不思議なものが見られるかもしれない、などと期待するのはやめたほうがいい。町を走るたった1本の道路には、ホテルとウインドスポーツギアのレンタルショップが並んでいるだけだから。カイトボーディングにも挑戦できる。
— www.activecabarete.com

ザンスカール川沿いにトレッキング

INDIA インド

なぜ今？ 凍りついた道を踏みしめて山歩きできる
どこで？ ラダック。レーからアクセスが可能
時期は？ 12月から2月

06 FEB

ラダックの冬は猛烈に寒い。したがって観光客もほとんど来ない。山道が閉鎖されているので、この地域に出入りする唯一の手段は空路となる。この極寒の地でなにか変わったことがしたいというツワモノには、チリングからパドゥムまで、ザンスカール川沿いの凍結したルートをトレッキングすることをお勧めする。ここは、山道が雪に閉ざされた際、住人が利用する方法でもある。トレッカーにとっては、川端の大きな石をシェルターにして体を休めながらたどる約7泊8日の行程となる。

天候は読みづらいが、極端に寒いことは覚悟しておいたほうがよい。ただし、ラダックは年間300日の日照日がある地域だ。太陽が出れば快晴となる。ザンスカールを初めヒマラヤ辺境の村を訪れると、地域特有の文化に触れ、色々勉強になるだろう。トレッキングの超難関コースに挑戦して、自らの限界を知ることも含めて。

— www.lehladakhtourism.net

右：氷に覆われた南極大陸で、侵入者と思しき存在をじっと注視するアデリーペンギン。

下：ケベックのウィンターカーニバルで、雪上パーティ。

世界最大の雪祭りを楽しもう！

CANADA カナダ

なぜ今？ ケベック・ウィンター・カーニバルへ参加
どこで？ ケベックシティ、ケベック州
時期は？ 通常は2月の最初の2週間

07 FEB

世界最大規模の雪祭り、ケベック・ウィンター・カーニバル。開催期間は17日間。寒さを吹き飛ばそう！という趣旨のもと、1894年に開始された。プログラムは盛りだくさんで、ナイト・パレード、アイス・スライド、ドッグ・レース、野外シネマ、そして雪上ダンスパーティ、など。外気温はマイナス30度にもなるが、怖いもの知らずの参加者はスノー・バスに挑戦する。これは、水着で雪だまりに3回滑り込むというもの。カーニバル最大の呼び物は、氷塊が浮かぶセントローレンス川で行われる3.2kmのカヌー・レースだ。

宿泊施設はすぐに予約でいっぱいになってしまうので、申し込みは早めに済ませ、暖かい服をたくさん持っていこう。ケベックシティは、北米以北唯一の城郭都市としても知られている。街を歩けば、どの建物にも物語があり、興味は尽きない。パレード鑑賞に一番よい場所は、テラス・デュフランである。

— www.carnaval.qc.ca

アデリーペンギンと歩こう

ANTARCTICA 南極大陸

なぜ今？ 捕食者から逃れるため海に向かって「全力疾走」する雛鳥の姿を見られるから
どこで？ マクマード基地の北側、アデア岬
時期は？ 2月中旬

08 FEB

ペンギンになれたらさぞ楽しいだろうと思うことがある。まずはスタイリッシュなタキシード姿でキメる。それから、大きな群れを作ってガアガアと賑やかに鳴き立てる友人たちの仲間入りだ。ペンギンたるもの、とにかく可愛くなくてはいけない。なにしろ、北極旅行でやってくる人間たちの一番人気は、おそらくコミカルな動きのこの鳥なのだから。

南極大陸に広く生息し、観光客がもっとも簡単に出会うことができるのは、アデリーペンギンである。12月から3月にかけては、体高70cmほどに成長した親鳥が、アイスバーンになりにくいごつごつした岩場の海岸線に集結し、営巣を行う。その時期集まるアデリーペンギンは約500万羽から700万羽。営巣地のひとつ、アデア岬の先端、リドリービーチにある最大のコロニーでは、25万組のつがいが生活を営んでいる。貴重な巣材である小石を巡って奪い合いをしたり、そうして得た貴重な小石を積み上げて作った巣の上でふわふわした毛玉のような雛鳥の世話をしたりと、繁殖期の営巣地は大変な騒ぎになる。そうした喧騒のなか、大群のペンギンに囲まれて立っている自分の姿を想像してみるといい。なんともいえない気分になるはずだ。

2月前半に見られるペンギンたちの行動でもっとも興味深いのは、雛鳥たちが初めて海に入る姿であろう。既に海で採餌に入っている親鳥を追って、雛たちが一列に並び、海に向かって猛ダッシュするのだ。危険と隣り合わせの行為でもある。波打ち際では、雛鳥たちの最大の敵であるヒョウアザラシが餌にありつこうと待ち構えているのだから。

— www.antarctica.ac.uk

ノルディックスケート競技の聖地、メーラレン湖へ

SWEDEN スウェーデン

なぜ今？	バイキング伝説の古道をスケートで走破
どこで？	ストックホルム西部、メーラレン湖
時期は？	12月から3月

09 FEB

スウェーデンはスケート大国。氷が十分な厚さになれば、ストックホルムの湖や運河は、できるだけ長い距離を滑りたいという愛好者で埋まり、コートと化す。

ストックホルムから西側へ伸びているのはスウェーデンで三番目に大きい湖、メーラレン湖。ノルディックスケート競技の聖地として知られ、ストックホルムから公共交通機関を使って短時間で行ける距離にある。この淡水湖が結氷すれば、1日100kmの走行で東西方向に横断できる。沿岸部にはバイキングの交易路拠点で、スカンジナビア最古最大のバイキング人墓地がある都市遺跡ビルカなど、歴史的なスポットが数多く存在する。

メーラレンの街は1999年に始まったスケートマラソン、ヴィーキンガ・レンネットのホストシティとしても名高い。ウプサラからストックホルムまでのコースは全長80kmで、コースレコードは2時間35分。湖に厚く氷が張った年にのみ開催されるので、開催時期は2月中の期日となり、前年度の秋ごろ発表される。

ストックホルムではバルト海が結氷すると、スカンジナヴィア半島をレースコースとするスリリングなプログラムを発表する。ただし、結氷の度合いによって開催が左右されるので、イベントが行われるのは10年に1度か2度。実際に体験できればすばらしい思い出になるだろう。ひとりでも滑ろうなどとは考えないほうがよいが。

— www.sssk.se/english; www.vikingarannet.com/en

RIGHT FRANS LEMMENS – GETTY IMAGES

ナイル川クルーズ

EGYPT エジプト

なぜ今？ 満々と水を湛えた大河と穏やかな気候を堪能する
どこで？ カイロからアスワンまで
時期は？ 2月から4月

10 FEB

　川の旅は時間を忘れさせてくれる。風にそよぐヤシの木、畑で鋤を引く牛の姿、泥レンガの農家、石造りの古代寺院といったナイル両岸の風景は何百年もの間変わらないままだ。それにナイルは単なる川ではなく、エジプトそのものである。古代エジプト人によれば、ナイル川は河畔東側の生者の地と西側の死者の地を分割する水の壁であった。

　したがって、ナイル川クルーズはエジプトそのものを感じることができるもっとも象徴的な体験になるだろう。また、2月の気温はカイロで18度、アスワンで25度前後と安定しており、クルーズには最適な気象条件だ。川の水量もピークを迎え、氾濫原は肥沃になり、航海も容易になる。これが水量の少ない時期に旅をすると、停泊地のオプションは限定され、バスの旅に切り替えざるを得なくなる。そうなると、古代エジプトのロマンスなんてもう言っていられなくなるだろう。

— www.egypt.travel

グローバーズリーフでダイビング！

BELIZE ベリーズ

なぜ今？ 乾季で天気は快晴。観光客も少ない時期
どこで？ ベリーズ南部、45km沖合
時期は？ 12月から5月

11 FEB

18世紀に実在した英国の海賊、ジョン・グローバー。ベリーズに3カ所あるなかでもっとも南にある環礁が、この人物の名前を取って名付けられたグローバーズリーフである。ヤシの木と6カ所の岩礁が環礁の南側に点在する。数軒の慎ましいリゾートホテルがダイビング客の受付やサポートに対応している。

グローバーズリーフは大陸棚の端に位置しており、巨大なブルーホールを抱え込んでいる。東側の透明度は通常30m以上。水面から水底までの距離は800mにも達する。そこではトビエイ、アカエイの仲間、ウミガメ、ウツボ、イルカ、サメ、ハタ、オニカマス（バラクーダ）ほか多数の熱帯魚たちがダイバーを歓迎してくれる。中央の環礁では、シュノーケルを付けて泳いでみよう。目にも鮮やかなサンゴが群生しているのを見られるから。

— www.belize.jp

名峰、アコンカグアの頂へ

ARGENTINA アルゼンチン

なぜ今？ 登山に最適な時期に、アメリカ大陸最高峰へ
どこで？ メンドーサ
時期は？ 12月から3月

12 FEB

標高6,960m、アジア以外の大陸での最高峰、アコンカグア。多くのトレッキング愛好家を引きつけてやまない名峰である。登頂には高所に対応するための時間も含めて最低15日は必要だ。一般的な登頂ルートは3つ。ひとつめのラグーナ・ロス・ホルコネスからアプローチして40kmのトレックを要する北西面ルート（ノーマルルート）。2番目のコースは北東面ルート（ポーランドルート）。76kmと距離が長く北西面ルートより登山技術が必要だが、景色の見所が多く登山客は少なめだ。3つめの南壁ルートを登るのは技術的に難しい。

安全が保証されているツアーにでも参加しない限り、アコンカグア登頂は素人には無理。経験を積んだクライマーでも、ガイドを雇う。地元のガイドなら、突如豹変する気候に対処する術を知っているからだ。

— www.aconcagua.mendoza.gov.ar

右：ヴァレンタインデー発祥の地、テルニの冬景色。

下：スキューバダイビングのトップスポット、ベリーズ・バリアリーフを探索。

オーストラリアでカモノハシ探し

AUSTRALIA オーストラリア

なぜ今？ 赤ちゃんカモノハシに出会える好機
どこで？ ユンゲラ国立公園
時期は？ 12月から2月

13 FEB

オーストラリアには数多くの奇妙な動物がいるが、その極めつけはカモノハシではないだろうか。昔の生物学者は人為的なものだと思っていたそうだ。最初に生き物として認知されたときも、この水陸両棲類の動物が卵を産むこと、雄の後ろ足に毒針を持っていることなど、にわかには信じがたいと考えた学者が大勢を占めた。

この不思議な動物を自分の目で見るには、彼らが住んでいる場所へ行くのが一番の方法だ。クイーンズランド州ユンゲラ国立公園を流れるブロークン川には、観察用のデッキが設置されていて、川を泳ぐカモノハシを観察できる。12月から2月の間であれば、母親と並んで懸命にヒレを動かしながら泳いでいる赤ちゃんカモノハシの姿も見られる。エサを取る活動が活発になる早朝から午後の早い時間帯が、出会いのチャンス。

— www.nprsr.qld.gov.au

ヴァレンタインデーに聖地で恋をしよう

ITALY イタリア

なぜ今？　聖ヴァレンティヌスの故郷でロマンスに酔う
どこで？　聖ヴァレンティーノ教会、ウンブリア州テルニ
時期は？　2月14日

14 FEB

　時はヴァレンタインデー。場所は聖ヴァレンティヌスを名祖とする街、ウンブリア州のテルニ。この日この場所で、愛する人と手に手をとってヴァレンタインデーミサに出席する。「愛の日」を過ごすのにこれ以上の舞台があるだろうか？　司教は訪れる若者たちに、教会の庭の花を自ら摘んでブーケにし、贈っていた。ブーケをもらった若者たちは恋に落ちて結婚し、縁結びの司教を生涯たたえたとのこと。以来、司教に祝福を受けて結婚したいという若者が後を絶たなかった。チョコレートメーカーや花屋も彼には感謝しなくてはなるまい。

　2月のテルニは文字通りのロマンス月間だ。ハイライトは2月14日。誰もがこの日にテルニにいたいと思うに違いない。市当局もそれがわかっているので、司教が埋葬されている聖ヴァレンティーノ教会周辺の大通りで祝祭を盛大に行う。注目すべきは、「ア・イヤー・オブ・ラヴィング」賞の授与式。これは、恋人への愛、夫婦の愛、祖国への愛など、さまざまな愛の行為を世界中から公募し、特に賞賛に値する「愛の形」を発表し、表彰するというものだ。情熱的な愛のノーベル賞とも言える。

　理想を言えばテルニを訪れるのは愛する人と一緒がよい。まずは17世紀に建立された聖ヴァレンティーノ教会で聖ヴァレンティスを（あるいは彼の遺骸を）訪ねよう。それから街を離れ、マルモレの滝の壮大な美を満喫しよう（滝自体は古代ローマ人が設計した造形物だが）。

— www.umbriatourism.it

ヴェネツィア・カーニバルではドレスアップを

ITALY イタリア

なぜ今？　運河の町で仮面を身に着けて
どこで？　サン・マルコ広場、ヴェネツィア
時期は？　2016年は1月30日から2月9日

15 FEB

リオのカーニバルが喧騒の祝祭であるのに対して、バロックスタイルのドレスで参加する贅沢な祭りがヴェネツィア・カーニバルだ。15世紀には世界で最も有名な仮面舞踏会のひとつとなり、以来、ヴェネツィアの市民に愛されてきた。当初のカーニバルではプライベートクラブが仮面舞踏会を催したほか、牛を街路で追い立てたり、犬を生きたまま大砲に詰め発泡したりと、少々手荒な娯楽を興行していた。18世紀までは退廃的な快楽を追い求める風潮があったので、カーニバルも2カ月以上続くことが多かった。その後、衰退の道をたどり、ムッソリーニが仮面の着用を禁止した時点で、中止となった。世界に通用する祝祭を目指すという目標のもと、カーニバルが復活を遂げるのは1979年になってからである。

祭りの公式オープニングは土曜日の午後4時ごろ。仮面をかぶった一団がサン・マルコ広場を出発するところから始まる。ハイライトは「ドージェの舞踏会」と呼ばれる仮面舞踏会（衣装とダンススキルがあれば誰でも参加できる）。もうひとつはカナル・グランデにボートやゴンドラを浮かべて着飾った紳士淑女が水面を行くパレードだ。多くの見物客が外に出てメインイベントを見守る。サン・マルコ広場では大道芸人が演技を披露し、カンポ・サン・ポーロ広場では特設のスケートリンクが作られる。なのでヴェネツィアに行くなら、仮面を買おう。そして、カーニバルの雰囲気を存分に味わうとしよう。

— www.carnevale-venezia.com

アイスクライミングに挑戦

USA アメリカ

なぜ今？	クライマーにとって最高の氷質を体験できる
どこで？	アラスカ州バルディーズ
時期は？	2月

16 FEB

アラスカ州プリンス・ウィリアム湾やバルディーズという地名で思い当たるのは、普通はエクソン・バルディーズ号原油流出事故だろう。だが、同じ名前を登山愛好家に聞くと、返ってくる答えは「クライミングスポットのメッカ」のはずだ。バルディーズの町から車を20km走らせると、キーストン渓谷にたどり着く。そこは紛れもなく全米一のアイスクライミング・スポットだ。全長5kmの渓谷では滝の水は凍結し、ブライダルベール滝やキーストン・グリーン・ステップスなどのルートへと続いている。そこからはさらに60m級のピッチが4カ所伸びている。多くのルートはハイウェイのすぐ横から始まっているので、すべての荷物を持って氷壁にアタックする必要はない。旅程をうまく調節できれば、2月中旬のアイスクライミング・フェスティバルを見られるだろう。
— www.valdezalaska.org

「空虚な4分の1」に分け入る

SAUDI ARABIA サウジアラビア

なぜ今？	砂漠の旅が可能なぎりぎりの季節に決行しよう
どこで？	リヤド
時期は？	1月から2月

17 FEB

「空虚な4分の1」、「沈黙の住居」などの別名を持つルブアルハリ砂漠。地球上で砂に覆われた面積が最大の砂漠である。総面積は65万km²で、フランス国土より大きい。その昔ヨーロッパ人冒険家にとっては、アラビア砂漠と言えば男のロマンであった。その魅力は今日でも少しも失われていない。すぐれた芸術作品のように風紋が広がる砂丘は、高いところでは300m以上も盛り上がり、何百kmも広がり、連なっている。また、砂丘は風圧に押されて1年で30mも位置が変わる。ルブアルハリ砂漠に分け入るのは現在許諾申請が必要。許諾の受付はリヤド市内の国立野生保護開発委員会まで。
— www.sauditourism.sa/en

左：ヴェネツィア・カーニバルに登場したミステリアスな装い。

下：ボツワナ、クガラガディー・トランスフロンティア・パーク。雨季を待ち望むライオン。

クガラガディーでサファリ体験を

BOTSWANA & SOUTH AFRICA ボツワナ&南アフリカ

なぜ今？	過ごしやすい雨季の始まるころに訪れよう
どこで？	クガラガディー・トランスフロンティア・パーク
時期は？	2月

18 FEB

クガラガディーは「乾きの大地」の意味。5万2,000km²の公園内には2つの川があるのだか、10年に一度しか水が湧いてこない。厳しい自然環境だが、野生動物は種類豊富。広義には砂漠だが、正確な定義は亜乾燥サバンナである。雨が降るのは2月で、その際この定義の意味が理解できるはず。景色は一変し、大地は鮮やかな緑に覆われ、見る側の高揚感も掻き立てられる。雄のアンテロープがテリトリーから飛びだし、ハーレムを巡ってライバルと争い始める。チーターや黒いたてがみの希少種のライオンが、エサとなる動物のテリトリー境界線で待ち伏せをしているのも見られる。旅をするなら公園の南アフリカ側がお勧め。ルート沿いは水が供給されているので、野生動物の観察にはもってこいだ。
— www.sanparks.org

オマーン逍遥

OMAN オマーン

なぜ今？	天気という観点からいうとベストの季節。暖かいが暑すぎない
どこで？	オマーン全域
時期は？	2月

19 FEB　2月の気候に感謝。アラブのイスラム教君主国のひとつ、ここオマーンでは3月から10月までの期間が本当に暑い。気温は40度くらいまで上がる。だが2月は美しく晴れ渡った日中と涼しい風が吹く夕方からの時間帯のおかげで、あちこち行ってみるには絶好の季節となるのだ。

　実際、ここでは観るべきものが実に多い。まずは首都マスカットで、世界最大のモスクであるスルターンカブース・グランドモスクと、活気あふれる地元の市場、マットラ・スークを訪ねてみよう。旅程が許すようであれば、マスカット・フェスティバルの最後のほうのパートを見ることができるかもしれない（フェスティバルの開催時期は4週間、1月から2月にかけて）。さもなければカルチュラル・シアター・プログラムのなかからどれかを選んで鑑賞する手もある。これはオマーン観光省が主催するプログラムで、世界クラスの音楽とパフォーマンスを楽しむことができる。会場はアリ＝フレイ・キャッスル・シアター。

　あるいは、町を出てムサンダム半島へ向かってもいいだろう。ダイビングやダウ（インド洋・アラビア海などの宴会貿易用帆船）でのクルーズが楽しめる。温和な気候を利用して、ハヤール産地でのトレッキングもいいかもしれない。ロバが作った踏み分け道やワジ（アラビア・アフリカ地方の雨季以外は水がない谷川）をたどり、古代の砦、果樹園、洞窟や村々を訪れるのだ。歩くのはちょっと……という向きには、車でハヤール山地高峰のシャムス山へ向かうルートを使うとよい。道中の景色がすばらしい。

— www.omantourism.gov.om

旅する蝶、オオカバマダラを見る

MEXICO メキシコ

なぜ今？	日が出るとチョウの動きが活発になる
どこで？	エル・ロザリオ・バタフライ・サンクチュアリ、ミチョアカン州
時期は？	2月から3月

20 FEB

メキシコの村人たちはこのチョウのことを「死んだ子どもの魂」と呼ぶ。彼らの記憶によると、オオカバマダラがメキシコの休日、死者の日（11月1日）に間に合うように村に戻ってくるからだ。村人たちは、この呼び名が20世紀の自然界最大の謎のひとつへの答えになっているとは気づいていなかった。それは、北米に生息する120万羽のオオカバマダラは、冬の間どこに行っているのだろう？　というもの。そして1975年、この大いなる自然のドラマの謎がついに解き明かされた。

チョウは4カ月から5カ月の間ほぼ動かない。だが2月に入り、日差しが暖かくなると、ゆっくり体を動かし始める。空中で短い距離を行きつ戻りつし始めると、水と蜜を求めて地面に降りてくる。その姿はオレンジの粉が雪嵐の中で舞うようにも見える。

生息地のひとつ、エル・ロザリオ・バタフライ・サンクチュアリに行くには、バスがいい。まずメキシコシティからミネラル・デ・アンガンゲオに出る。その後、サンクチュアリまで行くには、車でも徒歩でもよい。

— www.monarchwatch.org

砂漠でスノーシューに挑戦

USA アメリカ

なぜ今？	スノーシュー挑戦は2月中旬がベスト
どこで？	モンテズマ郡、コロラド州
時期は？	2月

21 FEB

雪国の人たちが足にテニスラケットのようなものを着けているのを見たことがあるのでは？スノーシューは西洋版かんじきのような雪上歩行具。ほかのハイカーが暖かい家の中でぬくぬくしている真冬に、外に出て雪の中を楽に歩きたい人向けのギアである。フォー・コーナーズに囲まれるように位置しているメサ・ヴェルデ国立公園では、砂漠でスノーシューを楽しむという、ちょっと不思議な光景が見られる。背景はプエブロインディアンの住居跡遺跡だ。この地域の雪が降る日は定期的ではないが、公園は1年に数日だけ、愛好者のために代表的な2つのルートを解放している。クリフ・パレス・ループ・ロードは断崖住居の上から景色を見渡せる10kmのコースを提供。モアフィールド・キャンプグラウンド・ロードのほうでも、長短選択肢を用意している。

— www.nps.gov/meve

山男の憧れ、キリマンジャロに登ろう！

TANZANIA タンザニア

なぜ今？	晴天のもとアフリカの屋根に立つ
どこで？	タンザニア北部
時期は？	2月

22 FEB

大自然の命に満ち溢れる草原にそびえるキリマンジャロ山。標高5,895m、アフリカ大陸の最高峰であり、登山スポットとしても一番の人気。新年の混雑は回避して、気候が安定している2月後半に登頂しよう。

登頂コースはいくつもある。もっとも古く、人が多いのはマラング・ルート。ウンブウェ・ルートはもっとも短いが危険なルート。レモショ・ルートが最長コース。ロンガイ・ルートは人の手がほぼ入っていない。最も風光明媚なルートはマチャメ・ルートだ。どれも簡単ではないし、高度が上がると一歩を踏み出すのに何マイルも歩いたような気分になる。それでも、中央の最高峰、キボ峰の頂上に立った達成感は、忘れられないものになるはずだ。ご来光は、アフリカ大陸の半分が見渡せるのではないかと思うほど、広い地平線から昇ってくる。

— www.tanzaniaparks.com

右：モンテベルデ自然公園にて。アカメアマガエルには注意。

下：キリマンジャロを行くハイカーたち。

海の巨人ジンベイザメと泳ごう

PHILIPPINES フィリピン

なぜ今？	世界一大きな魚と一緒に泳ぐ
どこで？	ドンソール、ルソン島
時期は？	11月から5月

23 FEB

1998年まではドンソールは誰もその存在すら知らない静かな町だった。ある時、地元のダイバーが目の前で泳いでいるジンベイザメをビデオで撮影した。翌日その記事は「世紀の発見」として報道される。以来、密猟者が後を絶たないようになった。幸いなことに発見後しばらくしてジンベイザメは禁漁対象に指定され、現在では、このおだやかな性格の海の巨人と一緒に泳ぎたい観光客が大挙して村を訪れるようになった。

現在、ドンソールは「世界一大きな魚」と並んで泳ぎたい人々が集うトップスポットである。彼らと並んで泳ぐ、またはシュノーケリングするのは爽快だ（スキューバダイビングは禁止）。ピークシーズンは2月の後半から4月。本当にジンベイザメを見られるか、だって？それは間違いない。質問するなら、何頭見ることができるか、だろう。

— www.premium-philippines.com

中米の野生の王国を訪ねて

COSTA RICA コスタリカ

なぜ今？	乾季の利をフルに生かして、ハイキング、ラフティング、探検三昧
どこで？	コスタリカ全域
時期は？	2月中旬から4月

24 FEB

1万km²あたりの生物生息数が615種。コスタリカはナチュラリストにとって桃源郷である。850種以上の動物が記録されているが、そのなかでも野鳥の種類の豊富さは特筆に価する。きらきらと輝く尾羽を持つケツァールを始め、野鳥鑑賞のベストシーズンは11月から4月。

コスタリカでワイルドなのは野生動物だけではない。リンコン・デ・ラ・ビエハ国立公園内で噴気孔や熱帯乾林をめぐるハイキング。サンタ・エレーナ保護区やモンテベルデ自然公園（Monteverde）の雲霧で林のハイキング。いずれも乾季（12月から4月）にトライすると最高だ。さらに高い意識を持つハイカー向きには、コスタリカの最高峰、チリッポ山（3,820m）で16kmの山道を踏破するのはどうだろう。サンホセのコロラド川にかかる橋からバンジージャンプ。ウィッチーズロックでかの有名な波を待つ。パクアレ川でワールドクラスのホワイトウォーターをラフティング。コスタリカのスポーツの魅力は見逃せない。

当然ながらコスタリカにとって最も忙しいのは乾季だが、2月後半には子どもたちが新学期を迎える。彼らが学校に行っている間は、自然も少し一息つけるようだ。
— www.visitcostarica.com

タスマニアデビルを
見つけよう

AUSTRALIA オーストラリア

なぜ今？ 子どもが初めて独り立ちするこの時期が
　　　　　 一番見つけやすい
どこで？ クレイドル山＝セントクレア湖国立公園
時期は？ 1月から2月

25 FEB　オーストラリア最大の有袋目哺乳動物であり、肉食動物のタスマニアデビル。猛々しい名前と悪行の評判は、かなり割り引いて見てやらないと不公平だ。確かに、相手を威嚇する唸り声、剥き出した歯、数kmにわたって響き渡る血も凍るような金切り声などは、屍体を貪り喰う悪魔の群れを連想させる。さらに神経を逆なでするのは、血まみれのタスマニアデビルがウォンバットの死骸に食らいついた姿だろう。そう、彼らは通常大きな動物の死肉を内臓から食べ始める習性を持つ。だが、タスマニアデビルは悪魔の手先というよりは、基本的に臆病で孤独な生き物だ。

タスマニアデビルの生涯は、生まれ落ちたその瞬間から苦難の始まりである。雌は一度に20から40匹の胎児を出産する。胎児は米粒ほどのサイズだ。彼らは産道の出口から8cmほど離れた場所にある育児嚢まで這っていかなくてはならない。育児嚢にたどり着いたら、今度は4つしかない乳首をめぐって戦いが始まる。生き残るのはたったの4匹。こうした環境を経て、獰猛で強靭な個体のみが成長していく。

この夜行性の捕食動物を観察するには、日没後林道を1から2時間ほど車を走らせてみるのがよい。1月から2月になると、子どものデビルは巣の外に初めて出てくる。巣立ちしたばかりで経験が浅く、身を隠すすべもよくわかっていないので見つけやすい。場所はクレイドル山＝セントクレア湖国立公園の周辺がよいだろう。
— www.parks.tas.gov.au

オアフ島で大波をキャッチ！

USA アメリカ

なぜ今？	プロでなくてもビッグウェーブをキャッチするチャンスがある時期
どこで？	オアフ、ハワイ州
時期は？	2月から3月

26 FEB

ハワイ諸島は、大西洋を横切って打ち寄せる大波の通り道になっている。特に冬、11月から2月にかけて島々のノースショアに到来するモンスターウェーブは最大級のものだ。なかでもオアフ島のバンザイ・パイプラインは、非公式にではあるがサーフィンの聖地とされ、親しまれている。冬のスウェル（波が崩れる前の、水が盛り上がって移動している状態）は10mの波となり、浅い環礁で割れる。同じようにリスキーな潮流もサーファーとボディボーダーを引きつける要因となっている。

あなたが経験豊かな競技者でいい波を捉えたいというのであれば、ピークシーズンの少し前にオアフに入り、明け方の海に入るのがよい。さもなければ夏まで待つ。パイプラインに行くには、エフカイ・ビーチ・パークを目指して左の方向へ100mほど歩くとある。

— www.gohawaii.com

ヘリバイクで山頂から駆け下りる

NEW ZEALAND ニュージーランド

なぜ今？	雪が来る前に山頂から下界まで自転車で駆け抜ける
どこで？	ニュージーランドのカントリーサイド
時期は？	11月から4月

27 FEB

ニュージーランド人という人種は、冒険をより複雑なものにすることを好むようだ。淡水のラフティングはブラックウォーター・ラフティング（暗い洞窟の中をタイヤチューブに乗り移動する）になるし、マウンテンバイクはヘリバイクにして金銭を賭ける。ヘリバイクとは、自転車とライダーをヘリコプターで高山の山頂に送り込み、山の稜線を伝って一気に下界の町まで駆け抜ける競技だ。疾走する愛車の上から見る風景は壮大のひと言。

アドレナリン出まくりのこのアクティビティは、山道が完全に雪に覆われる前の夏の間に実施可能となる。開催場所は多数のポイントから選べる。主だったところを挙げると、トワイゼル、コロマンデル半島、ネルソンのほか、ニュージーランドのふたつの首都、ワナカとクイーンズタウンなど。誰でも無制限、どのルートにもアクセス可能である。

— www.helibike.com

右：マントンのレモン祭り。

下：パイプラインでサーフィンをする熟練サーファー。

南仏でレモンを山ほど

FRANCE フランス

なぜ今？	南仏、「レモン祭り」で人生再発見
どこで？	マントン、フランス領リビエラ
時期は？	2月中旬から3月初旬

28 FEB

南仏では柑橘類が日常生活に欠かせない。地中海に面し、イタリアと国境を接しているマントンの町は、風味のよいレモンの産地として知られている。この地の亜熱帯微気候（地面近くの気層の気候）が果樹の発育状況にプラスに働くそうだ。そのため世界中の名だたるシェフがマントン産のレモンを使いたいと願っている。皮に含まれているエッセンシャルオイル成分が豊かで、ほかの地域のレモンと比べて皮の色がより鮮やかな黄色であることもよく知られている。マントンでは1930年代から町をあげて柑橘類栽培を奨励している。最初は数台の荷車に積み込むほどしかなかった果樹だが、今や町中がレモンの芳香に包まれるほどの収穫量となった。1年間に約25万人の人々が2月中旬から3月初旬までの3週間、柑橘類のためにこの町に集まり、その世界レベルの品質を堪能する。

祭りの間はさまざまな柑橘類の果実で作られた山車やオブジェが出現。毎年異なるテーマがあり、その趣旨に沿って、ノーム、ガネーシャ、エッフェル塔、タコ、タジ・マハール、ティラノサウルスなど、なかには高さ10mを超えるものもあり、140tものレモン（オレンジも）で、ありとあらゆるものが作られる。また、20人のシトラスサポーターが選ばれ、祭りの会場で待機。果実が傷んできたらすぐに取り替え、レモン彫刻の見栄えを維持している。

甘い香りが漂うファンタジーガーデンをそぞろ歩き、昼夜となく続くパレードを見学し、レモン味のリキュールで乾杯。「レモン祭り」の人気の秘密がわかる気がする。
— www.fete-du-citron.com

ヤーラ国立公園でヒョウを探す

SRI LANKA スリランカ

なぜ今？ ヒョウとセイロンゾウを見るならこの季節がベスト
どこで？ ヤーラ国立公園
時期は？ 2月から6月

01 MAR

スリランカの南東部に位置し1,270km²の面積を持つヤーラ国立公園。敷地内に低木林、平原、礁湖（ラグーン）、露頭（野外において地層・岩石が露出している場所）と変化に富んだ地勢を有する。広大な公園の中では獲物を待ち伏せしている動物をよく見かける。そのうちのひとつがスリランカヒョウ。ここヤーラ国立公園は、亜種を含めて野生のヒョウの生息密度が世界で最も高い場所でもある。

野生動物の数は多いが、森の中で動物を探すのは難しい。ただ、スリランカヒョウが集まってくる開けた場所や水場が多いので、乾季の終わり（3月から4月）にそういう場所を探せば出会いのチャンスは大きい。雨季になると彼らは散らばってしまう。ヒョウのほかにもスリランカゾウ、ナマケグマ、マングース、サル、ジャッカル、スリランカヌマワニ、インドスイギュウなどをすぐそばで見られる。クジャクをはじめ、150種以上の大型鳥類の存在も忘れてはならない。
— www.sltda.lk

March 3月

ルウェンゾリ山地でトレッキング

UGANDA ウガンダ

なぜ今？ 「月の山脈」を走破する最適の季節
どこで？ ウガンダ西部
時期は？ 11月から3月

02 MAR

コンゴ民主共和国との国境線にまたがってそびえたつ「月の山脈」こと、ルウェンゾリ山地。同山地の中にアフリカで3番目に標高が高いマルゲリータ峰（5,109m）を擁するスタンリー山群がある。

ほどほどに自然を体験したいという向きにはここでのトレッキングはお勧めしない。山道は細く、茂みは密で、湿地に足をとられるとかなり深いところまで埋まってしまう。主要3峰に行き着くにはかなりの登山技術とアイゼンやロープなどそれなりの用具が必要である。トレッキングで行き着ける最高点はエレーナ氷河突端のエレナ・ハット（4,540m）。ここがスタンリー山群への登頂ポイントとなる。トレッキングのほうの主要なアクセスポイントは首都カンパラから車で西へ500kmの地点にあるカセッセである。

— www.ugandawildlife.org

ケーブチュービングに挑戦しよう！

BELIZE ベリーズ

なぜ今？ チュービングには乾季がベスト
どこで？ ケーブス・ブランチ川
時期は？ 2月から4月

03 MAR

タイヤチューブのようなゴムボートに乗って川を下るアトラクション、リバーチュービング。水温があまり低くなく、流れのゆるやかな川が数多く流れ、かつ川沿いの素晴らしい風景も楽しめるということで、ベリーズでは大変人気があり、ツアーも充実している。川を下る際のお約束は、川底に乗り上げたり岩にぶつかったりしないようにする、のみ。あとはひたすら、正しいと思われる方向へ流れていくだけでよい。

サン・イグナシオ近郊にあるモパン川がリバーチュービングの人気スポット。だが、ケーブス・ブランチ川でもぜひ挑戦していただきたい。この川は、ノホーク・チェン考古学保存地域にある石灰岩洞窟の中を流れている。ここにチュービングボートで乗り入れるアトラクションだ。これこそがベリーズのチュービングの真髄である。

— www.travelbelize.org

右：サバの海岸で産卵するタイマイ。

下：メイン州ニューイングランドの森をスノーモービルで駆け抜けていく。

ムースヘッドでスノーモービル

USA アメリカ

なぜ今？ スノーモービルには雪が必要で、この時期は降雪量が安定している
どこで？ メイン州ニューイングランド
時期は？ 1月から3月中旬

04 MAR

ニューイングランドの北のはずれにスノーモービル用のトレイルコースが設置されている。森を抜け、主要な州立公園を抜けていくルート、全長2万kmのメインズ・インターコネクティング・トレイル・システムだ。メイン州には元来スノーモービルライダーが多い。このコースを内包するムースヘッド湖畔では、いくつものトレイルルートがある（B-52爆撃機の残骸が朽ち果てている場所もあったりする）。特に人気が高いのはムースヘッド・トレイル。全長267kmで、湖を一周するコースだ。1日で一気に駆け抜けるもよし、いくつかの町に1泊ずつしていくのもよし。宿泊拠点としては、グリーンビル、コカジョ、ノース・イースト・キャリー、セブーモック、ピッツトン・ファーム、ロックウッドなどがある。

— www.visitmaine.com

ボルネオでタイマイの産卵を観察

MALAYSIA マレーシア

なぜ今？ 波打ち際で産卵するタイマイを見守る
どこで？ ボルネオ島、サバ州プラウ・グリサン
時期は？ 2月から4月

05 MAR

ボルネオという名前は「野生」という言葉と同義語と言っていい。その中でも高山山脈があり（ヒマラヤとニューギニアの中間ぐらいの高さだ）、美しいサンゴ礁があり、多種の野鳥、動物、樹木、花々が1カ所に集結している場所として、サバ州ほど野趣に富んだ地域はほかにないのではないだろうか。

サバのトレードマークと言えばオランウータン。同州のセピロク・オランウータン保護センターに行けば、この赤毛のやんちゃ坊主たちに会える。そこもいいが、3月にはプラウ・グリサンまで足を伸ばしてみよう。グリサン島はタートル・アイランズ国立公園の中にある小さな島々のひとつ。砂と樹木しかない1.6haの土地だが、タイマイが波打ち際までじりじりと這っていき、産卵する様子を観察できる。雌は浜辺に留まり、高波をかぶりながらも力強い後肢で砂地を掘り産卵する。卵を産んだらその上にていねいに砂をかぶせる。自ら行った行為が孵化という結果として結実することを願いながら。

— www.sabahparks.org.my

ラ・モスキティアに注目

HONDURAS ホンジュラス

なぜ今？	渡り鳥が旅に出る寸前の季節 多くの野鳥を観察できる
どこで？	ホンジュラス北東部
時期は？	3月

06 MAR

ホンジュラス北東部ほぼ全面に広がる地域、ラ・モスキティア。英名はモスキート・コースト。道路は整備されておらず、住人もほとんどいない。あるのは手付かずの自然美のみ。マナティなどの野生動物が東部の礁湖に生息している。また、川のそばにはサルが出没するし、オオハシ、コンゴウインコ、オウム、シラサギ、サギなど多くの野鳥を見ることもできる。ジャングルの奥深く分け入ると、ジャガーに出くわすこともある。地名が示すとおり、蚊やブユなどの数は半端ではない。

ラ・モスキティアは文字どおり辺境の地である。地域一帯の研究拠点はリオ・プラタノ生物圏保護区。希少種・絶滅危惧種を含めた鳥類・哺乳動物・水生動物が数多く生息しており、世界遺産にも登録されている。保護区はホンジュラス最大の低地熱帯雨林だ。南側ゾーンへのアクセスは車で陸路となり、ドゥルセ・ノンブレ・デ・クルミの先、オランチョから入る。北部へのアクセスはラ・セイバから空路でパラチオスへまず飛ぶ。その後、モーター付きのカヌーで保護区内の目的の場所へ移動する。保護区中央部までは遠い。分け入るには相当の日数がかかる。

この地域へ旅をするなら、出発点はやはりパラチオスだろう。空港があり、宿泊施設も手配できる。

— www.lamosquitia.org

RIGHT: STUART WESTMORLAND – GETTY IMAGES

オオコウモリに驚愕

AUSTRALIA オーストラリア

なぜ今？ コロニーの生息数がピークだから
どこで？ トゥーアン・トゥーアン・クリーク、
　　　　　クイーンズランド州
時期は？ 1月から3月

オオコウモリを見たことがないって？では実物を見る前に、「コウモリ」に対する認識がひっくり返ることを覚悟しておいてほしい。なにしろこの巨人は翼を広げると180cmにもなるのだから。コウモリというよりは翼竜と言うべきか。クイーンズランド州ハービー湾のトゥーアン・トゥーアン・クリークが主な生息地になる。ここで取り上げるのは、渡りを行わず一カ所に留まって暮らすクロオオコウモリ。コロニーの中、群れが固まって止まり木からぶらさがっている風景は、正直ちょっとこわい。

　群れの数は数千羽程度。だが、この時期には、数十万羽規模で渡ってくるハイイロオオコウモリやオーストラリアオオコウモリもいるので、陣地争いは壮烈。こうした渡りの習性を持つ種類は、主食であるティーツリーの開花周期に合わせて移動するようだ。トゥーアン・トゥーアンでは、花が咲き始める数週間前が渡りのピークとなる。渡りのパターンはほとんどわかっていないので、クイーンズランド・ナショナル・パーク・アンド・ワイルドライフ・サービスではクイーンズランド州全土のオオコウモリの習性や行動をモニタリングする取り組みを行っている。

　一方のクロオオコウモリは、日がな1日同じ木にぶらさがって眠り続ける日々に満足しているようだ。観察するなら日暮れ時がよいだろう。ユーカリの花を求めてねぐらをいっせいに飛び立つ姿を見ることができるから。

— www.nprsr.qld.gov.au

ニセコのパウダースノーでスキー

JAPAN 日本

なぜ今？	雪質は最高。季節的にも少しずつ暖かくなってくる時期
どこで？	北海道ニセコ町
時期は？	3月（スキーシーズンは12月から5月）

08 MAR

　広大なスキーリゾートを擁するニセコ町。パウダースノーの雪質は良好で、氷砂糖の中でスキーをしているような感覚になる。3月末になると寒さも和らぎ、晴天の日が増えて雪嵐もほとんどない。

　オーストラリア人のスキー愛好家が増えてきているので、英語がしっかり通じるエリアでもある。とはいえ、雪上の時間を散々楽しんだ後は、温泉に浸かり熱燗を一杯、のジャパニーズスタイルの夜もよいのでは。または、再び外に飛び出し、オールナイトスキーでも。

— www.jnto.go.jp

左：木にぶら下がるクロオオコウモリ。

下：快晴のニセコ。パウダースノーを巻き上げてスキーを楽しむ。

シロナガスクジラのウォッチング

CHILE チリ

なぜ今？	世界最大の生物を最も確実に見られる
どこで？	コルコバド湾
時期は？	12月から4月

09 MAR

　1997年に海洋生物学者のチームがチリ海岸線4,000kmに渡って生息調査を行った際、この巨大な哺乳類の数はわずか40頭だった。だが、調査の帰路、わずかな期待を胸にコルコバド湾へ船を出してみると、4時間のうちに60頭のシロナガスクジラを発見。この地がシロナガスクジラの主要な子育ての拠点なのかもしれないという観測結果がもたらされた。

　汚染されていない湾の海水は、クジラの子育てに理想的な環境である。子育ての季節は夏。子どもは1日90kgの体重増という驚異的なスピードで大きくなり、とてつもない量のオキアミを食べる。

　シロナガスクジラ・センターがチリ沿岸の島の町、メリンカに設置されている。

— www.chile.travel/en

憧れのミルフォード・トラックを歩く

NEW ZEALAND ニュージーランド

なぜ今？	ピーク時が去った後がチャンス
どこで？	ミルフォード・トラック、フィヨルドランド、南島
時期は？	10月下旬から4月

10 MAR

　ニュージーランド南島のミルフォード・トラックは全長53.5kmの人気トレッキングコース。世界中のトレッカーが集うため、厳しいルールが課される。1日の出発人数は40人まで。宿泊は山小屋のみでテント泊は禁止。4日の行程のみ。一方通行、など。しかし、それを補って余りある美しい大自然を体験できる（年間230日は雨なので、「ウェットな」体験だが）。ここは「フィヨルド国立公園」の名称で世界遺産に登録されている。

　ミルフォード・トラックは、マッキンノン・パス頂上へ登るルートを含む。この地域を極めたければ、まずはアーサー川源流まで進み、高さ580mのサザーランド滝（ニュージーランドで一番高い）へ向かおう。そこからミルフォード・サウンドへ。旅の仕上げに、カヤックでフィヨルドの絶景を鑑賞すれば感慨もひとしおでは。

— www.newzealand.com/jp

オサガメの巣ごもりを見守ろう

TRINIDAD AND TOBAGO
トリニダード・トバゴ

なぜ今？	オサガメの巣ごもりが始まる時期
どこで？	マチュラビーチ
時期は？	3月から8月

11 MAR

ウミガメ保護の実態は概して悲観的なものだが、マチュラビーチの取り組みはこうした現実において一筋の希望の光といえよう。生息数が激減するカメを救おうと、トリニダード・トバゴ政府は1990年に行動を開始。マチュラビーチで巣ごもりをする世界最大のカメ、オサガメの保護に着手し、パトロールを始めるために該当地域の閉鎖を宣言した。だが、地元住民は長年慣れ親しんできたビーチに立ち入れなくなることに反発。自ら「ネイチャー・シーカーズ」の名称で保護団体を結成。オサガメを自分たちの手で守ろうと立ち上がった。

受卵期になるとオサガメは浜に上がり、900kgの巨体を引きずって卵を産むための穴掘りを始める。その数最大150頭。ネイチャー・シーカーズのメンバーも出動し、測定したり、密猟者から卵を守るべく見回りしたりと忙しく働く。観光客もボランティアで保護活動に参加できる。

— www.gotrinidadandtobago.com

砂漠のロングトレイルを縦走しよう

ISRAEL イスラエル

なぜ今？	夏の熱波到来前に砂漠のロングトレイルに挑戦する
どこで？	テル・ダンからタバまで
時期は？	3月から5月

12 MAR

イスラエルを縦断するロングトレイルのコース、イスラエル・ナショナル・トレイル。創設は1995年、全長約1,000km。イスラエル国内で人口が最も少なく、景色が最も美しい地域を縦走するルートである。旅はレバノンに国境を接する北部の地、テル・ダンから始まり、エジプト国境と紅海に面する南部の町、タバが終点となる。トレイル付近の風景は変化に富み、大変美しい。

トレイル縦走には45日から60日ほどかかる。旅のさわりだけを手軽に味わいたい人は、コース南端のエイラット山にまずは向かおう。そこからエイン・ネタフィムの滝へ。メインルートから1kmほど外れたところにある。トレイルに戻り、15kmほど先のシェフォレット渓谷へ。渓谷入口にキャンプサイトが設置されているアムラム・ピラーズがある。そこからナカル・ギシュロン渓谷を通過し、南へ数時間歩き続けると旅の終点、タバにたどり着く。

— www.israeltrail.net

右：オースティンはテキサス州の文化活動の中心地。

下：イスラエル・ナショナル・トレイルでルートを確認。背景はエイラット山。

SXSWフェアで
音楽三昧

USA アメリカ

なぜ今？	音楽の祭典で情報＆ライブ漬け
どこで？	テキサス州オースティン
時期は？	3月初旬から中旬

13 MAR

テキサス州で大ブレイクを果たした音楽・映像分野のクリエイティブ・ビジネス・フェスティバルが「サウス・バイ・サウスウエスト」（略称SXSW）。その人気振りに敬意を表し、オースティンは「世界の音楽首都」とまで呼ばれるようになっている。

インディーズの音楽祭としてフェスティバルが始まったのは1987年。以来、世界各国から音楽業界とパフォーマーが集まり、10日通しで行われるようになった。バンドは発見されるために来場し、音楽業界人はバンドを発見するために集まる、という構図だ。参加者は昼間はオースティン・コンベンション・センターで開催されているトレードショウでショップ出展者と商談し、夜は市内50カ所以上の会場で1,200以上のライブパフォーマンスを楽しむ。

SXSWはその後大きく成長し、映像フェスティバルとカンファレンスを同時開催するようになる。近年ではインタラクティブメディアフェスティバルも併催している。

トレードショウやライブを見るためには登録バッジが必要になる。プラチナバッジを購入すると、会期中開催される3つのトレードショウ、カンファレンス、スクリーニング、クラブ、VIPラウンジへの入退場ができるようになる。バッジの代金は事前購入すると少し割安になる。少し価格の安いミュージックバッジは音楽フェスティバルとカンファレンス、そして夜の部のギグ入退場のパスとなる。単独のセッション、1日だけのパスは購入できない。

10日では足りない、もっと多くのパフォーマンスに触れたいというのであれば、ごく普通の日にオースティンで1日過ごしてみよう。スーパーマーケットやレコードショップはもちろん、空港ですらもライブ会場になっているのがこのオースティンという町なのだから。

— www.sxsw.com

ストロングビールで乾杯！

GERMANY ドイツ

なぜ今？ ストロングビールがおいしい季節だから
どこで？ ポーラナー・ケラー、ミュンヘン
時期は？ 聖ヨゼフの祝日（3月19日）周辺の2週間

14 MAR

オクトーバーフェストの弟版ともいうべき、「ストロングビール・フェスティバル」。フェアの趣旨は兄貴分と同じだが、ババリア地方の住民が中心になって行うので、オクトーバーフェストほどの混雑にはならず楽しめる。住民にとってフェアは地ビールの季節の開幕を告げるイベント。従って開催時期は晩春を過ぎて夏の気配が感じられるようになったらと決められている。

このお祭りでは醸造元が特別に用意したドッペルボックというビール（アルコール度数7％以上）が供される。この甘く濃厚なエールは、17世紀に四旬節の断食明けの僧侶が栄養補給のために自家醸造したのが始まり。口開けはポーラナー・ケラー醸造所の樽からとなる。なお、ビールを飲む以外の余興としては、ローエンブロイ社のビヤホールで開催される重量挙げコンテストがある。

— www.muenchen.de

アマゾン源流への旅

BRAZIL ブラジル

なぜ今？ 晴天が多く川の水量も十分なので、船上から動物たちを見つけやすい
どこで？ アナビリャーナス群島
時期は？ 11月から4月

15 MAR

究極のアマゾン夢紀行と言われて思い浮かべるのは、この世界最大の河川を船で旅することではないだろうか。船長とクルーがいて、リビングとキチネットが備え付けられているボートでのアマゾン探検。実際、そのような旅を実現する船はアマゾン河口に多く航行しており、大概はマナウスが起点となっている。

なかでも最高のオプションは、マナウスからネグロ川まで60kmを下り、そこから全長80kmにも及ぶ数々の支流やアナビリャーナス自然保護区の島々をめぐる旅。

11月から4月にかけて、川の水面は最高点に達し、イガポー（浸水林）の森にさらに水を送り込む。この水の増量が人間の侵略から森を守り、野生生物の天国を維持するのに役立っている。

— www.turismo.gov.br

右：どこにいてもグリーンのものを身につければセント・パトリックデー気分。

下：噴煙を上げるスーフリエールズ山。

火山展望台からの絶景を望む

MONTSERRAT モントセラト

なぜ今？ 3月は少し涼しくなる。英領なので、島の人々も聖パトリックの休日を大切にしている
どこで？ モントセラト、リーワード諸島
時期は？ 3月

16 MAR

1995年7月18日、400年の眠りから目を覚ました活火山、スーフリエールズ山が噴火。活発な火山活動により、モントセラトの人々は首都プリマスの放棄を余儀なくされる。観光客も途絶えた。1997年、火山口から再び噴火。今も時折噴煙を上げている。だが、生き物たちの世界は平静を取り戻しつつある。また島の北側の3分の1では、現在5,000人ほどの住民が暮らしている。

火山への登頂は禁止されているが、手前のあたりでは景色の見晴らしがよいポイントがいくつかある。そのうちのひとつがモントセラト火山展望台。島の南側を取り囲む海は依然として立ち入り禁止だが、伝説的なダイビングスポットとしてその名を馳せたモントセラトの海は素晴らしいコンディションを保っている。

— www.visitmontserrat.com

「聖パトリックの祝日」を祝う

IRELAND アイルランド

なぜ今? アイルランドの守護聖人をたたえて、ギネスビールで乾杯しよう
どこで? ダブリン
時期は? 3月17日

17 MAR

　この世にプラスチック・パディ（アイリッシュ文化をたいしてわかってもいないのに、アイルランド人の血が流れていることを常に吹聴する人のこと）が存在する限り、聖パトリックの祝日はすたれることがない。グリーンビール（グリーンに染めたドラフトビール）を飲んで踊って語って歌って、という光景は、どこの国でも必ず見られる。では、本来の聖パトリックを讃えるという目的を最も正しく遂行している町はどこだろうか？　答えはアイルランドの首都、ダブリンだ。聖パトリックの命日にあたるこの日、ダブリンでは何十万人という人が通りを埋め尽くし、アイルランドからヘビを全部追い出したとされる聖人を讃える。通りにはストリートシアターがかかり、音楽フェスティバルも始まる。行事のハイライトはストリートパレード。通常午後から始まり、パーネル広場が起点となって、カレッジ・グリーン（トリニティ・カレッジ正門前の広小路）からオコンネル・ストリートを経由し、最後は聖パトリック大聖堂あたりで終了する。パレードをいい場所から見たい場合は、沿道の特別観覧席券を購入できる。

　パレードなんか別に珍しくもないって？　であれば、テンプル・バーあたりの飲食街に繰り出すとしよう。こうした場所で飲み明かすのもまた、聖パトリックの祝日の正しい過ごし方だ。ダブリンにしばらくいるなら、市内にあるギネス醸造所のツアーに参加するのも楽しい。

— www.stpatricksfestival.ie

夜の闇に現れる
オーロラの眩惑

SCANDINAVIA スカンジナビア諸国

なぜ今？ 北極光のページェントを
度々出現する春分の頃に堪能する
どこで？ スカンジナビア極北地域
時期は？ 9月から4月。春分は3月20日

18 MAR

　フィンランド人はその現象はrevontuli（狐火）と呼ぶ。魔法の獣の尾が、光の粒をすくい上げては空に撒き散らすと信じているという。ノルウェー人は、老いた仙女がダンスをしているからだという。ラップランドのサーミ人は死者の魂のエネルギーが作り出す現象だという。オーロラは、何世紀にも渡って人々を魅了し続けている。

　科学的な説明はやや魅力に欠けるが、こういうことだ。太陽から放出されたプラズマが地球磁場と相互作用し、地球磁気圏の夜側に広がる特定の領域に溜まる。溜まったプラズマが磁力線に沿って加速し、大気電離層に高速で降下する際、大気中の粒子と衝突する。衝突した粒子は励起と呼ばれる状態に入り、それが元に戻るとき、光を発する。これがオーロラである。オーロラの主な光の色はグリーンだが、赤や黄色、紫の光も見られる。その動きは環状になったり流線型になったりして、文字通り磁石のように私たちを引きつける。

　オーロラを眺めるには、北極圏に近いオーロラ帯が一番よい。ノルウェー・スウェーデン・フィンランドの北端、およびアラスカ、カナダ北部、ロシア、アイスランド、グリーンランドといった地域である。夜の闇が深い4月から9月をお勧めする。少し暖かくなってきている春分の時期がベスト。そして、晴れた空に向かって願いをかけよう。光のページェントを目撃できますように、と。

— www.gi.alaska.edu/AuroraForecast

「バレンシアの火祭り」に酔いしれる

SPAIN スペイン

なぜ今？ 春の訪れを祝うヨーロッパ最大の火祭りを体験する
どこで？ バレンシア
時期は？ 3月19日

19 MAR

ヨーロッパで最もワイルドな「バレンシアの火祭り」。始まったのは15世紀後半とされる。ファジェスとは祭りそのものの意味もあるが、ここでは期間中地元のアーティストが製作し、市内に設置する巨大な張り子の人形を指す。バレンシア州の各町がスポンサーとなり、35万ユーロもの資金を投じ、何カ月もかけて独自のファジェスを製作。その数350以上。ファジェスの高さは15m以上あるものが多く、その時々の人気セレブや世相を皮肉った、少しグロテスクな雰囲気で作られる。

火祭りが始まるのは3月12日だが、一夜にして設置するプランタを行う3月16日まで審査があるので、あまり大きな動きはない。ファジェスは町のいろいろな場所に設置されるので、それを待つ4日間にぶらぶら歩いてディスプレイを見たり、ストリートパーティや野外コンサート、パエリヤ料理のコンテストなどをひやかしたりすることができる。

「バレンシアの火祭り」のもうひとつの目玉は花火である。祭りの期間は毎日午後2時、5分間爆竹が鳴らされる。最終日の午後0時、つまり3月19日の聖ヨセフの日、ファジェスに一斉に火が付けられる。炎は隣り合ったファジェスに次々と燃え移り、音を立てて崩れ落ち、数十秒のうちにその年のNo.1に選ばれた作品以外のファジェスがすべて灰と化する。30分後、たった一体残ったファジェスにも火が付けられる。

— www.turisvalencia.es

マヤ文明の光と影のスペクタクル

MEXICO メキシコ

なぜ今？	古代マヤ人の叡智を目撃できる
どこで？	チチェン・イッツァ、ユカタン半島
時期は？	春分の日である3月20日

20 MAR

チチェン・イッツァ遺跡では、カスティーヨ・ピラミッドを建設したマヤのクリエイターたちが、後世に残る発明を考案したことが見てとれる。夜と昼の時間の長さがほぼ同じになる春分の日に、カスティーヨ・ピラミッドの前に立ってみよう。午後の太陽が沈みかけるころ、階段の側壁にピラミッドの影が蛇の胴体の形となって浮かび上がる。光と影が織りなすこのイリュージョンはマヤ人の緻密な計算が作り出したもので、まさに壮観のひと言。ただ、あまりにも有名な現象なので、午後の早い時間から大勢の人が押し寄せるのが唯一のマイナスポイントだ。春分の日の前後1週間でも蛇の影は見られるので、混雑を避けたい場合には時期をずらせばよい。

車があるなら、同じ春分の日にジビルチャルトゥン遺跡にも足を延ばそう。明け方、同遺跡内の「七つの人形の神殿」の主門から、太陽の光がまっすぐ差し込み、抜けていくのを見ることができる。

— www.visitmexico.com

グヌン・ムルで洞窟探検

MALAYSIA マレーシア

なぜ今？	一年で最も乾燥していて過ごしやすい
どこで？	ボルネオ島、サラワク
時期は？	3月

21 MAR

マレーシア領内ボルネオ島で最大規模を誇る国立公園、グヌン・ムル。ムル山山域を中心に砂岩と石灰岩の地層が広がっている。石灰岩層の下には洞窟群があり、そのうちディア・ケイブ、ラング・ケイブ、クリアウォーター・ケイブ、ケイブ・オブ・ウィンズの4つが一般に公開されている。もうひとつ、ラガン・ケイブがあるが、公開されているかは事前確認が必要。

1981年、洞窟探検家で結成されたチームが洞窟を調査したときに、巨大な空洞を発見。測量の結果、サッカー場16個分の大きさがあることがわかり、これこそが世界最大の地下空洞であるという定義が新たになされた。この地下空洞はサラワク・チャンバーと名付けられた。

公園内には上記の他にもアドベンチャー・ケーブができる洞窟があり、初級・中級・上級者と等級付けができている。あなたが上級者なら、サラワク・チャンバーに挑戦しよう。1日中壮大な冒険が楽しめる。

— www.mulupark.com

左：スペインの「バレンシアの火祭り」。燃え上がるファジェス。

下：春分の日に現れる蛇の影。チチェン・イッツァ。

ニンガルーリーフを泳ぎきる

AUSTRALIA オーストラリア

なぜ今？ サンゴの産卵と世界最大の魚に遭遇する絶好のチャンス
どこで？ ニンガルー海洋公園
時期は？ 3月から4月

22 MAR

ニンガルーリーフへ行く理由は世界最大の魚、ジンベイザメを見に行くためだろう。だが、あなたが強運の持ち主であれば、世界最小のほうにも会えることを知っておいていただきたい。毎年3月か4月、満月の数日後、一夜限りのチャンス。サンゴの産卵がなんの前触れもなくいきなり始まるのだ。産卵時の数時間、海は何百万兆個ものサンゴの精子と卵で溢れかえり、ピンク色に染まる。

産卵シーンはただ美しいだけでなく、大量の動物性プランクトンを引き寄せ、そのプランクトンを狙う多くの魚を呼び寄せる。そこにまた大群のジンベイザメ、クラゲ、マンタが加わる。12mもの巨体を持つジンベイザメは6月ぐらいまでこのあたりに滞在する。最大量のエサを効率的に捉えることができる好機をうまく利用しているというわけだ。

ニンガルーリーフは海岸線に沿って260kmに渡り広がっている、オーストラリア最大のフリンジングリーフ=裾礁（島のまわりを取り囲むように成長するサンゴ礁）である。そのため、礁線に沿ってずっと泳いでいることができる（これが逆のバリアリーフ=堡礁、つまり海岸からやや離れた沖合にあるサンゴ礁だと、ボートに乗って沖へ出なくてはならない）。泳いでいるあなたのそばには常に多くの魚とサンゴが寄り添っていることになる。

— www.tourism.gov.au

ミーアキャットでくすくす笑う

SOUTH AFRICA 南アフリカ

なぜ今？ ミーアキャットの赤ちゃんに会う好機
どこで？ アド・エレファント国立公園
時期は？ 2月から4月

23 MAR

体は小さいけれど、なんとも言えない魅力を持つ動物、ミーアキャット。彼らのユーモア溢れる姿が見たければ、南アフリカのアド・エレファント国立公園に行こう。
ミーアキャットは10頭から30頭の複数の家族群で生活している。彼らの1日は日光浴から始まる。それから餌探し。タカが空から彼らを狙う場合に備えて1頭が必ず見張りに立ち、危険を察知すると鋭い声を上げる。地上の捕食者が彼らを狙ったときは、群れ全体があちこちに跳ね回り、敵の目を幻惑して離散する。食事や睡眠の時間以外は、仲良くじゃれあったり毛づくろいしたり。子どもが初めて巣穴から出てくるのは毎年1月を過ぎた頃だ。一組の優位雄と雌以外の全員が、子守や授乳、餌の取り方の教育などを共同で行う。

— www.sanparks.org/parks/addo

ファンシーパン山に登頂

VIETNAM ベトナム

なぜ今？ 野生の花々が満開になる乾季のこの時期に登頂しよう
どこで？ ベトナム東北部のラオカイ省
時期は？ 2月と3月

24 MAR

標高3,143m、ベトナムの最高峰ファンシーパン山。「インドネシアの屋根」とも呼ばれている。登山技術はそれほど必要ないが、ガイドと忍耐力は必須だ。行程自体は19kmと短いのだが、登山・下山は3日から4日を要する。途中には山小屋がないので、テントや食料など準備していかなければならない。
ラオカイ省には少数民族が多く住んでいるが、いったん山に入ると人の気配は一切なくなる。そこにあるのはただただ森、素晴らしい山並み、そして雄大な滝。サルやシロイワヤギ、それに美しいランに出会う可能性がある。記録によると、同山では2,000種の植物と320種の動物が住んでいるのだそうだ。

— www.vietnamtourism.com

左：ニンガルーリーフでジンベエザメと遭遇。

下：スウェーデンワッフルにコケモモを乗せて。

祝！ワッフル・デー

SWEDEN スウェーデン

なぜ今？ 「ワッフルの日」を祝い、たらふく食べる
どこで？ スウェーデン
時期は？ 3月25日

25 MAR

3月のスウェーデン。南部では春の兆しを感じる。北部は依然凍りついているが（とは言え、見事なオーロラが見られるし、日も伸びている）。だが、それが訪れる理由ではない。3月25日は「ワッフル・デー」なのだ。
……ワッフルの日、なんてなんだかお菓子業界の大手が商品販促のために作った日のようだ。が、この記念日の本当のルーツは、もっとありえない理由である。この日はカトリック教の受胎告知の日、つまり天使ガブリエルが聖母マリアにイエスを身ごもることを告げた日である。スウェーデン語で聖母マリアのことをVår Fru（ヴァル・フル）と言う。これがVåfflor - Waffle（ワッフル）に似ていた、というのがはじまり。なんのことはない、言語の取り違えで、聖なる日がホットケーキの類になってしまったという顛末。仕方ない。ワッフルを崇めようではないか。

— www.visitsweden.com

花見に行こう!

JAPAN 日本

なぜ今?	満開の桜の木の下で宴の宵を
どこで?	日本各地
時期は?	3月と4月

26 MAR

　日本の自然の代表例が満開の桜。その桜を愛でる花見の行事は日本人にとっては一大イベントである。なにせ桜前線の進行がテレビのニュースで放送されるのだから。日本人にとってこの時期は、ほかのことを脇においてでも花見パーティの準備を優先するタイミングとなる。

　伝統的な花見は、桜の木の下で飲めや歌えや、がお約束だ。桜がまだほんの蕾の時期からはじまり、花が散ってゆく最後の瞬間まで続く。昼間であれ、月の輝く夜であれ、人々は公園に押し寄せ、ビールを飲み、おおいに笑う。

　桜の花が咲いている限り花見の場所はどこでもよい。あえて、特に人気のスポットをいくつか挙げるとすると、ひとつは東京の上野恩賜公園だろう。約1,200本（動物園も合わせての合計数）の桜の木があり、花見パーティといえば、上野である。京都では円山公園がよいだろう。シダレザクラは必見。だが桜の名所No.1はやはり奈良の吉野山ではないだろうか。シロザクラを中心に3万本の桜が花の絨毯を作り、山肌を登っていくかのように咲き誇る風景は圧巻である。

— www.jnto.go.jp

ガラパゴスで野生動物と過ごす

ECUADOR エクアドル

なぜ今？ 海が暖かく、カメが巣作りを始め、アザラシの子どもが浜辺で勢揃いする見どころ満載の時期
どこで？ エクアドル本土から1,000km西の地域一帯
時期は？ 3月と4月

ガラパゴス諸島では、陸でも海でも野生動物を至近距離で見ることができる。初期の探検家たちはこの辺境諸島を「魅惑の島」と呼んだそうだ。その魅力は何百年と過ぎた今でも、まったく色褪せていない。この地を訪れる人々は、まどろむアシカの上をまたいだり、多くの野鳥を目の前で見たり、ゾウガメがのしのし歩くところに遭遇するたび、どんどん島の魅力にはまっていく。

大型の海洋生物も多数見かける。アシカとゾウガメがフンボルト海流の豊かな海水に育まれて数多く生息しており、観光客は彼らと近しく交流できる。島々をめぐるクルーズツアーに参加できるなら、イルカやクジラを探してみよう。陸上では爬虫類の種類が豊富だ。ゾウガメ、リクイグアナ、ウミイグアナなど多くの生物に出会える。

3月と4月の注目はガラパゴスアホウドリやアオアシカツオドリだ。彼らの求愛ダンスは実に興味深い。
— www.galapagos.org

シャチの狩りを見る

ARGENTINA アルゼンチン

なぜ今？	浅瀬に乗り上げるようにしてアザラシの子どもを捕獲するシャチが見られる
どこで？	バルデス半島
時期は？	3月下旬

28 MAR シャチ（またの名をオルカ）は壮大なスケールの生き物だ。その能力がいかに凄まじいものかが、ここバルデス半島での行動に示されている。バルデス半島は南大西洋に突き出すようなかたちで存在する荒涼とした陸地。世界遺産に指定されている。12月になるとアシカがやってきて交尾し、出産する。3月の終わりごろまでには子どもも大きくなり、海岸線に一列に並んで初めての泳ぎにチャレンジすべく、ジャンプする。シャチはこの瞬間を狙うのだ。体長10mの巨体を持つこの捕食者はものすごいスピードで子どもアシカに襲いかかる。水中から体を投げ出すようにして浜辺にのしかかり、大量の海水の泡の中で子どもアシカを捉え、水中に引きずり込んでいく。

— www.pnor.org

笑いの祭典で大いに楽しもう

AUSTRALIA オーストラリア

なぜ今？	メルボルン国際コメディフェスティバルでハッピーになる
どこで？	ビクトリア州メルボルン
時期は？	3月下旬から3週間

29 MAR 爆笑また爆笑、泣き笑い、笑い過ぎておなかが痛くなる。南半球の秋、メルボルン市がホストを務めるコメディフェスティバルでそんな経験をしてみよう。メルボルン国際コメディフェスティバルは、同一テーマではモントリオール、エディンバラに次いで世界で3番目の規模のコメディの祭典である。

このオージーの町は3週間、スタンドアップコメディアン、キャバレー芸人、俳優、ストリートパフォーマー、映画関係者、マルチメディア関係者に占拠される。メルボルン・タウンホール地区はコメディの巨大なハブと化す。ビッグネームのアーティストも未完の大器も揃ってこの町に出没する。まあ、とにかく楽しいのひと言だ。

— www.comedyfestival.com.au

右：南アフリカ、ケープ半島の上空をソアリングするパラグライダー。

下：メルボルン国際コメディフェスティバルを宣伝中の紳士。

エル・キャピタンの「ノーズ」に挑戦

USA アメリカ

なぜ今？	春と秋がエル・キャピタン登頂に最適
どこで？	ヨセミテ国立公園、カリフォルニア州
時期は？	3月から5月

30 MAR ロッククライミングのルートで世界で最も有名なのがエル・キャピタンの「ノーズ」だ。大壁に登ることが競技として始まったのもここである。ヨセミテ渓谷の玄関口に位置するエル・キャピタンは、花崗岩のモノリス。渓谷の谷床、マーセド川からは1,000mの高さがある。

ノーズへの登頂が最初に行われたのは1958年。登頂を数回に分けて合計45日かかった。現在のクライマーは31ピッチの登りで平均5日をかける。早い人で1日、最速記録は3時間である。

今ではノーズは技術的に難しいターゲットではないとされているが、それでも長く危険なルートであることに変わりはない。登るのはちょっと……という人には、谷底から見上げて向こう見ずにも登頂に挑戦しているほかのクライマーたちを観察しているほうがよいかと思う。

— www.nps.gov/yose

パラグライダーで
西ケープ州の風に乗る

SOUTH AFRICA 南アフリカ

なぜ今？	上昇温暖気流が強く吹くが、アマチュアパイロットには好都合
どこで？	ケープタウン
時期は？	3月と4月

31 MAR

　南アフリカは世界でも有数のパラグライダー大国だ。空域制限が最小限で長距離滑空が可能なこと、素晴らしいクロスカントリーフライトが可能なことなどが、経験豊富なパイロットを引きつける要因となっている。パラグライダーを行う際には、ポーターヴィル（山側のサイト）、ヘルマナス（海側のサイト）、サー・ロウリーズ・パス（山側のサイト）などの離着陸ポイントへ向かう足を確保する必要がある。テーブルマウンテンやライオンズヘッドから離陸し、クリフトンのビーチやキャンプス・ベイへ着陸するのもいいだろう。トウェルブ・アポストルズに沿ってソアリング（上昇気流による長時間フライト）すると、テーブルマウンテンの稜線に覆いかぶさるようにして発生するテーブルクロス・クラウドがライダーを包み込むことがある。「十戒」のモーゼの気分になれること請け合いだ。

　パラグライダーは習得が容易で安全な競技である。南アフリカ・ハンググライディング・パラグライディング協会に問い合わせると、ツアー主催者のリストをもらえる。また同協会は競技者のレベル別にたくさんのスクールを開催している。

— www.sahpa.co.za

パンタナルの
湿地を歩く

BRAZIL ブラジル

なぜ今？	年2回の乾季に世界遺産指定の沼地を探索しよう
どこで？	パンタナル
時期は？	4月から5月

01 APR

一般的な認知度で言えばアマゾンかもしれないが、南米大陸の中心に広がるパンタナル湿原には、野生動物の姿を捉えやすい利点がある。同湿原は新世界の動物の頻出度がどこよりも高い。アマゾンの場合、草木が密生しているので動物が隠れてしまうが、パンタナルのオープンな平原は野生動物が隠れるところがほぼない。おざなりな観察をしたとしても、見逃すことのほうが難しいくらいだ。

パンタナル湿原の面積はフランスの国土の半分よりやや大きめのサイズである。人間はほとんど住んでおらず、集落もない。とてつもない広さの湿原で、陸路はまったく整備されていない。中に入っていくには、小型飛行機かモーターボートしか手段がない。奥部に入っていく道で唯一存在するのはトランスパンタネイラのみ。雨季になるとほとんどの場所が水没してしまうので、道路予定地を掘削して堤防のように仕上げ、そこに赤土を盛り固めて作った砂の産業用道路である。当初の予定では湿原を縦断しボリビア国境まで通すはずだった。だが、資金不足のため現在も全長の1/3しか仕上がっていない。

4月と5月はパンタナルの乾季にあたる。湿原は10月から3月まで水没。雨季は水没部分に魚が満ち溢れ、動物にとっての格好の水場となる。乾季が訪れ水が引くと、環礁や沼は干上がり、草生植物が一斉に芽吹く。

— www.pantanal.org

April 4月

雨のシンハラジャで
希少種動物に出会う

SRI LANKA スリランカ

なぜ今？　4月、生命輝く雨季の始まりを選ぼう
どこで？　シンハラジャ森林保護区
時期は？　4月初旬

02 APR　スリランカのシンハラジャ森林保護区は野生動植物保護が成功した例である。初めての試みは3世紀にまで遡る。シンハラジャとは「ライオン・キング」の意。かつてこの地を統治していた伝説の獅子王が住む王国として、シンハラジャ一帯を保護林と定める布令を当時の部族間で取り決めたとされている。また、この地における生物多様性を認めたオランダ植民地政府も、1875年に保護区と認定。そののち1977年に新スリランカ政府も、森林伐採に反対する国民の抗議を受けて森林保護区とした。

シンハラジャ保護区の面積はスリランカ全国度の0.7%にすぎない。だが、スリランカ固有種の動植物の種類は、国全体の半分以上を占める。アカガオバンケモドキ、ズアカサトウチョウ、フタバガキの木など固有種同士の混血も進んでいる。澄んだ川の流れの近くでは頭上に伸びた枝が45mもの高さになり、天蓋状に地面を覆っている。ここを住処とするのはスレンダーロリス、ニシカオムラサキラングール、ツチガエルなどの希少種生物だ。運がよければヒョウにも会える。さもなければ、世界最大のチョウには必ず出くわすのでせめてもの慰めとしよう。

シンハラジャに行くには雨季のごく初期にするとよい。新しい生命が一斉に誕生するさまを見ることができる。ただ、長居は勧めない。いったん降り始めると年間降雨量は6mにもなるから。

— www.slwcs.org

トケラウへの船旅

NEW ZEALAND ニュージーランド

なぜ今？	サイクロンとカーゴ船の満席状態を避けるならこの時期
どこで？	トケラウ
時期は？	4月から10月

03 APR

トケラウはサモアの北480kmに位置する小さな島嶼群。3つの小さな環礁からなっている。そこに行くのは一筋縄ではいかないし、将来はまったく行けなくなるかもしれない。島々の標高が海面から最高で5mしかないので、地球温暖化の影響もあり、21世紀後半には消滅する可能性があると言われているからだ。

トケラウには空港がないので、ヨットを使わないとなると方法はひとつ。サモアの首都アピアから出航するカーゴ船に乗ることだ。2週間に一度アピアからサモアに一番近いファカオフォ環礁までMVトカラウ号が就航している。ファカオフォまでは24時間の船旅。環礁には当然ながら港はないので、船は沖合に留まり、乗客と貨物をディンギット船で運ぶ。南洋スタイル、である。

— www.tokelau.org.nz

ラッコを見に行こう

USA キューバ

なぜ今？	天気は最高。かわいいラッコの赤ちゃんにも会える
どこで？	カリフォルニア州モントレーベイ
時期は？	4月と5月

04 APR

変化に富んだカリフォルニア湾の海岸線の美しさもさることながら、この地の魅力をさらに増す存在がある。哺乳動物のなかでもピカイチにかわいいラッコだ。でんぐり返しをして遊んだり、おなかの上で石を使ってカニを食べたり、手を器用に使って顔をこすったり、と見ているだけで顔がほころんでくる。

1900年代初期には狩りたてられて絶滅したと思われていたラッコ。だが1911年にカリフォルニア州ビッグサーで50頭の小さなグループが発見される。現在彼らの生息数は2,000頭前後と報告されている。

ラッコの観察にはチャーミングな村、パシフィック・グローブが最適。海岸線沿いのベンチに陣取り、ケルプのベッドでぷかぷか浮いている姿を見ることができるから。

もう少し近くで見たい向きには、モントレーベイ水族館のラッコに会いに行くのをお勧めしよう。

— www.monterey.com

左：キノボリトカゲの仲間。スリランカのシンハラジャ森林保護区にて。

下：ラッコの挨拶。モントレーにて。

寒食節と清明節を祝う

CHINA アメリカ

なぜ今？	春の訪れを祝う代表的な祝祭だから
どこで？	中国全土
時期は？	4月4日から7日

05 APR

初春の中国がいい。天候がおだやかで、晴天の日が続く。ふたつの伝統的な祝祭日が連続しているので、渡航も1度で済む。清明節と寒食節は古代にはひとつの行事だった。寒食節が先だが、その起源は春秋戦国時代の歴史物語に由来する。介子推という忠臣が、迫害されて外国に逃れ、流浪の生活を送る国王に付き添って辛苦をともにした。主君が肉を食いたいと言ったときは、自分の腿の肉を削り取り、煮て食べさせた。放浪生活ののち主君が無事王位に復帰すると、介子推は褒美も取らず老いた母を背負って去っていった。側近の苦労を報いたい国王は、介子推が去った地域に火をつけたら戻ってくるだろうと考え、部下に火を放つよう命じた。だが介子推は戻らなかった。火中で死を選んだのだ。国王は火を放ったことを深く悔い、以降その日を、火を使わずに冷めた食事を摂る日（寒食節）と定め、清明節の1日前で慣例化させたという。

現在、連続したふたつの祝祭となった寒食節と清明節にはふたつの主要な行事の流れがある。祖先を供養するために家族で墓参りに行き、墓を洗ってきれいにし、墓前で酒を飲み、紙幣に似た紙を燃やす。それから初春の日差しのなか、萌え出ずる緑を眺め、花を愛で、冬から春への移行を祝う。

凧揚げも昼夜問わずこの時期人気がある。暗くなってから揚げる凧には提灯を付け、糸を切って風に流されるままにする。これにより悪運や病気が去り、幸運だけが手元に残るという象徴なのだそうだ。

— www.cnto.org

「第5の季節」に立ち会う

ESTONIA エストニア

なぜ今？	森の中をボートで行くユニークな体験をしてみよう
どこで？	ソーマー国立公園
時期は？	3月下旬から4月

06 APR

季節が4つしかないなんて、ここでは通用しない。カレンダーの定義をちょっと変えてみたいと思ったら、ソーマー国立公園を目指そう。エストニアの南西部に位置するこの湿原を4月に訪れると、「第5の季節」到来に立ち会える。

この時期、高地から雪解け水が平野部分になだれ込み、水位を著しく上昇させる（最大5m）。風景は一変し、公園内の川、湿原、沼が一時的に水没する。平原は湖に、道路は水路に、草が生い茂った土手は浮島に変貌し、季節は春から「水」の季節に移り変わる。

「第5の季節」、ソーマー国立公園で一番の楽しみは水遊びだ（実際、ボートがないと公園内での行き来ができない）。ガイド付きのカヌーを漕いで、森の中に分け入ってみよう。タカやビーバーに出会えるし、オオカミの遠吠えに耳を傾けてみるのもよい。

— www.soomaa.com

閉ざされた国を旅して

NORTH KOREA 北朝鮮

なぜ今？	風景が美しく、気候は温暖で、野山は花盛り 北朝鮮の一番美しい季節
どこで？	平壌、およびその周辺地域
時期は？	4月と5月

07 APR

西洋人観光客の年間受け入れ数が2,000人というこの国では、軌道逸脱という概念が通用しない。冷戦で世界から門戸を閉ざした国、北朝鮮。ビジターにはどこへ行くにもガイドが付き添う。観光客はインターネットへのアクセスができない。首都平壌へ乗り入れるフライトは週1度、数便しかない。こうした閉鎖性は逆に、朝鮮文化を探求したい人々の興味を引きつけてやまないところがある。

北朝鮮の赤いテープを一度くぐると、その後の行程はまさに時計どおりに消化されていく。非武装地帯の見学はマストだ。少し冒険を、という場合は朝鮮半島最高峰の白頭山（2,744m）がよいだろう。北朝鮮のオフィシャルな情報によると、ここは金正日の生誕地とのこと。ただし、ロシアの記録ではロシアのハバロフスク生まれのようだが。

— www.korea-dpr.com

左：紙でできたお供え。清明節で使用する。

下：北朝鮮、妙香山からの眺め。

山スキーで
オートルートを縦走する

FRANCE, ITALY & SWITZERLAND
フランス、イタリア、スイス

なぜ今？	気温が上がり、雪の状態もよいから
どこで？	シャモニーからツェルマットまで
時期は？	4月

08 APR 世界最高のスキーツーリングルート、オートルート（通称「高き道」）。フランス側の高級リゾート地シャモニーから、マッターホルンの麓の町ツェルマットの2点間を結ぶ複数のルートがある。

総距離140km前後のこのルートは、1860年代にアルパイン・クラブのメンバーが徒歩で初めて縦走に成功したのが始まりである。夏のトレッキングルートとしても人気が高いが、知名度で言えばやはり山スキーのクラシックルートとしてであろう。モンブラン、モンテ・ローザ、グラン・コンバン、マッターホルンと名だたる名山が旅のコンパニオンとしてスキーヤーを出迎える。

スキーツアー客は通常6日から7日をかけ、小屋泊まりをしながら縦走していく。20余りの氷河を越え、アルプスの雪に覆われた山道を歩くのだ。途中には壮麗な眺めのヴァル・ド・アルペッテがあり、そこからトリエント氷河のひび割れた氷面を見下ろせる。そうこうするうちにルートは3,800mの標高に達する。樹齢1,000年を越すアローラ松が眼下に広がっている。この辺りにくると、高度と疲労で頭が朦朧としてくることもある。

スキーを履いた足を引きずりながら登る高度は合計1万m以上。オートルートをスキーで行く旅はタフなものになる。なので、軽めのツアーで肩慣らしをしてからオートルートに臨むのもいいかもしれない。

— www.chamonix.com

パリア渓谷でキャニオニアーになる

USA アメリカ

なぜ今？ 春に限定しよう。夏と冬は鉄砲水の恐れがある
どこで？ アリゾナ・ユタの州境
時期は？ 4月と5月

09 APR

アメリカ南西部の景観といえば、とぐろを巻いたような形の石の通廊が思い出される。狭い石の割れ目にすぎなかった場所が年月を経てスロットキャニオンと呼ばれる巨大な石の壁を形成。岩登りに挑戦したり、自然のプールで泳いだり、滝を下ったりといったスポーツアクティビティの拠点になっている場所もある。

アリゾナ・ユタの州境にあるパリア渓谷はそうしたスロットキャニオンのなかでも最高に美しい場所だ。同渓谷内に存在するのがバックスキン・ガルチ。長く深いスロットキャニオンで、全長21kmはアメリカ南西部で最大。だが岩の通路の幅は最大で5mしかない。このバックスキン・ガルチとワイヤー・パスが人気のトレッキングのスタート地点。2点のどちらかからリーズ・フェリーまで、5日をかけて61kmのトレッキングを敢行するのが真のキャニオニアーだ。

— www.utah.com

ペンバートンで木登りに挑戦

AUSTRALIA オーストラリア

なぜ今？	1年中で一番風が穏やかな月 75m以上の木に登る時に助かる
どこで？	西オーストラリア州ペンバートン
時期は？	4月

10 APR

90m以上の巨木に成長するカリーの木。オーストラリア固有種で、木の世界ではまさに巨人だ。20世紀初頭に山火事の見張りをするため8本のカリーの木が選ばれ、樹冠に火の見櫓（現在は展望台）が設置された。木の根元からは階段状の釘が打ち込まれている。今日ではそのうちの3本が「木登りの木」に選ばれ、ビジターでも登れるようになっている。木の頂上から見下ろす深い森の風景には心癒されるものがある。なお、頂上まで登った人には「登頂証明書」が発行される。

カリーの木の一番人気は樹高61mのグロスターツリー。ペンバートン市内から3kmほど離れた郊外に立っている。75mと最も高いのはデイブ・エバンス・バイセンテニアルツリー。ダイヤモンドツリーは52mである。

— www.pembertonvisitor.com.au

四国88カ箇所を歩く

JAPAN 日本

なぜ今？	長く歩くので、盛夏に入る前に行きたい
どこで？	四国4県
時期は？	4月

11 APR

日本でもっとも有名な巡礼行路、四国巡礼。弘法大師が修行のためにたどった88の寺院を巡拝する。総距離は1,100kmから1,400kmになる。徒歩で行く場合には2カ月必要。旅は徳島県から始まり、通常は高知県、愛媛県、香川県の順にめぐり歩く。

札所から札所の間は数百mしか離れていない場合と100km以上も歩く場合があり、さまざまである。それぞれの札所は素朴な寺院が多く観光的な興味は少ない。この巡礼は一周することに意味があるからだ。88カ所の寺院は仏教でいう88の煩悩にちなむもの。88の寺院をめぐることで煩悩が消え、願いが叶うと言われている。

— www.shikokuhenrotrail.com

右：バンコクでソンクラーンに熱中。

下：どこか他所へ行ってくれ、トウブハイイロリスよ。スコットランドでよく見かけるキタリスの子ども。

キタリスを探そう

SCOTLAND スコットランド

なぜ今？	春生まれの赤ちゃんリスを見つけよう
どこで？	アバナシー・フォレスト、ネシー橋付近
時期は？	4月と5月

12 APR

専門サイトと保護グループの数が基準になるのであれば、キタリスは英国で一番愛されている動物ということになる。尖った耳のアイドル的存在のキタリスだが、その数は北米から流入してきた外来種のトウブハイイロリスに押され、かなり減ってきているのが実情。最新のカウントでは、キタリスは14万頭で減少傾向。対するトウブハイイロリスは250万頭でさらに増加傾向にある。

1,000年以上前にたくさんの巨木のマツが切り倒されたこともあり、英国のキタリスのうち8%はスコットランドで生息している。切り倒されるのを免れたヨーロッパマツはアバナシー森林保護区でキタリスとともに生き延びている。さあ、彼らが走り回って追いかけっこをする姿を見つけに行こう。赤ちゃんリスにもきっと紹介してもらえるから。

— www.scotland.forestry.gov.uk

ソンクラーンで びしょ濡れ

THAILAND タイ

なぜ今？	タイ太陽暦新年の行事と世界最大の水鉄砲競争を見に行く
どこで？	タイ全国
時期は？	4月13日から15日

13 APR

　タイの旧暦正月は国中が文字通りびしょ濡れになる行事、ソンクラーンの季節。国民全員が祈りを捧げるものと暴動寸前の騒ぎを起こすものの二手に分かれる。仏陀が「水浴びをする」イメージと、タイの若者が年長者の手に香りをつけた水を注ぎかける行為を重ね合わせるのが祈りを捧げるパート。そのあと、誰彼かまわず水鉄砲で狙い撃ちするのがお決まりとなっている。元々は周りの人にそっと水を注ぎかける行事だったのが、だんだんエスカレートしていった。

　ソンクラーンの季節は気温が高い時期でもあるので、水をかけあって涼しくなるという意味合いももちろんある。祭りの3日間は、その場に居合わせるすべての人が水攻めの対象になる。通りすがりの通行人の目前で水の入った風船を割る、自転車やバイクや車から歩行者を水鉄砲で狙い撃ちする、などなんでもありだ。また、この期間田舎のほうでは墓地に砂で作った卒塔婆のレプリカを立てて先祖の供養をする。籠の鳥や池の魚も解き放たれる。

　ソンクラーンの祝いが最も盛大なのはタイ北部のチェンマイ。酩酊した人々が街の堀付近に陣取り、あらかじめ備え付けてある水鉄砲で大量の水攻撃に興じる。

— www.tourismthailand.org

ビスケット・ジャトラを見に行こう

NEPAL ネパール

なぜ今？	ネパール流新年祭を見る
どこで？	カル・ナトル村、バクタプル村
時期は？	ネパール暦バイサーク月の初日（4月13日から14日頃）

14 APR

ビスケット・ジャトラ（蛇殺祭）はネパールの新年を告げる行事で、バクタプルの町から厳かに始まる。カトマンズ盆地ではもっとも盛り上がる年中行事であり、バイラバ神を載せた巨大な山車を町の東西から二手に分かれた村人がかついでいく。きしみ、前後左右に揺れながら進む山車は両軍がぶつかりあったところでいったん停止、激しく押し戻しを繰り返す。そのあと、山車はカルナ・トーレと呼ばれる儀式の場に向かう。カルナ・トーレでは、25mにも及ぶ高さのリンガ（男根の象徴）がヨニ（女陰の象徴）に打ち立てられる。

翌日の夕方が明けの新年。ポールは大騒ぎの中暴力的に引き倒され、地面で粉々に壊れると新年到来が正式に宣言される。

ビスケット・ジャトラとよく似た風習はトゥミとボデの村でも見られる。前者は、山車を引き回す際、チカという赤い粉を周りの人間に投げつけながら進む。後者は、リンガを立てる儀式の当日に選ばれたひとりの男性が鉄のスパイクを舌に刺したまま過ごす、という風習がある。

— www.welcomenepal.com

野生のバイソンが住む森を歩く

POLAND ポーランド

なぜ今？ 夏の雨と蚊の襲撃は耐え難いので
どこで？ ビャウォヴィエジャ国立公園
時期は？ 3月中旬から5月初旬

15 APR

広大な古代の森、ビャウォヴィエジャ。ポーランドとベラルーシの国境に広がっている。実は、この森にはアフリカのセレンゲティやアメリカのイエローストーン国立公園に匹敵するほどの手付かずの自然が残っている。

オオカミが遠吠えし、暗闇で太古の生き物が唸り声を上げる雰囲気は太古のヨーロッパそのもの。マツ、モミ、オーク、カバノキが鬱蒼と茂る中にムース、ハイイロオオカミ、エルク、リンクス、ビーバーなどが暮らしている。

元々は貴族の猟場だったが、現在はヨーロッパバイソンの生息拠点になっている。いったんは絶滅の危機に瀕したこの大型野生動物は、たった12匹の飼育種から再導入した末裔。現在の生息数は3,000頭にまで回復した。野生動物の保護活動が成功した珍しいケースだ。

— www.bpn.com.pl

左：ビスケット・ジャトラの綱引き。

下：パンダは1日に12時間クマザサの葉を食べる必要がある。

アルノンの奔流の谷を歩く

JORDAN ヨルダン

なぜ今？ 渓谷の通行開始は4月から
どこで？ ワディ・ムジブ
時期は？ 4月から10月

16 APR

デザート・ハイウェイ（15号線）から死の谷まで、距離にして70km。その間に広がる広大で美しい空間がワディ・ムジブ。ムジブ自然保護区内には4つのウォーキング用トレイルがあるが、そのなかでも渓谷を抜けるルートのひとつが冒険心をかきたてる構成になっている。このトレイルは大地をスライスするような構造で川に沿って延びている。そのため場所によっては20mの高さの滝を懸垂下降したり、泳いだり、岩の壁の下を通るため身を縮めて水面に潜る、といった対処が必要になる。

トレイルを歩き通すには12時間かかるだろう。また、ヨルダンの王立自然保護協会所属のガイドを雇う必要がある。保護区のそのほかのアトラクションとしては、人間が狩り立てたせいで今や希少種となりつつあるヌビアアイベックスに出会う楽しみがある。

— www.rscn.org.jo

ジャイアントパンダを追いかけよう

CHINA 中国

なぜ今？ 求愛行為中のパンダの歌が聴ける
どこで？ 臥龍自然保護区管理局、清州市近郊
時期は？ 4月

17 APR

絶滅危惧種生物のなかでもっともアイコニックな存在がジャイアントパンダ。2006年の研究報告によると中国中央山間部に3,000頭の個体が生息しているという。総面積2,000km²の臥龍自然保護区管理局内には約100頭のジャイアントパンダがいる。パンダの保護区は中国内で約50カ所あるが、ここがもっともよく知られている。パンダは集団でいることを好まず散らばって暮らすので、1匹を見つけることさえ大変なことだという。ただ、4月は求愛の季節。メスが数日間発情期に入るためオスも食餌場を離れるので比較的見つけやすい。そして、たとえパンダを見つけることができないとしても、この場所を訪れる価値は十分ある。山腹のツツジが満開だから。

— www.pandasinternational.org

砂漠でダンス

USA アメリカ

なぜ今？ コーチェラがアメリカ３大ロックフェスの
　　　　 ひとつだから

どこで？ インディオ、カリフォルニア州南部

時期は？ ４月の週末２回（2016年度は４月15日から
　　　　 17日、４月22日から24日）

18 APR

　コーチェラ・フェスティバルは音楽・アート界のビッグネームが多数出演するアメリカ３大ロックフェスのひとつ。過去の出場者としては、レッド・ホット・チリ・ペッパーズ、レディオヘッド、パール・ジャム、ジェイ・Z、ポール・マッカートニー、ビースティ・ボーイズなど。コーチェラはハリウッドスターがお忍びで来ることでも有名になってきている。また、流行に敏感な若者たちが週末２回のダンス、トランス、エレクトロニカ、ポップ、インディーズ、ジャズ、バイブ、ファンク、レーザーショー、アートインスタレーションの祭典に便乗して砂漠の太陽に身をさらすという、ある意味勇気ある行為に走る場でもある。

　フェス会場はソノラン砂漠の谷のどこか、名もない平らな場所に設置されるが、とにかく暑い。４月でも30℃にはなっているはずだ。だが、フェスの雰囲気にはどこかクールなものがある。南カリフォルニア的というべきか。コーチェラに来ているという感覚をたっぷり味わうためにも、オンサイトでキャンプするのがベストだろう。

　圧巻のパフォーマンスに身をまかせること以外にもこのフェスではできることがたくさんある。世界ジャンケンチャンピオンシップで腕試し、ヨガのポーズをいくつか習う、フェス主催のノット・ソー・サイレント・ダンスに出てみる、など。とにかくなんにでも顔を出してみよう。会場の飲食スペース、ザ・テラスではクラフトビールやバハスタイルのタコスを供している。そうそう、セレブたちが自分のすぐそばにいないか確かめるのもお忘れなく。

— www.coachella.com

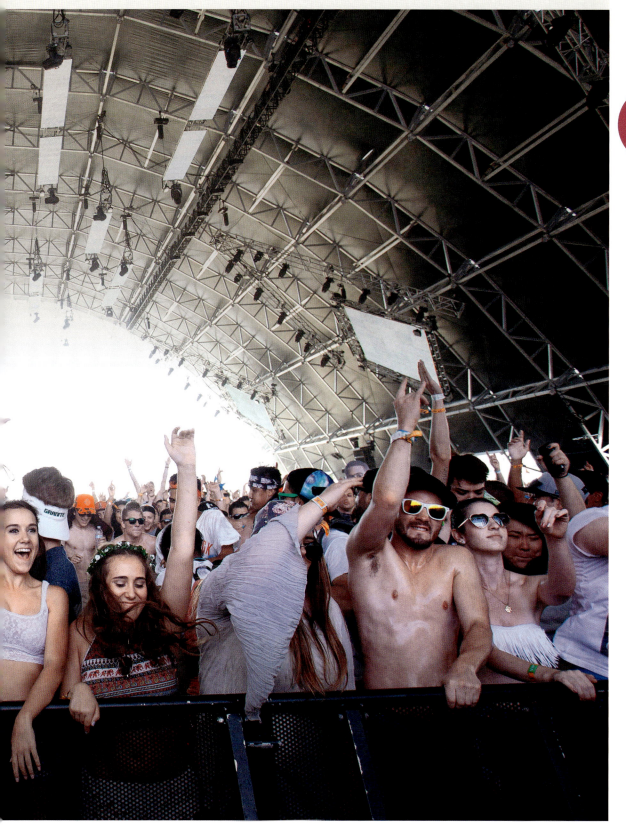

コースト・パスをハイキングしよう

ENGLAND イングランド

なぜ今？	長距離のハイクは早春がベスト
どこで？	サマセット州、コーンウォール州、デヴォン州、ドーセット州
時期は？	4月と5月

19 APR　英国のナショナルトレイルは4,400kmの距離を15のコースでカバーする。ブリテン島のどの地点からも、半径80kmのなかに必ずナショナルトレイルのコースが含まれていると言われるほど、優れた設計になっている。最長・最良のコースと名高いのがサウス・ウェスト・コースト・パス。マインヘッドからプールまで壮大な風景のなか、切り立つイングランド海岸線を廻るコース。全周1,014kmのコースを完歩するには8週間かかる。

　トレイルを歩く際に覚悟が必要なのは距離だけではない。海岸線は非常に起伏が多いので、それは、川が海に流れ込む谷底までとそこからの登りを何回も繰り返すことを意味する。この距離を計算すると2.7万m。エベレストの標高の3倍を歩くことを覚悟しよう。

— www.southwestcoastpath.com

チンパンジーを追え！

TANZANIA タンザニア

なぜ今？	チンパンジーは雨季のほうが探しやすい
どこで？	ゴンベ渓流国立公園
時期は？	2月から6月

20 APR　タンザニアで一番小さい国立公園、ゴンベ渓流国立公園。総面積こそ52km²にしかすぎないが、ここは野生動物の生息数における長期継続観察拠点として長い歴史を持っている。イギリスの研究者、ジェーン・グドールは1960年にこの公園で野生のチンパンジーの研究を始めた。彼女の研究は高い評価を受けている。ゴンベ渓流に生息する100頭前後のチンパンジーは人に馴れているので、彼らに出会うとある種の感慨を覚える。なんといっても彼らの遺伝子は我々人間と98％一致しているのだから。

　ゴンベの滞在は2日の日程を見ておこう。公園での宿泊オプションはふたつ。さびれたホステル（レストハウス）かラクジュアリーなテント生活かという、極端な選択肢であることを覚えておこう。

— www.tanzaniaparks.com/gombe.html

右：バヌアツのバンジージャンプは大人になるための通過儀礼。

下：イングランド、コーンウォール州のペンタイヤ・ヘッド。サウス・ウェスト・コースト・パス。

ローマで酩酊

ITALY イタリア

なぜ今？	春のうららかな日差しのなか、エターナル・シティの誕生日をお祝いしよう
どこで？	ローマ
時期は？	4月21日

21 APR　ローマ（愛称はエターナル・シティ）はちょっと年を取りすぎてくたびれてきているのかもしれない。なにせ2,500歳だから。だがこの街は誕生日の祝い方を相変わらず心得ている。伝説によるとローマの建国は紀元前753年。マースの双子の片割れ、ロムスが国を作った。ロムスは雌狼を乳母に持ち、兄弟のレムスを殺したのだという。現在では、ロムスの誕生日にはコンサート、パレード、歴史劇の再現劇が催され、街はトーガを着た人々で溢れる。ローマの遺跡や美術館ではこの日は入場料無料。記念日式典がアヴェンティーノの丘で開催される。盛大に打ち上がる花火をいい場所で見たければ、カピトリーノ美術館の裏手にあるカンピドリオの丘に行ってみよう。

— www.turismoroma.it

バンジージャンプの原点を見に行こう

VANUATU バヌアツ

なぜ今？ バンジージャンプの櫓が完成する時期だから
どこで？ ペンテコスト島
時期は？ 4月初旬から6月

22 APR

ペンテコスト島で作物の収穫を祝うため行われるのがナゴール、すなわち空中へのダイブだ。奇習中の奇習である。4月初旬になると南の島々の住民は木製の巨大な櫓を作り始める。高さは16m。櫓は前に少し傾けて作る。

櫓が完成すると6月初旬までの間、地面に打ち付けられるのを防ぐ弾力性のあるツタで作ったロープを頼りに、成年男子と未成年男子が櫓の上からジャンプする。各村でこれに挑戦するのは20人から60人くらいだ。飛ぶ前のジャンパーは手を上げて自らの心の中を群衆に語りかける。人々は静かにこれに聞き入る。これが彼の最後の言葉になるかもしれないからだ。

最後にジャンパーは両手を打ち合わせ、手を正面で組み、前に倒れる。ツタがグンと伸び、ジャンパーの髪の毛先だけが地面に触れる位置で止まり、彼が地面に叩きつけられるのを防ぐ。観衆は大歓声を上げてジャンパーを褒め称える。ここまで書けばもうおわかりだろう。ナゴールが現在のバンジージャンプの原型であることを。

ペンテコスト島南部にはたくさんのランドダイビング施設がある。ランドダイビングの櫓はロノノレのほか、パンスとワリの間にある丘稜にも建てられている。

— www.vanuatu.travel

中尼公路をツーリング

CHINA & NEPAL 中国&ネパール

なぜ今？	自転車で走っている際にエベレスト山北面の眺めを堪能できるので
どこで？	ラサからカトマンズまで
時期は？	3月下旬から5月初旬

23 APR

コース上でチベットの風光明媚なスポットをもれなく網羅しているのが中尼公路。自転車のツーリングロードとして以外にも、付近のラ・ルンラ・パスからカトマンズ盆地までローラーコースターで滑り降りてくるアトラクションで使われている。

中尼公路の全長は940km。ほとんどの人は途中のシガツェを旅の起点にする。シガツェはチベット第二の都市で、首都ラサの西方300kmに位置している。中継点のギャンツェ、シャカなどを含めると最低でも20日は見ておかないといけない。

この時期中尼公路でツーリングすると、エベレスト山北面がはっきり見える。マウンテンバイクを持ち込むことができたなら、シェガルからちょっと入ってエベレスト・ベースキャンプへ寄り道してみよう。シェガルから途中の絨布寺までは2日の道のりだ。絨布寺からベースキャンプへはほんの数kmだが、道の状況については事前に調査したほうがいい。2015年に起きたネパール地震の被害は甚大で、この地域が完全に復興しているとは言い難い状況なので。

— www.cnto.org

LEFT: MONIKA LEWANDOWSKI – GETTY IMAGES

チューリップの香りで目を覚まそう

NETHERLANDS オランダ

なぜ今？ 何百万もの球根花が満開の時期を迎えるので
どこで？ オランダ南部、キューケンホフ
時期は？ 3月下旬から5月中旬

24 APR

想像してみよう。チューリップを始めとして7百万株もの花が春のそよ風に揺れている様を。4月の開園時に世界最大の花の庭園、キューケンホフ公園に行くとそんな光景が私たちを出迎えてくれる。3月20日から5月下旬まで花好きは公園のテーマディスプレイを見て歩き、球根を買って家に持ち帰ることができる。花々が満開になるのは4月中旬。

キューケンホフはオランダ語で「キッチンに面した中庭」の意。15世紀には猟場だった。猟師たちが獲物を狩り、ここでさばいた上で近隣の城へと持ち込んでいたのだ。現在はしっかりと整備され、テーマごとに展示されている花園へと変貌。虫たちが集まってくるビー・ハッピー・ガーデン、ホルスタイン牛をテーマに黒と白で構成されたフリージアン・カウ・ガーデンなど趣向を凝らした構成になっている。

ここまで来たら田舎までサイクリングはどうだろう。あるいはアムステルダムを目指しても。たったの35kmなので。

— www.keukenhof.nl

ジャズ・フェスで クールに

USA アメリカ

なぜ今？ ジャズ発祥の地でファンキーサウンドに身をまかせよう
どこで？ フェアグラウンズ、ニューオリンズ
時期は？ 4月の最終週末と5月の最初の週末

25 APR

ジャズを聴くならジャズが生まれた街で。マルディグラのすぐ後に行われるニューオリンズ・ジャズ＆ヘリテッジ・フェスティバル、通称ジャズ・フェスはニューオリンズへと足を運ぶ最大の理由となる。2回の週末で10以上のステージが開催され、良質の音楽を一度に堪能できる。

ジャズ・フェスは1968年ニューオリンズ市制250年を記念したイベントが始まり。ルイ・アームストロング、デューク・エリントン、デイブ・ブルーベックなど一流のミュージシャンがステージに登場してきた。一時期集客数が落ち込んだ際、1972年に開催場所をフェアグラウンド競馬場に変更。以降は正統派ジャズ以外のさまざまな分野の音楽を聴かせる方針に転向した。イベントは一気に盛り上がり、その人気は今も続く。これまでに出演したアーティストにはノラ・ジョーンズ、ヴァン・モリソン、ハリー・コニック・ジュニア、ロッド・スチュアート、ZZトップ、スティーリー・ダンなどがいる。

フェアグラウンド競馬場がオープンしているのは朝11時から夜7時までだが、ジャズ・フェスは街中のバーやクラブで夜遅くまで続く。ここにいる間にフレンチクォーターにあるニューオリンズ・ジャズ・ナットル・ヒストリックにも足を伸ばしてみよう。

— www.nojazzfest.com

ロンドンマラソンに出よう!

ENGLAND イングランド

なぜ今？	ロンドンの街中、42.195kmを走るチャンス イベントも盛りだくさん
どこで？	グリニッジからザ・マルまで。ロンドン市内
時期は？	4月中旬（2016年度は4月26日）

26 APR

ロンドンマラソンが最初に行われたのは1998年。ポイント対象のワールドマラソンメジャーズのひとつとして、多くのエリートランナーを魅了してきた。競技参加者数3.6万人（2012年大会）の多くは記録更新が目的ではない。チャリティ団体の資金集めのために走る。そう、ロンドンマラソンはファンドレイザーとして世界ナンバーワンの団体なのだ。そういう意味でこの大会は多分にカーニバルの様相を呈している。ランナーは派手な蛍光色のベストを着たものから巨大なサイのコスプレーヤーまでさまざまなユニフォームで走る。参加受付も競争率が高い。入場資格の抽選応募は開始後数時間で締め切られる。まあ、走れなくても観戦してみたらどうだろう。勝負の雰囲気やロンドン観光だけで十分楽しめるはず。

— www.virginmoneylondonmarathon.com

名峰の渓谷でロッククライミング

CROATIA クロアチア

なぜ今？	春はクライマーにとってベストシーズン
どこで？	パクレンシア国立公園
時期は？	4月と5月

27 APR

アドリア海に沿うようにそびえ立つヴェレビト山脈。145kmに渡って急峻な峰々が連なり、岩と海で構成されたドラマチックな風景を作り出している。パクレニツァ国立公園はこの山並みのうち36km²の面積部分。2つの深い渓谷を巻くように広がる。このカルスト地形はヨーロッパ内でも最良のクライミングスポットのひとつ。硬く、ときにシャープな石灰岩の地質は72のショートスポーツと250の長距離コースを形成している。

最難関コースはアニカ・クク山。最高350mの壁に登るために100ものルートが用意されている。すべてのルートにスピットとピトンがある。また、ここでは4月に国際スピードクライミング大会が行われる。

— www.np-paklenica.hr/en

左：ストリートパフォーマンスもスウィング。ルイジアナ州ニューオリンズ。

下：豊かな魚たちの海。ニュージーランドのプアーナイツ諸島。

プアーナイツでダイビング

NEW ZEALAND ニュージーランド

なぜ今？	南半球の秋はダイビングに最適
どこで？	ノースランド地方東沿岸から20km沖合
時期は？	3月から5月

28 APR

故ジャック・クストーが「世界の10大ダイビングスポットのひとつ」と称賛したのがここ、プアーナイツ諸島。古代火山の置き土産である。珊瑚海から東オークランド海流に乗って押し流されてくる暖かい海水は、魚にとっての格好のマイホーム。また、海底のクリフはカラフルな無脊椎動物に満ち溢れていて、ダイバーの目を楽しませてくれる。プアーナイツ諸島のダイビングスポットはレベル別に多数のコースがある。初心者のダイバーでもシュノーケリングだけで無理なく挑戦できる。生物多様性という観点から見てもすぐれた観光スポットだ。

一般的にこの時期はニュージーランドを訪れるよいシーズンである。涼しいが安定した気温、秋景色、ワインの収穫が期待できる。また、観光シーズンの端境期なので、料金も低めに押されている。

— www.doc.govt.nz

ルキアの道を歩く

TURKEY トルコ

なぜ今？ ルキアは暑い。夏になる前に行くのがベスト
どこで？ ルキア沿岸
時期は？ 3月から5月

29 APR

ザ・ルキアン・ウェイ（ルキアの道）はトルコ最初の長距離ハイキングトレイル。1999年に設定された。この道の歴史は非常に古い。地中海に面したここルキアの古名はテッケ半島。古来よりペルシア人、アレクサンダー大王、ローマ人などの征服者たちが関心を寄せたところだ。

古代の踏み分け道とロバの旅でできた通路がトレイルの原型だが、ルキアの山と海をぐるりとめぐって設置されている。総距離は509km。フェトヒイェから始まって、アンタルヤで終わる。道が山並に入り込んだりしており、進むにつれ難易度が上がる。全距離をトレッキングするには25日から30日が必要。時間がなければ区間を区切って挑戦するとよい。区切る場合のスタート地点はオルデニズ、カシュ、アドラサン、オリンポスといったあたりをお勧めしたい。沿道には小さなペンションやホテルが数軒あり、テント生活に疲れた場合などに使える。

— www.tourismturkey.jp

「ヴァルプルギスの夜」に ようこそ!

GERMANY ドイツ

なぜ今？	ドレスアップして山へ「魔女の夜」のお祝いに
どこで？	ブロッケン山、ハルツ山脈
時期は？	4月30日

30 APR

　4月最後の夜を過ごす最高の方法。それは、魔女や人狼が跋扈する山の頂上を目指すことだ。ドイツの神話には、聖ワルブルガの日である5月1日の前夜に彼らがハルツ山脈に集まり大騒ぎをするという伝説が出てくる。これが「ヴァルプルギスの夜」で、魔女たちはこの日を悪事の納め時とし、バッカスの狂宴のごとく羽目をはずすという。明け方にはほうきに乗ってブロッケン山に飛んでいってしまう（ヴァルプルギスの名前は聖ワルプルガにちなんだもの）。

　当時の農民たちは十字架やハーブを厩舎のドアに飾り、家畜を守るための魔よけとした。また、教会の鐘を鳴らして、迷える魔女たちの魂のために祈ったという。

　ヴァルプルギスの夜を祝うもっともよい場所はターレの町だ。ここに、さほど迷信深くない3.5万人の人々が集まり、地上の「魔女の夜」を再現する。魔女の扮装をして、持ち物のほとんどを放り投げ、焚き火の周りで踊り明かすのだ。

— www.harzinfo.de

五月祭に
春を祝して歌う

ENGLAND イングランド

なぜ今？	大学街のメイ・モーニングで、新しい月を迎えよう
どこで？	オックスフォード
時期は？	5月1日

目覚ましを早い時間にセットしよう。オックスフォードでは、メイ・モーニング（5月1日の朝）の午前6時におふざけが始まる。五月祭（メーデー）は長い間世界中で、暖かな気候を歓迎する伝統的な（そしてしばしば騒々しい）祭典の日だった。イギリスの尖塔の街では、人々は何百年も似たようなやり方で新しい季節の到来を告げてきた。

祝いの行事はモードリンカレッジの聖歌隊員がグレートタワーで歌う賛美歌、「ヒムヌス・エウカリスティクス」の美しい調べとともに始まる。この賛美歌の後に、「あなたが今確かにいて鐘が鳴っているが、もしその前に起きていなかったら」が20分間続く。街の多くのカフェやバーが朝早くから営業していて、栄養たっぷりの朝食を提供してくれ、日中の活動のスタミナ源となっている。

ここには今でも伝統が根強く残り、生演奏や角笛吹き、ガチャガチャ、カタカタとステッキを鳴らすモリス・ダンスが行われている。そして、死にたいのかと思わせるような向こうみずな人々もいる。モードリン橋からチャーウェル川に飛び込む人は後を絶たないが、水位が低いと負傷者が出る。乾燥した土地ではパーティーの雰囲気を楽しむほうがいいだろう。

— www.oxford.gov.uk

LEFT: HOMER SYKES – ALAMY

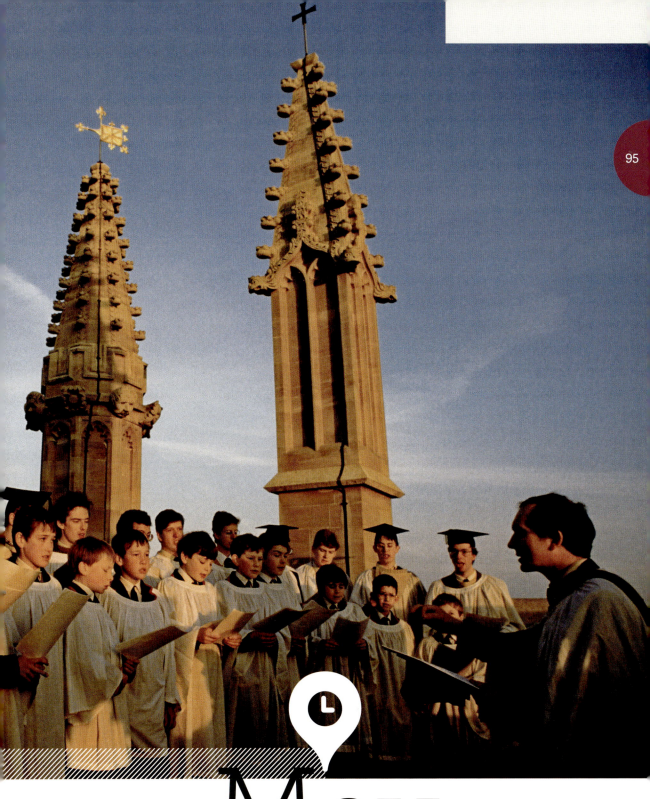

May 5月

虎跳峡を
トレッキング

CHINA 中国

なぜ今？	草木や野の花にわくわくしながら丘を ハイキング
どこで？	中国南西部雲南省
時期は？	5月から6月初旬

02 MAY

広大な長江は石鼓鎮で最初に曲がりくねった後、世界で最も深い峡谷のひとつである虎跳峡に流れ込む。この峡谷は長さが16kmもあり、峡谷の底から山の頂上までは3,900mもの高さで、めまいがするほどだ。峡谷を通るトレイルはふたつある。標高の高いところを通るルートは古いルートで、カーブが24ある細道として知られる（けれども本当はもっとあって、30ぐらいだろう）。一方、低いところを通るルートは新しい道で、排気ガスを噴出するツアーバスでいっぱいである。

トレイルは2日で完歩できるが、素晴らしい景色をちゃんと満喫しながら歩くには、3日か4日充てたほうがよいだろう。田んぼや小さな村々、険しい山の壁、畑をすきで耕すたくましい雄牛、すばしっこいヤギの群れのそばを通り過ぎ、田園のゲストハウスに滞在することになるだろう。最上のゲストハウスには心に残る風景を見渡せるベランダがあり、温かい紅茶や自家製の食べ物とともに休息できる。

雲南省の中心地の大理の北160kmにある麗江が、ハイキングに最良の拠点だ。スタート地点の橋頭はここから2時間の場所にある。

— www.cnto.org

ベルズビーチでサーフィン

AUSTRALIA オーストラリア

なぜ今？	オーストラリアの秋はベルズビーチの立派な波を最も期待できる時期
どこで？	ビクトリア州グレート・オーシャン・ロード
時期は？	3月から5月

03 MAY

ベルズビーチは驚くほど小さく、オーストラリアで最も景色がよいと言われる幹線道路、グレート・オーシャン・ロードに沿った絶壁にくっついている、などと揶揄されている。しかしビーチを目指して来る人はほとんどいない。ベルズは波がすべてである。ベルズのパワフルな右側のポイントブレイク（波を指す言葉で映画ではない）は、サーフィンの伝説的な波で、特に南極海からの4mの南西よりのうねりが急増するときがすごい。もしサーフボードの扱いを知らないのなら、近くのトーキーやアングレシアでレッスンを受けることで、このポイントブレイクに常に備えておくことができるだろう。または、トーキーにある世界最大のサーフィン博物館に行き、サーフィンの世界を散策することもできる。
— www.visitvictoria.com

ブータンでユキヒョウを探す

BHUTAN ブータン

なぜ今？	天気は素晴らしく、花々が本当に美しく咲き誇っている
どこで？	国中で
時期は？	4月から5月

04 MAY

仏教徒の価値観に支配されているため、ブータン人は生命に対して心から尊敬の念を抱いている。国は狩猟や伐木搬出を禁じており、健康な環境が精神の幸福には欠かせないという信仰にもとづいて、国土の少なくとも60%を森林が覆い続けることを誓約してきた。このことがこの国を自然豊かな素晴らしい場所にしているのだ。

ブータンは驚くほど多様な、あるいは希少な野生生物が多く存在するところだ。たとえば、3週間のタシタン・トレッキングに取り組めば、ユキヒョウはもちろんレッサーパンダや風変わりなターキンを見る最良の方法になるだろう。3月から5月にかけては、この国のシャクナゲが満開になる時期でもある。
— www.tourism.gov.bt

左：虎跳峡に沿いハイカーたちを手助けする。

下：5月5日はメキシコのプエブラではパーティータイム。

メキシコで戦勝を褒めちぎる

MEXICO メキシコ

なぜ今？	メキシコ人たちが過去の勝利に浮かれ騒ぐのがシンコ・デ・マヨだ
どこで？	プエブラ
時期は？	5月5日

05 MAY

1862年5月5日に数で勝るメキシコの軍隊は、プエブラの会戦でフランス軍を破り、予期せぬ勝利を収めた。この歴史に残る瞬間は、特に舞台となったプエブラの町で大きな誇りとともに記憶されている。この町では毎年この日に陽気なダンスパーティーが大規模に開催される。

プエブラは一年中、絵のように美しい。伝説ではこの町は人間を楽しませるために天使によって建てられたという。そしてその見事な町の中心地は1987年からユネスコの世界遺産に登録されている。そして、シンコ・デ・マヨの日（5月5日）には少しだけより素敵な場所になる。華麗なパレードが通りを縫うように進み、戦闘が再演され、生演奏が響きわたる。
— www.visitmexico.com

ララピンタ・トレイルをハイキング

AUSTRALIA オーストラリア

なぜ今？	5月をこの砂漠で過ごすのは心地よい 平均気温は23℃でほとんど雨は降らない
どこで？	アリススプリングスからソンダー山
時期は？	5月

ララピンタ・トレイルは世界で最も有名な砂漠トレッキングのひとつ。オーストラリアの辺境をアリススプリングスから恰好のよいソンダー山まで横切り、223kmに及んでいる。トレイルは世界で最も古い山系のひとつである西マクドネル山脈のほぼ全長に広がっており、珪岩の尾根やスピニフェックスの平原、西マクドネルの急な峡谷といったように景色が切り替わっていく。

トレイルを完歩するには、12日から16日かかる。トレイルは12の別個の区域に分けられているため、より短い距離のハイキングも可能だ。夏（11月から3月）は暑く、とりわけトレイルにはほとんど日影がないため、長い距離を歩くには暑過ぎる。5月から8月が最適だ。けれども夜間の気温は6月からはかなり肌寒くなる。

— www.larapintatrail.com.au

ローズフェスティバルの空気を吸う

MOROCCO モロッコ

なぜ今？	砂漠で花びらに囲まれてパーティーを楽しむ
どこで？	ケラーア・メグナ
時期は？	5月初旬 （正確な日時は収穫の時期によって変わる）

サハラ砂漠に近い、高アトラス山脈の乾燥した山あいの地に、ヴァレ・ド・ローズと呼ばれる変わった場所がある。そこは春には地域全体が完璧なピンク色のペルシャンローズであふれる。ケラーア・メグナの小さな町ではバラは生け垣の間に具合よく収まっている。それらはすぐには見えないが、ローズウォーターを作るのに使われ、町の活力源となっている。

花は5月に収穫され、カラフルで甘いにおいのするローズフェスティバルが催される。フェスティバルは2万人の人々を引き寄せる。3日間のパーティーでは、歌やダンス、大宴会、スークのような市場、バラの花びらのシャワーを浴びる馬車の行進が行われる。本当に誘惑されるので、覚悟しよう。

— www.visitmorocco.com

右：ザンビアの南ルアングワ国立公園ではキリンは容易に見つかる。

下：モロッコの高アトラス山脈で摘んでドライフラワーにした、ピンクのバラ。

ザンビアでキリンの大群を見る

ZAMBIA　ザンビア

なぜ今？　雨季の終わりにここにキリンが集まってくる
どこで？　南ルアングワ国立公園
時期は？　5月

長さ700km、幅100kmに及ぶルアングワ谷はグレートリフトバレー（大地溝帯）の一部だ。そこは大変珍しいキリン、キタローデシアキリンの例外的な安息地でもある。

南ルアングワではルアングワ川が、モパネ林やミオンボ林といった森林、雨季（11月から5月）には氾濫する草地が寄せ集まったところを抜けて、ザンベジ川に向かって南に進路を刻む。公園が水浸しになるとき、ムフエ周辺の砂を含んだ土壌だけは浸水せずに残り、ほかの地域の水がはけるまでの間、約700頭のキリンが集まる乾いた土地を提供する。そこはキリンたちにとっては聖域で、観光客にとってはキリンをより簡単に見ることができる思いがけない贈り物だ。

キタローデシアキリンは首の周りにあるこげ茶色の斑点と膝の下には斑点がないことで知られる。しかし彼らもほかの種類のキリンと同じように、ほとんどの草食動物が届かない食物を入手できる長い首と長さ45cmの舌を持っている。子キリンと一緒にいる母キリンを探してみよう。それはかなり珍しい光景だ。なぜなら、75％に及ぶ子キリンが最初の年に捕食動物に殺されてしまうからだ。首を使った闘いで、互いに押したり、頭を揺すったりしているオスのキリンたちも観察してみよう。首やあごに傷を負っていることもある。

5月は、めったに訪れることができない北ルアングワ国立公園も入場可能になる月だ。
— www.zambiatourism.com

リオで岩登り

BRAZIL ブラジル

なぜ今？　天気は最高。涼しい貿易風が吹き、
　　　　　平均気温は約30℃
どこで？　リオデジャネイロ
時期は？　5月から8月

　リオは踊ったり跳ねたりすることでよく知られているが、世界でもっともロッククライミングルートが多い街とも言われている。中心地から車で1時間以内のところに約350の記録された登山ルートがあり、リオで最も有名なふたつのランドマークであるシュガーローフと救世主キリストの像があるコルコバードのルートもそこには含まれている。今こそ行く時期である。冬が近づくと岩が十分に涼しくなり、ロッククライミングに最適となる。

　コルコバードの南面にはリオで最長のマルチピッチのルートがいくつかあり、街を見渡す素晴らしい景観には思わず声がでるだろう。もし都市から完全に逃れたいなら、リオデジャネイロ州はさらに遠くの登山ルートも与えてくれる。セラ・ドス・オルガオス国立公園はリオから約50kmにあるブラジルの登山の中心地で、この国の有名な岩であるデド・デ・デウス（神の指）の尖頂を見ることもできる。

　そこに滞在している間に、コパカバーナやイパネマ海岸の美人たちと昼間にのんびりしたり、現代美術館（というより宇宙船に見える）へ足をのばしたり、都市の前衛的だが魅惑的なファヴェーラ地区のひとつを歩いてめぐるガイド付きのツアーに行くことを忘れずに。

— www.climbinrio.com

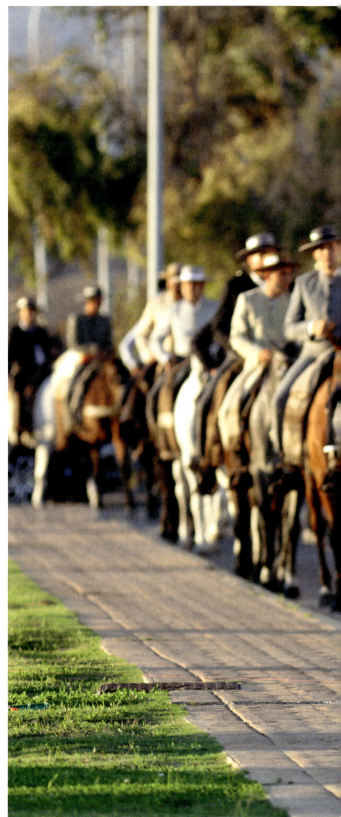

アンダルシアで馬に乗る

SPAIN スペイン

なぜ今？	春のさわやかな景色の中をサラブレッドに乗って走る
どこで？	アンダルシア
時期は？	5月（馬祭り：5月初旬か中旬）

10 MAY

アンダルシアには乗馬の伝統が染み込んでいる。馬は長い間田舎の生活の一部であり、この地域はカルトゥジオまたはアンダルシア種として知られる優雅なスペイン産サラブレッドの主要な繁殖地だ。そしてまた、無数の適した乗馬道路がアンダルシアを交差しており、ピカデロ（厩舎）ではガイド付きの乗馬ができる。多くの乗用馬がアンダルシア種か、アンダルシア種とアラブ種の混血で、中型で聡明で人を運ぶのに適しており、扱いやすく足元が確かである。

アンダルシアで最も大きな祭りのひとつであるヘレスのフェリア・デル・カバージョ（馬祭り）はすべてが馬に関する祭典だ。カラフルな馬のパレードがゴンザレス・オントリア公園の広場の横を通る。男性の騎手は平らな帽子とひだ飾りのついたシャツを着て、相乗りする女性パートナーは長いまだらのドレスを着る。そしてアンダルシアの山々を数日間乗馬するという素晴らしいオプションの楽しみもある。

— www.andalucia.org

アブラヨタカの群れを見よう

VENEZUELA ベネズエラ

なぜ今？	鋭い鳴き声をあげる夜行性の鳥の群れに仰天する
どこで？	グエバ・デル・グアチャロ国立公園
時期は？	4月から6月

11 MAY

あの世の入り口のように思われる洞窟に入ろうとしているとしよう。耳をつんざくような轟音が奥深くから聞こえ、そして突然、翼の長さが1mある何千羽もの鳥たちが暗い悪魔の川のように飛び出してくる。夜のグアチャロ（泣き叫ぶ人）の大移動、唯一の夜行性の果実を食べる鳥たちだ。

昼の間、1万5,000羽のアブラヨタカは自分たちにちなんで名づけられた洞窟の岩棚に巣ごもる。日が沈むと彼らは音を発し、反響音で位置を突き止めるコウモリのやり方でエサを探しに夜の中を飛ぶ。彼らは季節ごとに果実をつける作物を探して移動するが、カリペの近くのグエバ・デル・グアチャロにはいつも現れる。その数がピークに達するのは4月から6月の巣作りのシーズンだ。
— www.venezuelaturismo.gob.ve

バミューダトライアングルを航行

BERMUDA バミューダ諸島

なぜ今？	海が穏やかな時期。科学では説明がつかないような事件が起きなければ……
どこで？	バミューダ諸島付近の大西洋
時期は？	4月から5月

12 MAY

大西洋で覚悟を決めて、バミューダトライアングルに針路を変えよう。北はバミューダ諸島に、西はフロリダに、南はプエルトリコに接する、大西洋で有名な地域に。ここでは19世紀半ば以降、100ほどの船や飛行機が不可解な方法で失踪したと考えられている。

まだ冗談を続けるのかって？ もし船を操ることができるなら、バミューダ諸島かフロリダで船を借りよう。資格がない人でもクルーズに参加できる。どちらにしても、理想を言えば5月末までに船で渡りたいと思うだろう。バミューダ諸島のハリケーンシーズンは6月1日に始まり、シーズン後の海はさらに危険になるからだ。
— www.gotobermuda.com; www.visitflorida.com

右：クルーガー国立公園の錯覚を起こさせるようなインパラたち。

下：バミューダ諸島のセントデービッド島でヨット遊びの日々。

アメリカの大草原のよさを味わう

USA アメリカ

なぜ今？	とても雄大で、もしかしたら赤ちゃんバイソンでいっぱいの大草原が見られる
どこで？	トールグラス・プレーリー国立保護区
時期は？	4月下旬から6月中旬

13 MAY

グレートプレーンズの横断を最初に試みたヨーロッパの探検家たちは、ここを「広大なアメリカの不毛の地」と呼んだ。

現在では、3,000万匹のバイソンと膨大な数のプロングホーン、ヘラジカ、クマ、オオカミの生息地だ。その中で、トールグラス・プレーリー国立保護区として知られる地域は2,500匹のバイソンの生息地である。

5月は、活発な生まれたばかりのバイソンを探すのに最適な時期だ。野草や鳥のさえずりも豊富に見聞きできる。ソウゲンライチョウのブーミングの鳴き声を聞いたり、アルマジロを見たりもできるだろう。300種以上の鳥と80種以上の哺乳類がここを生息地としている。
— www.nature.org/ourinitiatives/regions/north america/unitedstates/oklahoma

クルーガーの荒野の
トレイルをハイキング

SOUTH AFRICA 南アフリカ

なぜ今？	クルーガーの平均気温は約25℃でほとんど雨が降らない
どこで？	クルーガー国立公園
時期は？	5月

14 MAY

クルーガー国立公園は、広大なサバンナが広がり、野生生物が豊富で、世界最高のサファリスポットのひとつである。アフリカの公園の中で最も動物の種の多様性が高いと言われ、147種の哺乳類と507種の鳥類が記録されている。

個人でこの印象的な生物たちの存在を確認するのに最良の方法は、クルーガーの荒野のトレイルを歩くことだ。この体験は、この地域に精通し、装備を整えたガイドの導きにより、小規模のグループ単位で行われる。彼らは乗り物に乗って体験するよりも、もっと未開地に親しめる素晴らしい機会を提供してくれる。

公園には7本の荒野のトレイルがあり、それぞれ独特の魅力がある。たとえば、ナピトレイルはビッグファイブ（バッファロー、ゾウ、ライオン、ヒョウ、サイ）を見る機会があることで知られる。ブッシュマンズトレイルはサン族の岩絵へのトレッキングが特徴となっている。

トレッキングは特にハードなものではなく、並みのペースで1日に20km行き、2日か3日で歩く感じだ。それぞれの旅程はグループの興味や時期、野生生物の配置に応じて決定される。

— www.sanparks.org/parks/kruger

ろうそく競争で聖人たちの闘いを見物する

ITALY イタリア

なぜ今? 地元の聖人を讃えて急な丘を競い合って上る
どこで? ウンブリア州グッビオ
時期は? 5月15日(聖ウバルドの日)

15 MAY

　グッビオの何百年も続く古いコルサ・ディ・チェーリ(ろうそく競争)のように、ろうそくを持つイタリアの祭りはほとんどない。この祭りはこの町の守護聖人である聖ウバルドを記念して後世に伝えるために開催される。12世紀より争われてきた、まれな体格の力持ちによる競争だ。

　3つのチームが町の通りを抜けて、インジーノ山の急な坂道を駆け上がり、聖人が埋葬されている聖ウバルド聖堂まで競争する。どのチームもいわゆる「ろうそく(チェーリ)」を運んでいる。実際は3人の「競争相手」の聖人たち(聖ウバルド、聖ジョルジョ、聖アントニオ)のうちのひとりの像をのせた長さ4mの木の柱だ。どの柱も重さは約400kgある。

　競争は午後6時に司教の祝福により始まる。このとき、街の周囲には300m上の聖堂に上る短距離競争の道と登山ルートがある。祭りはカラフルだ。ろうそくを持つ人はみんな、彼らが担ぐ聖人を表す色の服を着ている。聖ウバルドは黄色、聖ジョルジョは青、聖アントニオは黒だ。これはフェアな闘いではなく、聖ウバルドが常に勝つ。そもそも今日は彼の日なのだから。

— www.ceri.it

カンヌでスターに夢中

FRANCE フランス

なぜ今？ フレンチリビエラで銀幕スターに会おう
どこで？ カンヌのパレ・デ・フェスティバル
時期は？ 5月中旬

16 MAY

毎年5月の12日間、国際映画祭が開かれる煌びやかなコートダジュールの街カンヌ。世界中のプロデューサーや配給会社、監督、俳優、その他映画関係者たちが、出品数2,000本以上にも及ぶ映画の買い付け、販売、プロモーションのためこの街にやって来る。

映画祭はコンペティション部門と非コンペティション部門に分かれる。前者は「映画芸術の発展に寄与した」映画に贈られる権威ある最高賞、パルム・ドール受賞を目指すもの。ほとんどの映画は非コンペティション部門に分類される。

公式上映はパレ・デ・フェスティバルを会場にして行われるが、残念ながら関係者以外は立ち入り禁止。上映済みの作品で配られることの多い無料チケットを狙うか、入り口のレッドカーペットでスター見物を楽しもう。

— www.festival-cannes.org

サイクリングでサファリツアー

BOTSWANA ボツワナ

なぜ今？ 良好な気候条件と野生動物の活動時期が重なる、サイクリングのベストシーズン
どこで？ マシャトゥ野生動物保護区
時期は？ 5月から9月

17 MAY

ジンバブエと南アフリカ共和国に挟まれるように広がるボツワナのマシャトゥ野生動物保護区は、アフリカ南部で最も広大な民営の野生動物保護区のひとつ。大型ネコ科動物や1,000頭以上にも上るという象の群れを観察するにはもってこいの場所だ。

保護区に入ることを許されるのは、ふたつの宿泊オプションから選ぶ施設に滞在するゲストのみ（ツアーは要予約）。いずれもボツワナでは指折りのラグジュアリーな宿。だが一度そのチャンスを手にすれば、250 km²の敷地をマウンテンバイクで走り回るという従来のサファリツアーとは一味違った体験が待ち受けている。ツアーは宿を拠点に午前と午後に行われ、レンジャーに引率されながら象の通り道をたどる。

— www.mashatu.com

左：イタリア、ウンブリアで聖人たちのレースを観戦する。

下：獲物に噛み付く悪名高きコモドオオトカゲ。毒性はそれほど強くない。

コモドオオトカゲに会おう

INDONESIA インドネシア

なぜ今？ オオトカゲ同士の戦いや交尾の様子、孵化したばかりの子トカゲが見られる
どこで？ コモド国立公園
時期は？ 5月

18 MAY

最大体重166kg、一人前の水牛の息の根を止めることができるほどの攻撃力を持つコモドオオトカゲ。地元民の間では神話上の祖先として崇められ、人々の創造力をかき立ててきた。体長は約3mに及ぶ先史時代のトカゲで、限られた島にしか生息しない。あらゆる生き物を狩り、人間さえも獲物にしてしまう無敵の捕食動物だ。

島を訪れれば、ほぼ100％の確率でオオトカゲに遭遇するだろう。発情期には2匹のオスが後ろ脚で立ち上がり、大きな身体をぶつけ合いながら取っ組み合いをする姿も見られるかもしれない。交尾中はメスが激しく反撃してくるので、発情したオスは致命傷を負わないよう相手を完全に押さえ込まなくてはならないそうだ。

— www.indonesia.travel

タラ川で
ラフティング

MONTENEGRO モンテネグロ

なぜ今？	水量が多く流れの激しいこの時期に タラ川を遊び尽くそう
どこで？	ドゥルミトル国立公園
時期は？	5月から10月

19 MAY

モンテネグロ北西部にあるドゥルミトル国立公園の山間を流れるタラ川。激流で知られるこの川の浸食によって削り出された深い渓谷は、尾根から谷底までの高低差が最大1,300mにも及ぶ。あのグランドキャニオンの深さと比べても200mほどしか変わらない。この地で近年人気のラフティングツアーは5月から10月に催行される。雪解け水が流れ込み、川が増水する5月が最も流れが速く、最高にスリリングだ。

川下りが可能な82kmの区域は150mの高さにあるタラ橋の南にあるスプラヴィシュテから始まり、ボスニアとの国境にあるツェパン・ポリェに終わる。定番の2日間のツアーは1日目に渓谷の最も深い地点を通過し、ラドヴァン・ルカで宿泊。沿岸部から出発する日帰りツアーのほとんどは最後の18kmを横断するだけで、深淵な渓谷の風景を目にすることはできないが、それでも十分に美しい。

— www.visit-montenegro.com

RIGHT: TIM BARKER – GETTY IMAGES

ワディ・ラム大冒険

JORDAN ヨルダン

なぜ今? 夏の暑さと冬の寒さを避けるなら今
どこで? ワディ・ラム
時期は? 4月から5月

20 MAY

T・E・ローレンスと1916〜18年のアラブ反乱によって一躍有名になったワディ・ラムは壮大な景色が広がる砂漠の谷だ。さまざまな表情を見せる自然の造形とドラマチックな色合いが織りなす風景は、忘れがたい美しさだ。夏は灼熱の暑さ、冬は中央アジアから吹きすさぶ冷たい風で凍える寒さ。砂漠をじっくり探検するならば、この時期しかない。

ワディ・ラムは幅2km、南北に約130kmにわたって伸びる谷だ。砂漠に突如現れるそびえ立つジェベル(丘)は5,000万年もの年月をかけて浸食された砂岩の山。ここではスリル満天のロッククライミングを楽しむこともできる。登山初心者にはヨルダンの最高峰ジェベル・ラム(1,754m)がおすすめだ。

砂漠ツアーはラクダか4WDで。ラム村を拠点に砂漠を横断し、ペトラの古代遺跡を訪れるおよそ6日間の旅、あるいは紅海沿いの港町アカバまでラクダに乗ってアラビアのロレンスの足跡をたどる3日から6日間の旅を選べる。

— www.visitjordan.com

セントヘレナへ行こう

ST HELENA セントヘレナ

なぜ今？	雨期も明け、島の文化を知るにはうってつけの歴史的な記念日だから
どこで？	南大西洋
時期は？	5月21日

南大西洋にぽつりと浮かぶセントヘレナは、母国から遥か遠くに離れた英国領の小さな島。アフリカ大陸南部から西へ1,950kmと、世界で最も孤立した有人島のひとつに数えられる。この島に降り立つことは開拓者たちの夢。現在は郵便船でしかたどり着くことができないが、近い将来の空港建設が議論されているそうだ。

5月中旬に最初の雨期が終わるとやって来るのが、5月21日のセントヘレナデー。初めてこの島が発見されたのが、1502年のこの日だったことに由来する。約4,200人の島民たちが総出で祝い、ミニマラソンから仮装行列、花火まで、多彩な催しが繰り広げられる。

— www.sthelenatourism.com

竜巻街道をぶっ飛ばせ

USA アメリカ

なぜ今？	春は暴風・竜巻シーズンだから
どこで？	アメリカ中部
時期は？	4月から6月

ロッキー山脈とアパラチア山脈の間に伸びる竜巻街道は、オクラホマ、コロラド、アーカンサス、テキサス、ネブラスカなどのアメリカ中部一帯にまたがる。そして、春は最大風速500km/hもの竜巻が発生する時期。5月には400以上もの竜巻に見舞われることも珍しくはない。

この地で行われる竜巻追っかけツアーに参加すれば、高い確率で竜巻に遭遇することができる。通常ツアーは6日間で、出発は竜巻多発地帯であるオクラホマシティから。ガイドは衛星電波から受信する画像によって竜巻の位置を確認し、その後を追う。安全な車内からの見物で終わることを願いつつ。

— www.nssl.noaa.gov

右：インカ・トレイルツアーは人数に限りあり。希望の日程を確保するには事前予約が欠かせない。

下：オクラホマに上陸する竜巻。

ガータースネークに呆然

CANADA カナダ

なぜ今？	世界最大の蛇の密集地
どこで？	マニトバ州のナルシス・スネーク・デンズ
時期は？	5月

もし蛇が苦手なら、ナルシス・スネーク・デンズに近づくときは要注意。この地には、何千匹ものレッドサイドガータースネークが生息しているからだ。

マニトバ州には蛇が冬眠する巣穴が約70箇所もあり、1万匹以上の蛇が集まる穴も珍しくはない。そこではおびただしい数の蛇が身を寄せ合いながら眠りにつく。春になるとオス蛇は温かな空気に誘われて目を覚まし、一足先に地上へ這い上がってくる。その数がピークを迎えるのが5月初旬。その後メス蛇は数週間かけて巣穴から姿を現し、100匹ものオスが1匹のメス目がけて這い回る、乱交パーティーさながらの熱狂的な交尾活動を仕かけるのだ。

— www.gov.mb.ca/conservation/wildlife/spmon/narsnakes

古代インカ道を歩く

PERU ペルー

なぜ今？	観光客の数は6月の繁忙期ほどではなく、それでいて美しい緑の景色が楽しめる
どこで？	ペルー南部クスコ地方
時期は？	5月

24 MAY

マチュピチュへと続くインカ道は、サヤクマルカ、プヤパタマルカ、ウィニャイワイニャというインカの主要な遺跡群を訪れるための唯一のルートでもある。いずれの遺跡も道路が整備されていればクスコから日帰りで十分楽しめそうな距離にあるものの、インカ道の全行程、もしくは一部を歩かなければたどり着けないようになっている。

インカ道は全長わずか43kmの道のりであるものの、心臓破りの坂道が続く。そしてその後に待ち受ける険しい下り坂。まるでアマゾン盆地との境目に広がる雲霧林に飛び込んでいくかのようだ。なかでもワルミワニュスカ(「死んだ女性」の意)と呼ばれる4,198mの峠越えは最大の難所だ。インカ道のゴールであるマチュピチュは依然として謎に包まれている。スペインのコンキスタドールたちが残した文書にもマチュピチュについての記録は残されておらず、考古学者たちはこれが何のための施設であったのか、推測するよりほかない。ロケーションの美しさもさることながら、その建築技術もまた素晴らしく、辺境の地であるにもかかわらず、訪れる人が後を絶たない。ここまでたどり着く手段は電車と徒歩のみだが、旅慣れた人は比較的人気のない早朝か夕方を狙って行くようだ。

— www.incatrailperu.com

初夏のサイクリングを
楽しもう

DENMARK デンマーク

なぜ今？	さわやかな陽気に包まれて、どこまでもフラットな道を駆け抜ける初夏の走りを楽しみたい
どこで？	デンマークの郊外
時期は？	5月から6月

25 MAY

デンマークはサイクリングには最高の国だ。道路は比較的静かだし、どこまでも平らで魅力的な景色が広がっている。1万2,000km以上に及ぶ標識が整備された自転車専用道路は言わずもがな、大概の国では車のドライバーたちが独占している特権を、サイクリストたちが享受している。主要な都市の道路には自転車専用レーンが整備され、自転車の交通ルールに沿った道路標識がデザインされている。そして、ドライバーたちのサイクリストへの徹底した気配り。

デンマークには11の自転車専用道路があり、いずれも素晴らしく管理が行き届いている。それに加え、どの地域にもその土地の魅力を味わい尽くすことができる自転車ルートが広範囲にわたってある。定番は国道と地方道のルートを組み合わせながらデンマークの6つの島をめぐるコース。シェラン島を周回し、11の国道のうちの3つを通り、10日間から3週間かけて回る。また、コペンハーゲンは首都でありながらも350kmの自転車道があり、これまでに何度も世界一自転車に優しい都市に選ばれている。

5月下旬から6月初旬はこの自転車天国を満喫するにはもってこいの季節。日も長くなり、花々が咲き乱れ、晴れて温かい日が多いものの、まだ夏の休暇シーズンではないので道が混むこともない。

— www.cyclistic.dk/en

RIGHT: TIM E WHITE – GETTY IMAGES

サンティアゴ巡礼路を歩く

SPAIN スペイン

なぜ今？	日が長いこの時期を利用して、ヨーロッパ有数の巡礼地を制覇しよう
どこで？	ロンセスバーリェスからサンティアゴ・デ・コンポステラ
時期は？	5月と6月

千年以上もの間、多くの巡礼者たちが訪れてきたスペインのカミーノ・デ・サンティアゴ（聖ヤコブの道）。目指すのはイベリア半島の北西部にあるキリスト教十二使徒のひとり、聖ヤコブの墓だ。

現在は必ずしも巡礼だけが目的ではなく、壮大なアドベンチャーとして長距離歩行に挑む者も多い。フランス国境のロンセスバーリェスを出発し、ガリシア地方のサンティアゴ・デ・コンポステラを終着点とする約780kmの巡礼路には、各所にアルベルゲと呼ばれる巡礼者向けの宿が用意されている。

5月に出発すれば、夏のハイシーズンを避けつつも、日の長い一日を有効に使える。川には水が満ちあふれ、丘には野花が咲き誇り、青々しい農作物が風に揺れる。こんな田舎の風景も、長旅の疲れを癒してくれるだろう。
— www.csj.org.uk

右：ポート・セント・ジョンズ沖合のシュノーケリングで、サーディンランに遭遇する。

下：巡礼路の終着点、サンティアゴ・デ・コンポステーラ大聖堂。

大草原を馬で駆け抜ける

KAZAKHSTAN カザフスタン

なぜ今？	チューリップの咲く草原を馬に跨がり軽やかに走ろう
どこで？	アクス・ジャバグリ自然保護区
時期は？	4月と5月

カザフスタン南部の都市シムケントの東側に位置するアクス・ジャバグリ自然保護区は、キルギスとウズベキスタンの国境にそびえる山々や渓谷を有する1,319km²の広大な地域だ。そのひとつ、タラス・アラ・トゥー山脈の西の端には標高約1,200mの草原から4,239mのピークセイラムまで、馬で回るのに最高のルートがある。おすすめは900年前のペトログリフを目指す3日間のコース。それでは物足りないならば、3,500mの距離を走り、洞窟で夜を明かすコースもある。

この地はチューリップの原産地でもある。4月から5月にかけて草原一帯は真っ赤なグレイギー種のチューリップで埋め尽くされる。運がよければクマやアイベックス、アルガリ羊、ゴールデンイーグルなどの野生動物に遭遇するかもしれない。また、この辺りは雪豹の生息地でもある。
— www.kaz-business.org/Regions/regions_skr_jp.htm

イワシの大群と泳ぐ

SOUTH AFRICA 南アフリカ

なぜ今？	何百万もの魚の大群が織りなす驚きの海の光景は、この時期ならでは
どこで？	東ケープ州とクワズール・ナタール州の沿岸
時期は？	5月下旬から6月上旬

28 MAY

　5月下旬から6月上旬の間、何百万匹ものイワシの大群が南アフリカの東海岸沿いに押し寄せる、通称サーディンラン。その銀色に輝くうねりは長さ15km、幅3.5km、深さは40m近くにも及び、あまりの大きさに衛星からも観測ができると言われるほど。

　イワシの群れはアガラス岬近くの産卵場所から海岸沿いを北上し、東ケープ州北部とクワズール・ナタール州南部の海岸目指して1,600kmもの距離を進む。そして海の食物連鎖に連なるあらゆる生き物が、この動くエサを追って集まる。イルカや海鳥、シャチの大群、さまざまな種類の魚たち、さらにはクロヘリメジロザメからシュモクザメ、ホホジロザメといった何種類ものサメまでがこの騒乱に加わるのだ。また、交尾や出産のため水温の温かい場所を目指して北上するザトウクジラの大移動の時期にも重なり、一大スペクタクルが繰り広げられる。

　ボートから数メートル先の海面にクジラが飛び出し、イルカの群れが船首波に乗って泳ぐ。そしてこのサーディンランとくれば、アドレナリン大放出間違いなし。船の甲板から眺めるのもよいが、シュノーケリングならリングサイドでこのバトルを観戦できる。だがお腹をすかせた魚たちが待ち受ける海は危険がいっぱい。ダイビングは上級者に限り、コンディションにも見極めが必要だ。

— www.south-africa.jp

エベレストに挑戦しよう

NEPAL ネパール

なぜ今？ この週あたり、いわゆる「エベレストの窓」が開く可能性が高い
どこで？ ヒマラヤ
時期は？ 5月下旬

29 MAY

5月下旬はエベレスト登山にとっては鍵となる時期。エドモンド・ヒラリーとテンジン・ノルゲイが初登頂に成功したのが1953年の5月29日であったというだけでなく、遥か南からやってくるモンスーンの影響で山頂の風が止み、エベレスト登頂への窓が開かれる――つまり入山許可が下りる可能性が高い時期なのだ。

選ばれしエベレストの覇者に名を連ねたいのであれば、まずは預金残高を確認すること。登頂にかかる費用は3万5,000ドル。お金も技術も足りないなら、登山体験の一部だけでも味わいに、クンブー氷河にあるエベレストベースキャンプへ行こう。ただし、2015年の地震で大きな被害を受けたエリアであることを忘れずに。この地への旅を計画するなら、事前に現地の情勢を確認しよう。
— www.welcomenepal.com

ホエザルたちの声に耳を澄ませる

BELIZE ベリーズ

なぜ今？ 雨期が来る前に、野生動物のワンダーランドを探検しよう
どこで？ コミュニティ・バブーン・サンクチュアリ
時期は？ 12月から5月

30 MAY

ベリーズでは「バブーン」と言えばクロホエザルのことを指す（英語のbaboonはヒヒの意）。首都ベリーズシティから40kmほど離れた場所にあるコミュニティ・バブーン・サンクチュアリは、クロホエザルの保護を目的に設立された施設。バミューディアン・ランディングの村内に位置し、地域の人々が中心となって施設を運営している。地主たちはサルの通り道を作るなど、彼らが住みやすい環境を率先して整えなくてはならない。こうした計画は周囲の村にまで広がりを見せ、1haあたり250匹という高いサル密度を誇るエリアとなった。

ホエザルの数の増加は、その鳴き声の高まりを意味する。森の中に響き渡る、耳をつんざくような鳴き声を聞けば、その名の由来をすぐに理解できるだろう。
— www.howlermonkeys.org

右：レユニオンのサラジー圏谷に位置するエルブール村。

下：ネパールのサガルマータ国立公園内にあるエベレストキャンプ1。

インド洋で
フランス文化に出会う

RÉUNION レユニオン

なぜ今？ 10月まで続く乾期の真っただ中、5月6月はトレッキングのベストシーズン
どこで？ インド洋のレユニオン
時期は？ 5月と6月

31 MAY

　カフェで出されるクロワッサン、ベレー帽を被ったペタンクプレイヤーの姿。まるでインド洋にフランスの街の一角がそのまま移されたかのようなレユニオン。青く深い海の底から浮かび上がってきたかと思うほどに、瑞々しく透明感のある、何とも美しい島だ。活火山を有する息を飲むような自然の景観や温暖な気候はどこかハワイに似ている。そこに、バゲットがもれなくついてくる。

　この島の自慢は1,000km以上にも及ぶハイキング道。目を見張る尖峰群や緑が生い茂る谷間、流れ落ちる滝、火山性凝灰岩が織りなす見事な景色が広がる。内陸部には徒歩でしかたどり着けないため、驚くほど手つかずの自然が残っている。主なハイキングコースはふたつある。GR R1はシラオス、ベロープの森、エルブール、マファト圏谷を通り抜け、レユニオンの最高峰ピトン・デ・ネージュを回るコース。GR R2は3つの圏谷を経由しサンドニからサンフィリップまで、島を横断する雄大なコースだ。

　また、島には1,400kmを超えるマウンテンバイク専用道があり、森の中を縫い、山腹を下りながら走ることができる。スキーのコースと同様に、難易度によってランク分けされている。

— www.reunion.fr

『青の航海』を
たどる旅

TURKEY トルコ

なぜ今？	地中海とエーゲ海でゆったりとした夏の航海を楽しむ
どこで？	トルコ南東部
時期は？	5月から7月初旬

01 JUN

トルコの画家・作家のジェパート・シャキル・カバーガシリは先の両大戦の間に代表作『青の航海』を発表。その中でエーゲ海南部と地中海西部のトルコ沿岸部をゆったりと航海したことを回想している。当時その地域は今ほど観光化されていなかった。以来、『青の航海』が同航路を指すとき代名詞のように使われている。

この区間で主に使われているのはギュレットと呼ばれる木製の船だ。一番人気は3泊4日でフェトヒイェ・デムレ（古名はカレ）の航路。マルマリス・フェトヒイェ間を4日で航行するコースはさらに風光明媚である。

船舶免許を持っているのであれば、ベアボートとクルーをチャーターしてみては？ ベアボートは最大6人乗りのものが借りられる。フェトヒイェやマルマリスで探してみるのがよいだろう。

このエリアは学校の夏季休暇を外すような日程で訪れると、押し寄せる観光客と年度最高気温を避けることができる。7月、8月は風が少し強くなる。5月、6月の平均気温は28℃から30℃にもなる。が、ほてった体を冷やしたいなら舷からジャンプすればいいだけなので、問題ないだろう。

— www.goturkey.com

June
6月

百名山
登頂

JAPAN 日本

なぜ今？	文字通り100の山に登るなら、初夏から挑戦を開始しよう
どこで？	日本各地
時期は？	6月初旬

1964年、日本が誇る著述家でありアルピニストの深田久弥が名著『日本百名山』を発表。彼自らが登頂した山々から標高、歴史、姿、形、個性などを手がかりにベスト100を選び出した。この本をきっかけに優れた登山家たちが自らの百名山を選び、生涯をかけて100座の登頂を果たすということが、深田の願いだったと言う。

しかし物事は深田が考えたようにいかなかった。皇太子徳仁殿下が登山好きで、深田の「100カ所の名山」にいつか挑戦してみたいと発言したため、「100カ所の評価が確定した山」に自分もチャレンジ、というハイカーが増加したのだ。1年間に100カ所すべて登ろうとする者、30年という長い年月をかけてチャレンジする88カなど、そのスタイルはさまざまだったが、深田が著した100座はその後長く日本のハイカーの目標とする山として定着した。

『日本百名山』に記載されている山は、北は北海道から南の屋久島までバランスよく散らばっている。全部に登る時間はないというのなら、誰でも一番に挙げそうな富士山は置いておいて、筑波山を選んでみてはどうだろうか。標高こそ877mしかないが、山肌の急峻さは折り紙付きだ。男体山と女体山のふたつの山頂があり、古くから神の山として信仰の対象になっている。晴れた日には山頂から東京方面の摩天楼が望める。

あるいは、北海道北部に位置する休火山、標高1,721mの利尻岳もよいのでは。日本海に散らばる小島を従えるようにすっくと立ち上がり、美しい山容とすばらしい眺望を見せてくれる山だ。

— www.jnto.go.jp

ワールドミュージックを堪能する

MOROCCO モロッコ

なぜ今？	世界規模に成長した第三世界音楽の祭典に参加しよう
どこで？	ラバト
時期は？	6月初旬（2016年は5月20日から28日）

良質なワールドミュージックの祭典、マワジン。ゴスペル、ベルベル・ロック、トゥアレグ・ブルース、コンゴ・ソウル、コロンビアン・カンビア、インドのシタール演奏、中近東のラップ、ウズベク・フォークなど最先端のワールドミュージックを体験できる音楽フェスである。メインストリームの大物であるスティービー・ワンダーやカイリー・ミノーグなども出演する。

マワジンが始まったのは2001年。トルコという国のリベラルな文化的側面をもっと打ち出そうという趣旨で開催され、回数を重ねてきた。西欧文化に感化されすぎて伝統的なイスラム文化が破壊されてしまうという批判もあったが、国際的な音楽イベントとしての認知度は高まっている。ビッグスターから無名の歌手までが出演し、それまで存在しなかったような分野の音楽が誕生する場として、このフェスティバルの存在価値は高い。

— www.festivalmawazine.ma

トラを追う

INDIA インド

なぜ今？	暑いが、乾季の終わりはトラのウォッチングに最適な時期
どこで？	コルベット国立公園、ウッタラーカンド
時期は？	6月

コルベット国立公園はインドで最初に誕生した国立公園。インド国内に生息するトラの総頭数の約10%がここにいる。下草がみっしりと茂った深い森があり、トラを見つけるのはたやすいことではない。それでも水場の水が干上がり、下草が枯れてしまうこの季節が一番のチャンスである。

同公園ではジープに乗車する方法とゾウの背に乗る方法の2種類のサファリが行われている。ジープで行くと小回りが利くので、40度にもなる暑さの中、体を冷やそうとして水場に出てくるトラを見つけやすい。ゾウの背に乗る方法はもっと雰囲気がある。

ここはまた、50種類の哺乳類と600種以上の鳥が住む場所でもある。公園に行くにはデリーからラムナガルまでの夜行列車、ラミキット・エクスプレスがよいだろう。

— www.corbettnationalpark.in

左：美しい山容の北海道、利尻岳。

下：コルベット国立公園で見かけた2頭のトラ。

ボベック周辺でハイキング&ラフティング

SLOVENIA スロベニア

なぜ今？	夏がいいだろう。アルプスの雪解け水がソカ川に流れ込み、水量が増えるので
どこで？	ボベック
時期は？	6月から9月

05 JUN

スロベニアの小さな町、ボベック。冒険的なスポーツが大好きという人にはぴったりな場所だ。ジュリアン山脈を望み、ソカ川が流れ、トリグラウ国立公園が奥に控えるこの町では、1週間滞在したとしても、毎日違うアウトドアスポーツを体験できる。アイスクライミング、ロッククライミング、スカイダイビング、パラグライディング、バンジージャンプ、スケート、スキーなどに挑戦するとよい。だが、その中でも最も感動的な体験はラフティングとハイキングによって得られる。

ソカ川（全長96km）のラフティングシーズンは4月から10月。6月が特によい。雪解け水で川の水量が増すからだ。急流の速度によって初心者向けから上級者向けまでコースが分かれているが、ラフティングは通常10kmほどのコースとなる。

ボベックからのハイキングはチェソーチャまで南下する2時間のコースか、ロンボン（2,208m）に登る5時間のコースなどがある。もっとも人気が高いのはボベックの5.5km南西部にあるボカの滝までの5時間コースだ。滝の水はカニン山脈から106m下の谷まで流れ落ちている。その幅は30m。雪解け水で水量が増えているこの季節は特に素晴らしい眺めを提供してくれる。

— www.bovec.si

獲物を追い、砂丘を駆け上がる

NAMIBIA ナミビア

なぜ今？	干上がった水場の周りに集まる動物たちが見られる
どこで？	国内各地
時期は？	6月から9月

06 JUN

地球とは思えない風景の場所といえば、広大なナミビア。訪れるのに一番よい時期は6月である。

ナミビアの太平洋岸側に2,000kmに渡って広がるのがナミブ砂漠。砂丘は最大で300mもの高さがある。少し涼しい南半球の冬季に登るのがベスト。砂漠の南側にあるのがフィッシュリバー渓谷。砂地の川底を行く85kmのウォーキングトレイルがある。が、鉄砲水と暑さのため9月中旬から翌年4月中旬までは閉鎖されている。北側にあるのはエトシャ国立公園。エトシャとは現地の言葉で「乾いた水が広がる大きな白い場所」という意味だそうだ。この時期に訪れれば、水が引き始めている水場に野生動物が集まってきている様子を見ることができる。

— www.namibiatourism.com.na

ヘブリディーズ諸島を目指そう

SCOTLAND スコットランド

なぜ今？	ゲール人の歴史と文化に触れてみよう
どこで？	アウター・ヘブリディーズ、西海岸沖
時期は？	6月

07 JUN

アウター・ヘブリディーズに行ったら、ここがほかとは違うとても特別なところだということがすぐにわかるはずだ。たとえば諸島のひとつ、バラ島には世界でただひとつ、砂浜を滑走路とする定期航空便空港（土地の言葉で「大きな砂浜」を意味するTràigh Mhòrの名を持つ）がある。真っ白な砂浜はカリブ海沿岸を思わせる美しさだ。島の歴史を調べてみれば、ゲール人の豊かな文化を読み解くことができる。そしてこの場所は、バードウォッチャーには天国のようなところでもある。

6月が特にいい。ウズラクイナの渡りが始まり、緑の草原には花々が咲き乱れる。またサウス・ウィスト島では地元のウォークラリーに参加することもできる。

— www.visitouterhebrides.co.uk

左：トリグラウ国立公園、ソカ川でカヤッキング。

下：ナミビア、ナミブ砂漠にぽつねんと立つ枯死したアカシア。

バウンティ・デイの記念行事に参加

AUSTRALIA オーストラリア

なぜ今？	太平洋の孤島で歴史的反乱事件を振り返ってみよう
どこで？	ノーフォーク諸島、キングストン
時期は？	6月8日

08 JUN

1789年、フレッチャー・クリスチャンは南太平洋を航海中に上官ウィリアム・ブライに対して反乱を起こした。後世に「バウンティ号の反乱」として知られるようになる事件である。クリスチャンと反乱水兵たちは当時無人島だったピトケアン島に漂着し、住み着いた。だがほどなくして島の人口が増加したため、反乱軍の子孫は英国連邦政府の許可を得てノーフォーク島（シドニーから空路で3時間）へ移住を決める。移住が終了したのが1856年6月8日である。

バウンティ・デイはこの移住を記念する日だ。島に足を踏み入れた最初の瞬間を再現すべく、キングストン・ピアでは行進を行い、丘を踏み越え、ゲームに興じる。最後は誰もがお洒落をして夜のダンスパーティに出席する。

— www.norfolkisland.com.au

バリでサーフィン！

INDONESIA インドネシア

なぜ今？	楽園の島の6月は、最高の波に出会えるチャンス
どこで？	ブキット半島、バリ
時期は？	6月

09 JUN

ネイティブアメリカンがドリームキャッチャーで夢をすくうように、バリ南部、ブキット半島はインド洋からビッグウェーブをすくい上げているようだ。波は地球の反対側を出発し、このトロピカルビーチまで旅をして、最後に大きなウェーブとなる。特に、半島南西部突端のウルワツからスミニャックの北、カング村まで貿易風が吹き渡るこの季節、暖かい海水とぶつかることで大波が出現する。

ここでは大波を求めてほかのサーファーと縄張り争いなどまったくする必要がない。初心者から伝説のサーファーまで、自然と誰もがレベルに応じて楽しめるようになっている。クタは穏やかな波、ブレイク、チューブが可能な場所。バリのサーファー養成所のような役割を果たしている。カングはハイタイドを体験したい人向きだ。バランガンでは2.5mのスウェルが待っている。

クタは元々静かな漁村だったが、現在は観光客で溢れるバリ・サーフィンのハブ基地になった。ここに来ればインドネシアでのサーフィン体験の幅が広がることは間違いない。たとえば1週間の「サーファリ」コース（サーフとサファリを掛け合わせた造語）では、インドネシアのほかの地域に飛ぶこともできる。クタでレンタルするサーフボード、ブギーボードは、価格もクオリティもバラエティに富んでいるので、自分に合ったものを選ぶとよい。

クタはバリへのフライトの玄関口でもある。デンパサール空港からは至近距離だ。

— www.balitourismboard.org

ヨセミテ長距離遠征に挑む

USA アメリカ

なぜ今？ 雪解水が滝に落ち、ハーフ・ドームへの
ハイキングができるようになる
どこで？ カリフォルニア州ヨセミテ国立公園
時期は？ 6月

10 JUN

ヨセミテは世界最初の国立公園ではない。その栄誉は東に位置するイエローストーン国立公園に譲らなくてはならない。だが、自然保護活動の巨人、ジョン・ミューアを触発したのは、ここヨセミテである。同公園は1890年世界で2番目に国立公園として指定され、現在も世界10大国立公園のひとつとして不動の地位にある。

3,100km²の花崗岩大地、アルプスの主峰を思わせる山頂、豊富な巨木の森、変化に富んだ野生動物、轟音轟く滝、総距離1,300kmにも達するハイキングトレイル。こうした要素を考えれば、ヨセミテの名声にも納得がいくというものだ。

6月に訪れるのがよい。シエラネバダ山脈を源とする雪溶け水は、ブライダルベール滝（本頁写真）や、北米大陸でもっとも高い位置にあるヨセミテ滝（739m）など、無数の滝となって下界に降り注ぐ。またこの時期、園内の主要な道路はほとんどのところで除雪が済んでいる。

そして6月にはかの有名なハーフ・ドームへの立ち入りが解禁される。急峻な頂上への登山路としてケーブルルートのケーブルも毎年5月末に新しく敷設される。

— www.nssl.noaa.gov

サンドボードで風のように

USA アメリカ

なぜ今？	サマーシーズン開幕の時期。天候はベスト。毎日でもボードに乗れる
どこで？	オレゴン・デューンズ国立保養地
時期は？	6月10日から9月10日

11 JUN

雪のシーズンは終わってしまった。ならば、雪の代わりに砂上を滑るのはどうだろう？ オレゴンの町、フローレンスに出かけてみよう。そこには世界最初のサンドボードパークが、オレゴン・デューンズ国立保養地内に設置されている。オレゴン・デューンズは米国最大の海岸砂丘だ。公園は3月から11月まで開園しているが、砂の質がよくて気候も暖か、日照時間も長いこの時期に行くのがベストだ。

サンドボードはスノーボードの砂版。かぶる粉末が砂でジャリジャリなところが唯一の違いだが。ボードのレンタルや初心者向けの解説書入手は同公園で可能。

— www.sandmasterpark.com

ダマーヴァンド山に登頂

IRAN イラン

なぜ今？	トレッキングシーズン開始時期。また、山のコンディションも今がベスト
どこで？	ダマーヴァンド山、アルボルツ山脈
時期は？	6月中旬から9月

12 JUN

中近東最高峰のダマーヴァンド山（5,671m）は、イランでもっとも象徴的な山だ。イランの1万リヤル紙幣にも印刷されている。ダマーヴァンド山は登りやすいことでも知られている。登頂には特別なギアは必要ない。いい運動になる、というレベルの難易度。ただ、たやすいがゆえに早く登りすぎると高山病になりやすいので注意。登りのスタートはレイネの町から。初日はキャンプ2まで、2日目はキャンプ3まで（標高4,250m）というのが標準的なルートである。

6月から9月中旬にかけてが登山のベストシーズン。山道は雪もなく、気候はおだやかだ。ベースキャンプまでは公共交通区間を使って普通に行くことができる。

— www.damawand.de/How/How.html

右：カナダ、ブリティッシュコロンビア州のウエストコースト・トレイルを歩く。

下：聖アントニオの休日に伝統衣装を身に付けたリスボンの女性たち。

聖アントニオ祭

PORTUGAL ポルトガル

なぜ今？	イワシを食べ、縁結びの聖人の力を借りて愛を伝えよう
どこで？	アルファマ地区、リスボン
時期は？	6月13日

13 JUN

聖アントニオはポルトガルの首都リスボンの守護聖人。その守護聖人の誕生日を祝う祭りは、イワシの解禁日でもある。13世紀のある時、聖アントニオはイタリアのリミニに滞在中だった。住民が自分の教えを聞こうとせず悩んでいた彼は、浜辺を歩き魚たちにどうしたらいいか相談する。すると、魚の群れが波の上から頭をもたげて、彼に恭順の意を示したのだという。

この日リスボンでは盛大なパレードが行われ、家々の窓には吹き流しや紙のランタンが飾られる。独身の女性は縁結びの聖人によき夫に恵まれますようにと祈りを捧げる。

— www.visitportugal.com

ウエストコースト・トレイルを歩こう

CANADA カナダ

なぜ今？ ピークシーズン直前に世界有数のウォーキングトレイルを歩こう
どこで？ ブリティッシュコロンビア州、バンクーバー島
時期は？ 6月14日（あるいは5月から9月）

14 JUN

バンクーバー島上を全長75kmにわたって広がるウエストコースト・トレイル。元々は難破船生存者の避難ルートとして建設された。素晴らしい景観の中を歩くルートで、所要日数は7日から10日。トウヒ、ヒマラヤスギ、アメリカツガの森を抜け、崖上を横切り、吊り橋を渡り、真水の潮壺が点々と広がる人けのないビーチをたどり、小渓谷や水路を上り下りする、多彩な道程である。

かなりの健脚を要求されるトレイルでもある。何百段もの石段を登り、滑りやすい足場の小川を横切り、石で組んだハシゴ状の手すりを使って崖の上まで登ったり、膝の上まである泥の中を進むといった難路がある。濃霧と体力を奪う激しい雨も要注意だ。クマやクーガーに出くわすこともある。

トレイルのオープン時期は5月から9月。入場には許可が必要だ。6月15日から9月15日のピークシーズンにはさらに別の許可申請が要求される。だから、6月14日に出発しよう。天候次第ではあるが。

— www.pc.gc.ca

白夜の街の
ナイトライフ

RUSSIA ロシア

なぜ今？	日が沈まない街でナイトライフを心ゆくまで満喫する
どこで？	サンクトペテルブルグ
時期は？	6月中旬から7月初旬

15 JUN

ロシアの街では、盛夏の季節に眠ろうなどと思わないほうがいい。Beliye Nochi（ロシア語で「白夜」）をとことん楽しむに限る。グリーンランド南部とほぼ同じ緯度に位置するサンクトペテルブルグでは、5月下旬から7月初旬まで、長い昼時間の季節が始まる。もっとも日が長いのは6月後半で、夜の闇はまったく訪れない。代わりに、魔法のような夕暮時が長く続く。街灯は消灯されたままだし、地元の人は寝ようなんて考えない。

サンクトペテルブルグは、特に光量の多いこの時期を享受しているようだ。世界的なレベルのオペラ、バレエ、オーケストラ演奏など文化的な催しが、マリインスキー劇場で連日のように行われている。

だが、ハイブロウなイベントに行かなくても白夜を楽しむことはできる。サマーガーデンかネヴァ川の畔で目一杯日光浴を楽しんだら、ナイトクルーズ船に飛び乗るか、遅い時間の河畔のプロムナードを歩いてみよう。1日の締めは、ヒップなナイトクラブで踊り明かしてもいいだろう。または、この壮麗な街で沈まない太陽を見ながら朝を迎えるのも、よい時間の過ごし方ではないだろうか。

— www.visitrussia.org.uk

本好きのためのブルームスデー

IRELAND アイルランド

なぜ今？　ジョイス作品の主人公になりきって
　　　　　1日を過ごそう
どこで？　ダブリン
時期は？　6月16日

アイルランドの偉大な作家、ジェイムズ・ジョイス。6月16日は、彼が大著『ユリシーズ』の中で舞台に設定した期日。小説の中で主人公のレオポルド・ブルームはダブリン市中のさまざまな場所を訪れる。最初に祝賀行事が行われたのは1954年。地元の作家たちが小説に登場する場所や行動を追体験しようとして始まった。

世界中のジョイスファンがダブリンに集結し、当時のエドワード朝ファッションに身を固め、まずはアイリッシュスタイルの朝食から。ここでもブルームにちなんで内臓料理の一品が入る。その後は朗読会や読書会、ガイド付きツアーなどのイベントに参加したり、ブルームも食べたゴルゴンゾーラサンドイッチをパブで食べたり、好き勝手に街を歩いたりと、参加者は気ままにその日を楽しむ。
— www.visitdublin.com

左：血の上の救世主教会。夏のサンクトペテルブルク。

下：主人公になりきる。ダブリンのブルームスデー。

レガッタレースに声援を送ろう！

ITALY イタリア

なぜ今？　13世紀から伝わるボートレースを楽しもう
　　　　　敗者には野次を
どこで？　ピサ、パラッツォ・メディチ
時期は？　6月17日（聖サンラニエーリの祝日）

アルノ川で行われる1,500mのレガッタレースが始まったのは1290年代。ピサ、アマルフィ、ジェノバ、ヴェネツィアの4地域に所属するチームが参加する。チームはコックス1名、クライマー1名、クルー8名で構成される。フィニッシングポイントはパラッツォ・メディチに船尾が入る地点。これは1737年からずっと変わっていない。当時同邸に滞在していたモンテリマール侯の要望だったという。

クライマーがボート先端にある10mのポールから測ってパロットと呼ばれるシルクのバナーを奪いとればポイント獲得。1位は青、2位は白、3位は赤のバナーを獲得する。敗者には強烈な野次が浴びせられる。
— www.pisaunicaterra.it

セイウチの群れを見に行こう

USA アメリカ

なぜ今？　何千頭ものセイウチが押し合い、のし歩き、
　　　　　戦うふりをするさまが見られる
どこで？　ウォルラス島、アラスカ州
時期は？　6月から8月

雌と子どもが初夏にベーリング海峡から北へと旅立った後のこの時期、雄の群れはウォルラス島に残り、雄としての示威行動を始める。とは言っても実際には、セイウチはアラスカのブリストルベイ付近のビーチで、ほとんどの時間を眠ったりひなたぼっこをしているのだが。それでも、彼らはこの時期波打ち際のよりよい場所を獲得するために、喧嘩のふりをしてみせることがある。ラウンド島ではこの行動が特に顕著で、ときにアジテートすることもある。2,000頭から1万4,000頭もの雄が押し合いへし合いしているさまは壮観。ディリンガムでボートをチャーターすれば、ラウンド島は1日の距離だ。人間のほうも無人島でキャンプするのは悪くないかもしれない。
— www.wildlife.alaska.gov

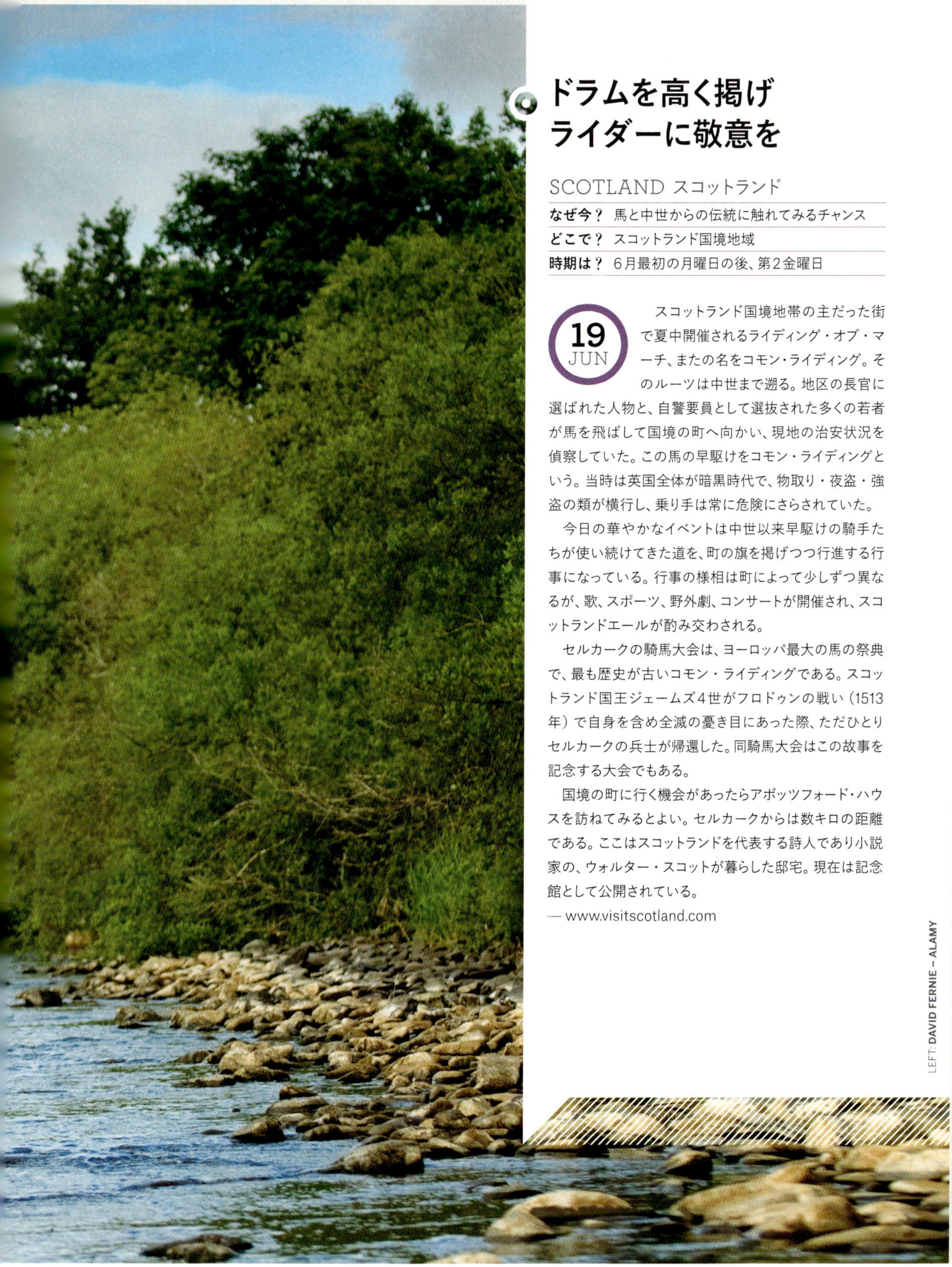

ドラムを高く掲げ ライダーに敬意を

SCOTLAND スコットランド

なぜ今？ 馬と中世からの伝統に触れてみるチャンス
どこで？ スコットランド国境地域
時期は？ 6月最初の月曜日の後、第2金曜日

19 JUN

スコットランド国境地帯の主だった街で夏中開催されるライディング・オブ・マーチ、またの名をコモン・ライディング。そのルーツは中世まで遡る。地区の長官に選ばれた人物と、自警要員として選抜された多くの若者が馬を飛ばして国境の町へ向かい、現地の治安状況を偵察していた。この馬の早駆けをコモン・ライディングという。当時は英国全体が暗黒時代で、物取り・夜盗・強盗の類が横行し、乗り手は常に危険にさらされていた。

今日の華やかなイベントは中世以来早駆けの騎手たちが使い続けてきた道を、町の旗を掲げつつ行進する行事になっている。行事の様相は町によって少しずつ異なるが、歌、スポーツ、野外劇、コンサートが開催され、スコットランドエールが酌み交わされる。

セルカークの騎馬大会は、ヨーロッパ最大の馬の祭典で、最も歴史が古いコモン・ライディングである。スコットランド国王ジェームズ4世がフロドゥンの戦い（1513年）で自身を含め全滅の憂き目にあった際、ただひとりセルカークの兵士が帰還した。同騎馬大会はこの故事を記念する大会でもある。

国境の町に行く機会があったらアボッツフォード・ハウスを訪ねてみるとよい。セルカークからは数キロの距離である。ここはスコットランドを代表する詩人であり小説家の、ウォルター・スコットが暮らした邸宅。現在は記念館として公開されている。

— www.visitscotland.com

LEFT: DAVID FERNIE – ALAMY

最高のオペラ鑑賞

ITALY イタリア

なぜ今？ 2000年の時を刻んだ円形闘技場跡で最高のオペラ体験をしよう
どこで？ ベローナ
時期は？ 6月中旬から9月

紀元前30年、ローマ人が建設した円形闘技場跡、アレーナ・ディ・ヴェローナ。往時は3万人の観客を収容し、沸かせた。現在は毎夏オペラシーズンが始まると素晴らしいパフォーマンスが繰り広げられる舞台となる。

オペラ興行が行われるのは6月から9月初旬まで。ワールドクラスのディーバたちがこの歴史的なセッティングの中、「アイーダ」でその美声を響かせる。その体験は筆舌に尽くせないほど素晴らしい。たとえオペラの歌詞がわからなくても、日が沈み、キャンドルが灯されるのを見ながら「ブラボー！」の掛け声と拍手が降り注ぐ中に我が身をおく。これこそが魅惑の宵というものだ。注意事項はひとつだけ。クッションを持参すること。ローマ時代の石の座席には布製の背当てが付いていないので。

— www.arena.it

ストーンヘンジで夏至を体験しよう

ENGLAND イングランド

なぜ今？ 新石器時代の巨石の向こうをドルイド僧や「夜明けを待つもの」と眺めよう
どこで？ ウィルトシャー、ストーンヘンジ
時期は？ 夏至のころ、おおよそ6月21日

北半球で日照時間が一番長い日、夏至。紀元前から豊穣・多産・収穫等多くの行事運営に影響を与えてきた。

夏至を祝う場所で一番有名なもののひとつがイングランドにあるストーンヘンジだ。1972年から1984年までは、新ドルイド僧やニューエイジ団体が新石器時代の環の中でストーンヘンジ・フリーフェスティバルを開催してきた。だが1985年、暴徒化した警察と旅行者が衝突し、フェスティバルは撤退を余儀なくされる。同イベントは1999年に復活。以来、毎年2万人以上の観客が訪れている。

— www.stonehenge.co.uk

右：マラ川を渡るヌーの大群。

下：夕暮れ時のストーンヘンジ。

バザルトからダイビング！

MOZAMBIQUE モザンビーク

なぜ今？ 天候が最適な時期。うまくいけばクジラの遊泳も見られるかも
どこで？ バザルト半島
時期は？ 6月から9月

モザンビークの南端に位置するバザルト半島。熱帯のパラダイスを具現化したような場所だ。澄んだ水の流れがあちこちにあり、ダイビングやシュノーケリングに最適である。土地の荒廃が進むのを止めようということで1971年以降、半島の大半は国立公園に指定された。2,000種以上の魚とアカウミガメ、オサガメ、アオウミガメがイルカと泳ぎ、海藻の間を縫うジュゴンの姿も見られる。

6月から10月は乾季。空は青く澄み、陽光にあふれ、雨はほとんど降らない。ダイビングコンディションは年間を通じて良好だが、回遊するザトウクジラを視界に入れることができるのは、6月から9月の間に限られている。

— www.divebazaruto.com

ヌーの大移動に驚嘆

KENYA & TANZANIA
ケニア & タンザニア

なぜ今？ ワニが待ち構える川に突進する百万頭以上のヌー。これぞスペクタクル
どこで？ マサイマラ、セレンゲティ
時期は？ 6月から8月

23 JUN

「草原の道化師」と呼ばれることもあるのはアフリカのヌー。だが一度大移動モードに入ると、彼らの真剣さは半端ではない。この時期、枯渇寸前のタンザニアのセレンゲティから緑草を食むためにケニアのマサイマラまで、彼らは文字通り駆け抜ける。

この大移動は地球上で最も有名な哺乳動物の本能による行動として知られる。文字通り100万頭以上のヌーが50万頭のガゼルと20万頭のシマウマを従えて、水を求めて疾駆するのだ。捕食動物たちは待ち構えている。なかでも6m以上の体長を持つナイルワニは、ヌーが通り過ぎる川のすべてで、水の中に潜んでいる。最初はタンザニアのグルメティ川、それからケニアのタレク川とマラ川。ヌーも危険を察知しているので、誰が先に行くか、川岸で押し合い、へし合いしている。

ヌーは基本的に移動する動物である。毎年セレンゲティを完全な円弧を描くように移動し、草を食む。そして6月になると北に方向を変え、マラに向かう。なので、移動を始めるヌーを見るならまさにこの時期である。
— www.serengeti.org

インティライミに参加しよう!

PERU ペルー

なぜ今？	インカ帝国の最も重要な行事が再現される。ただしリャマは犠牲にならない
どこで？	サクサイワマン、クスコ
時期は？	6月24日

24 JUN 太陽神（インティ）に捧げる歌や踊りは大量殺戮も伴った。儀式で使うリャマが屠られ、太陽神とその妻であり豊穣の女神であるパチャママに捧げられたのだ。幸運なことに最近のインティライミでは、実際にリャマが殺されることはなく、椅子が代わりを務める。

インティライミの祭はインカ帝国絶頂期の行事を再現する催し。往時は首都クスコの一大行事だった。行事はインカの新年と冬至を祝うもので、太陽が地球から最も遠ざかる時期と定められていた。

現代のインティライミはクスコの裾野にあるサクサイワマンの遺跡で行われる。太陽帝のサパ・インカに選ばれたラッキーな演者は丘の上で黄金の馬車（レプリカだが）に乗り込む栄誉に浴する。

スタートはコリカンチャ、すなわち太陽の神殿から。パレードは音楽と祈りと花が降り注ぐなか、曲がりくねった市街の道を練り歩く。ほうきを持った女性たちは悪霊を振り払うのが役目だ。

サクサイワマン遺跡に一行が到着すると、インカの言語、ケチュア語でスピーチが行われる。偽の生贄が捧げられる番だ。高僧がリャマの心臓（の代わり）を高く掲げ、パチャママに祈りの言葉を捧げる。それが終わるとパレードはクスコへと帰っていく。

— www.peru.travel

カバのサーフィンを見に行こう

GABON ガボン

なぜ今？	乾季の始まり。西アフリカではクジラがやってくる季節でもある
どこで？	ロアンゴ国立公園
時期は？	6月から9月

25 JUN

「アフリカ最後のエデン」と称されるロアンゴ国立公園。面積は1,550km²で、ガボン最初の自然保護区である。手付かずの大自然と多種多様の野生動物が生息するこの公園は、「サーフィンをするカバの王国」というニックネームでも知られている。カバが森から出て海に泳ぎ出し、波間でゆらゆらと遊んでいる光景が見られるのは、世界でもここだけであろう。また、カバ、マルミミゾウ、ヒョウ、アフリカスイギュウが海際の白い砂浜まで出てくるのも、唯一無二の風景である。

研究者たちが100kmに渡る公園のコーストラインを調査し、ここがクジラとイルカの世界第2位の生息数地域であると発見したのもごく最近のことだ。ここで見つかった14の個体種のうち1,500頭から3,000頭のザトウクジラが6月に来て出産し、越冬することも報告された。

— www.africas-eden.com

スボルベルゲイタに登頂する

NORWAY ノルウェー

なぜ今？	登頂するなら夏、白夜の真夜中このくらい北の地域では太陽は沈まない
どこで？	ロフォーテン諸島
時期は？	6月と7月

26 JUN

ノルウェーのロフォーテン諸島の玄関口として知られる町、スボルベル。小さいがモダンな港町だ。この町はスボルベルゲイタ山登山客のハブ的役割を果たしており、シーズンに入ると忙しくなる。スボルベルゲイタ山はロフォーテンのシンボル的存在で、二股に分かれた特徴的な山頂がアウトドア好きのノルウェー人の血を騒がせる。山登りそのものはさほど難しくないが、登頂付近のロッククライミングはチャレンジング。二股の「ヤギの角」の下部分からは40mほどのロッククライミングとなる。そこを制覇して二股までたどり着くと、突起部分の距離は1.5mほど。文字通りヤギが飛び移れるほどの近さである。

— www.lofoten.info

左：ペルーの太陽神の祭、インティライミ。

下：ロフォーテン島のスボルベルゲイタ山。ロッククライマーが見える。

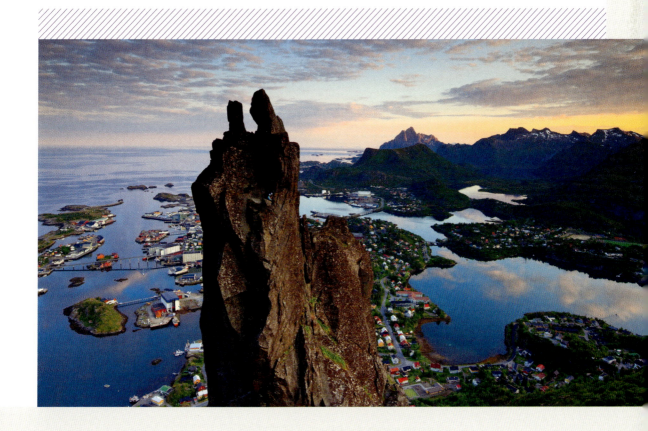

サイクリングで端から端まで

GREAT BRITAIN 英国

なぜ今？	気候は夏のサイクリングにぴったり 6月はロードに人が少なく静かだ
どこで？	ランズ・エンドからジョン・オ・グローツまで
時期は？	6月から7月初旬

27 JUN

ランズ・エンドからジョン・オ・グローツまで。英国本島の最南西部突端から最北東部突端へと続くロードには、毎年3,000人規模のライダーが訪れる。たくさんのルートがあるが、走行総距離は1,600kmほどだ。地元のザ・サイクリスツ・ツーリング・クラブが「端から端まで」を走る人のためにガイドブックを提供している。

ほとんどのライダーはおよそ2週間から3週間をかけて走破するが、時間があまりとれないあなたの参考のためにお伝えすると、最短41時間で駆け抜けた人もいる。時間が取れるのであれば、ゆっくり走ろう。ランズ・エンドからジョン・オ・グローツまでは歴史的古道だし、途中にはダートムーア、湖水地方、ロッホ・ネス、ザ・グランピアンズなど、のんびりと時間を過ごすのによさそうな場所が多くある。

訪れるには学校休暇が始まる直前の夏がよい。日照時間も長い。理想的なコースとしてはやはり、ランズ・エンドからジョン・オ・グローツへ南下することをお勧めする（上り坂が多いので、心理的には北に向かっているような気分になるとは思う）。向かい風にならず、日光が目に入らないので、走りやすい。

— www.ctc.org.uk

グラストンベリーでグルービー気分

ENGLAND イングランド

なぜ今？	世界最大、唯一無二の パフォーミングアーツフェスに参加しよう
どこで？	サマセット州ワージー・ファーム
時期は？	6月の最後の週末 （2016年は6月22日から26日）

28 JUN

「グラスト」へようこそ！グラストンベリー・フェスティバルは世界最大、最良の音楽の祭典だ。ウッドストックみたいなものと考えてよい。会場となる泥田の野原を沸かせてくれるのは、超メジャーなアーティストたちだ。ディラン、ボウイ、オアシス、ブラー、そしてビョーク！

17万5,000人の若者たちが900エーカーの農場にやってくる。テントを張り、サイダーをあおる。雨が多くて地面がぬかるむ年はウェリントンブーツの出番だ。ピラミッドステージで行われているパフォーマンスの大半は素晴らしいものだが、おかしなテントでの生活やスピリチュアルな夕日の風景を体験するだけでも、ここに来た価値があると思わせてくれる。

— www.glastonburyfestivals.co.uk

左：ウェールズを抜けたあたり。まだ半分も来ていない。

下：リオハのバターリャ・デル・ヴィーノ祭。闘争心の発散か、ワインの無駄遣いか。

ワイン戦争開始！

SPAIN スペイン

なぜ今？	バターリャ・デル・ヴィーノに出掛けよう スペインワインを全身に浴びるチャンスだ
どこで？	ラ・リオハ州アーロ
時期は？	6月29日（聖ペドロの日）

29 JUN

スペインが誇るリオハ・ワインの一大産地、アーロ。ここでは聖ペドロの日にワイン戦争と称して何千という樽が街路に持ち出される。それからワインが水鉄砲やバケツ、ボトル、ホース、果ては履き古したブーツなどありとあらゆる入れ物から噴射されるのだ。開始から3時間後にはその場にいる誰もがワインでぐしょ濡れになる。これは聖フェリセス・デ・ビリビオの巡礼祭と呼ばれる記念祭事。300年前、アーロ隣国のミランダ・デ・エブロと土地紛争になった事件が元になっている。土地の境界線を毎年山上から確認する行事が巡礼祭に変化し、ワインをかけ合い始めたという。

参加するにはルールがひとつ。白シャツを着なくてはならない。そして、水鉄砲は事前に用意したほうがいい。

— www.haro.org

エルブルス山から下界を見下ろす

RUSSIA ロシア

なぜ今？	ヨーロッパの最高峰。挑戦するなら今
どこで？	コーカサス山脈、ロシア・グルジアの国境付近
時期は？	6月から9月

30 JUN

コーカサス山脈の最高峰であり、成層火山であり、文字通りヨーロッパとアジアの分水嶺であるエルブルス山。標高は5,642mでヨーロッパで最も高い山になる。グルジアと国境を接している。

頂上へ登るのは難しくない。ケーブルカーやリフトがあり、3,800m地点までは楽々と上がれる。そこから先のキャンプ11へ行くには、ハイシーズンの場合予約が必要。キャンプ11から頂上までは1日の行程だ。8時間の上りと8時間の下りを予定しておこう。長い道のりだが、頂上から大陸を見下ろしたときの爽快な気分はたとえようもないものだ。

— www.elbrus.su

火と氷の国を見に行こう!

RUSSIA ロシア

なぜ今?	永遠の1日と気候のよい夏至の頃に行こう
どこで?	カムチャツカ半島
時期は?	7月と8月

01 JUL

モスクワよりもLAに近い「火と氷の地」カムチャツカは、ロシアの秘境のひとつで壮観な眺めを満喫できる場所だ。全長1,000kmの細長い半島はオホーツク海によってロシア本土から隔たれていて、火山活動が活発。未だに万物の創造過程にあるかのように煮えたぎり、ほとばしり、沸き立っている。この地方には200以上の火山があり、そのうちの20以上の火山が世界で最も不安定で爆発寸前の火山としてランク付けられている。

火山熱は温泉や間欠温泉を生み、河川を温める。最も壮観なのは、間欠温泉の湧く谷で、地底からのガスや泥が200もの噴気孔から噴き出している様子。

カムチャツカの広大な森林や草原には、1万頭から2万頭のヒグマを含む多くの野生動物が生息している。

— www.visitkamchatka.com

July 7月

サマーボブスレーを体験しよう

AUSTRIA オーストリア

なぜ今? この時期、オリンピックで使われた
ボブスレーのコースが開放されている
どこで? インスブルックのイグルス
時期は? 7月と8月

02 JUL

1976年の冬季オリンピックがチロル州の州都であるオーストリアの都市、インスブルックで開催された。ボブスレーのコースは、スキーリゾートであるイグルスの町の遥か上、アルプスの斜面を蛇行する配管設備のように設置されている。数日間のオリンピックの熱狂の後、イグルスの町とボブスレーのコースは歴史の中に置き去りにされてしまうと思われたが、ボブスレーのコースを一般に開放するや、瞬間に人気となり、プロのドライバーの後ろに乗ってボブスレーで疾走することが冬の主要なレジャーとなった。近年は、2カ月はランナーを車輪に付け替え、夏でも観光客がボブスレーを楽しめるようになった。

夏場のボブスレーはランナーが車輪に変わってはいるが、スリルには変化なし。世界チャンピオンクラスのパイロットとボブスレーに乗ると、1,270mの長さのコースにある14のカーブを最高時速100キロで絶叫しながら疾走することになる。霞んだアルプスの片田舎で、圧倒的な重力を感じるバンキングやベンディングのスリルを味わえるのだ。

7月初旬は、6月中旬から咲き始めたアルペンローズに彩られたハイキングコースをめぐるのにもよい季節だ。
— www.olympiaworld.at; www.knauseder-event.at

スタンピードでイヤッホウ!

CANADA カナダ

なぜ今?	世界最大級のカウボーイの祭りだから
どこで?	アルバータ州カルガリーのスタンピード公園
時期は?	カナダ・デー(7月1日)後の最初の金曜日から2週間

03 JUL

「牛の町」として知られているカルガリーはカナダの極西部というよりはやや西部に位置していて、自称「世界一のアウトドアの祭典」が行われている。世界各地から特別に招待されたカウボーイたちが集まり、世界的に有名なロデオ大会を筆頭に10日間に渡って祭りが開催される。

夜のスタンピード公園では、幌馬車のレースが行われ、4台の幌馬車と馬に乗った従者が競技場を時速60kmの速さで疾走する(ベン・ハーとアスコット競馬場を思い浮かべてほしい)。メイン競技場の外では、市場や遊園地、食べ物屋台や先住民族村などが並び、ファースト・ネーション(カナダの先住民のうち、イヌイットもしくはメティ以外の民族)の伝統文化を垣間見ることができる。

— calgarystampede.com

独立記念日のお祭り

USA アメリカ

なぜ今?	独立記念日の豪華な花火に湧くアメリカを感じる
どこで?	ニューヨークシティ
時期は?	7月4日

04 JUL

この日はアメリカのどの街にいてもよい。7月4日はアメリカの独立記念日。小さな町でも、大きな都市やハブシティでも、花火やバーベキューやパレードなどで1776年7月4日の独立宣言の採択を盛大に祝福する。

アメリカのどこにいようと構わないが、やはりニューヨークが一番。ビッグアップル(ニューヨークシティ)は最高に賑わう。メイシーズ(デパート)の豪華なディスプレイ、ハドソン川には遊覧船が浮かび、4万発以上もの花火が上がる。超高層ビル群の上での爆発である。

また、コニーアイランドにあるネイサンズが主催するホットドッグの早食い大会なども行われている。

— www.nycgo.com

左:インスブルックとサマーボブスレーのあるアルプス。

下:アメリカの独立記念日を祝うニューヨークの花火。

神秘的な動物クズリを見る

FINLAND フィンランド

なぜ今?	クズリに会うチャンスを最大にするため白夜を使おう
どこで?	フィンランド北カレリア地方 リエクサ
時期は?	7月

05 JUL

獰猛で力強いクズリほど神秘的な動物はほかにない。この犬ほどの大きさの哺乳類が、もし、熊ぐらいの大きさだったら、地球上で最も強い動物となるだろう。

フィンランドは自ら「世界のクズリ首都」と称している。リエクサのような都市の周辺でも、熟練ガイドがお目当ての動物を見つけることを手伝ってくれるだけでなく、簡易ベッド、トイレ、暖房器具、ハイテク機器などが備わったブラインド(野生動物を観察するために人が身を隠す場所)が整備されているので気楽に野生生物を観察できる。リエクサの近くのベイティング・サイト(野生動物を観察のためにおびき寄せる場所)は、クマ、クズリ、オオカミ、オオヤマネコといった4大動物がすべて見られる数少ない場所である。

— www.wolverinefoundation.org

英仏海峡を泳ぐ

ENGLAND & FRANCE
イングランドとフランス

なぜ今？ 海峡横断遠泳の季節が始まる
どこで？ ドーバーからグリ=ネ岬へ
時期は？ 6月下旬から9月

06 JUL 挑戦したい？ それなら英仏海峡を泳いでみよう！
この32kmの横断遠泳には公式の規則がある。ウエットスーツの着用は認められず、グリースとゴーグルと腕や足の覆われていない水着のみが認められている。夏は、水温が高く（6月の下旬は15℃で、9月には18℃まで上がる）日照時間が長いからだ。ルートはドーバー近くのシェークスピア・クリフからフランス北部のパ=ド=カレー県のグリ=ネ岬にかけての海峡だ。泳ぎに自信があるなら、レコードタイムが7時間を切っていることを知っておくとよい。
— www.channelswimmingassociation.com

北極の夏

GREENLAND グリーンランド

なぜ今？ 北極大陸の春が始まる
溶けた雪の後から花が咲き始める
どこで？ 島の広範囲において
時期は？ 7月

07 JUL 世界で最も大きな島には、美しい自然のままの姿の広野が広がある。ほとんど永遠のような白夜のもと、気候も暖かく、島を探検するのに最適だ。グリーンランドは、氷帽（アイスキャップ：地面の広い部分を永久的に覆う氷と雪の塊）で国土の80％が覆われていて、その面積は世界で2番目に広い。熟練したクロスカントリースキーヤーでも、横断するのに3週間かかる。
しかし、この島には、このような土地でのトレッキング経験の少ない人々にも最適なコースがある。ウォーキングのルートはほぼ無標のルートをたどる。景色は壮大で光は神秘的。その静けさを破るのは、ワタリガラスや川のせせらぎ、そして氷山の割れる音の響きだけだ。
— www.greenland.com

右：パンプローナで雄牛を追い込む走者たち。

下：グリーンランドの首都にある緑に囲まれたヌークの赤い大聖堂。

ザトウクジラに近づく

CANADA カナダ

なぜ今？ ザトウクジラがエサを食べに岸近くに来るので、驚くほど近くでクジラが見られる
どこで？ アバロン半島、ニューファンドランド
時期は？ 6月から9月

08 JUL ザトウクジラは岸近くでエサを食べるのを好むため、ハンターの手に落ちやすく痛手をこうむってきた。しかし、現在、その数は回復してきており、再び、エサを取る姿を見ることができるほどになってきている。
数千のザトウクジラが、6月、濡れた砂に卵を産みに来る数十億もの子持ちししゃもを食べに、アバロン半島にやってくる。世界で最も多くの飢えたザトウクジラが集まるときだ。
ザトウクジラを見るのに絶好のスポットはセントヴィンセント・ビーチだ。砂が急角度で深く水に落ちる場所で、クジラはエサを食べにビーチに泳いでくる。本当に珍しい眺めだ。
— www.atlanticwhales.com

パンプローナで雄牛と走る

SPAIN スペイン

なぜ今？ サン・フェルミン祭で酔っ払いと熱気を見る
どこで？ ナバラ州パンプローナの闘牛広場
時期は？ 7月6日から14日

09 JUL

パンプローナの牛追いはスペイン人の溢れ出る情熱そのもの。町の守護聖人であるサン・フェルミンに捧げられた祭りの一部として、何百人もの「走者」が6頭の猛烈な雄牛の前を全力疾走する。毎年、けが人や死亡者が出るほどだ。エンシエロ（牛追い）は囲い場から始まり、あっという間にパンプローナの町の中心部を通り抜ける。時間にしてたった3分。雄牛は最高時速55kmで猛進するので追いつくことは不可能。あらかじめ走る区間は決められている。もし雄牛が襲いかかってきたら民家の戸口に逃げ込むしかない。細い石畳の路地エスタフェタと、ごく狭い闘牛広場への入口。恐怖と興奮状態にある走者と粗野な牛たち、どちらにとってもここは大きな障害となる。この2区間はかなり危険だ。そして、走者が転倒して将棋倒しになっているようなところが実は最も危険なのだ。牛を放つ合図のロケットが発射する前、世話人は酔った人たちに牛の前を走らないようにと注意して回る。

特筆すべきこの祭りのもうひとつの特徴は、古くからある全員参加型の祭りであるということだろう。
— www.sanfermin.com

魚を捕まえる
クマを見よう

USA アメリカ

なぜ今？	滝の中で鮭を採るクマを見ることができる
どこで？	アラスカ、カトマイ国立公園
時期は？	7月と9月

10 JUL

滝口に立って、大きく口を開け、飛び跳ねる鮭を捕まえている茶色いクマの写真を見たことがあるとしたら、そこはアラスカのカトマイ国立公園のブルックスの滝に違いない。この大きな国立公園には世界で最も多くのヒグマ（2,200頭と推測される）と大きな鮭がたくさん生息していて、鮭が川を上る7月と9月はヒグマたちにとっての天国となる。

この地のヒグマは体重700kgととても大きい。ここにはよい食料が豊富にあるからだ。普通、クマは人間に危害を加えることはないが、油断はできない。ハイカーたちは注意を怠らないように。訪問者の多くはメインのビジターセンター近くにあるブルックの滝の観賞用デッキからクマたちを見る。そのため、観賞用デッキは7月のシーズンにはたいへん混雑する。だが、国立公園の中の広大な野生区域を訪れる人はめったにいない。

カトマイ国立公園には、1万の煙がたなびく火山渓谷や高い山々の頂、沿岸の肥沃な平原地帯や入り組んだフィヨルドの海岸などさまざまな景観が広がっていて、ムース、カリブー、オオカミ、オオヤマネコ、クズリ、ラッコ、ハゲワシ、シャチなどの野生動物を観察するのに最適な場所だ。

— www.nps.gov/katm

LEFT: PAUL SOUDERS—GETTY IMAGES

ラセターズ・キャメル・カップでギャンブル

AUSTRALIA オーストラリア

なぜ今？　レッドセンターで気の荒い
　　　　　ラクダ競争を見よう
どこで？　ノーザンテリトリー、アリススプリングス
時期は？　7月中旬の土曜日（2016年は7月9日）

11 JUL

　7月を迎え、砂埃たつアリスの奥地は、ベリーダンス、バンド、人力車大会などで賑わい出す。その中でも最も注目すべきはラクダ競争だ。ラクダ競争の面白さは、ラクダの予想だにしない動きや怒りっぽさだろう。歯をむいて唸ったり、あごを動かしたり、モグモグ噛んだり、3m以上唾を飛ばしたりもする。レースの直前、ラクダはきちんと正しい場所に並んでいるときもあれば、のんびり反対を向いているときもある。しかし、いったん走り始めると、ジョッキーは勝利を目指し必死でラクダにしがみつく。

　砂漠のラクダ競争は、セントラル・オーストラリアン・ショー・ソサイエティーの敷地内にあるブラザースカイトパークで行われ、「インパルジャの銅鑼」杯のほかさまざまなレースが行われている。アフガニスタン杯は、未開拓の地にラクダをもたらし、電信線や鉄道を敷設したアフガニスタン人を記念してアフガニスタン大使によって開催される。「ハネムーン・ハンディキャップ」杯では、花婿がアリーナを半周したのちラクダを座らせ花嫁に手綱を渡す。子どものラクダによるジャンプ競争やプリティラクダコンテストなども開催される。
— www.camelcup.com.au

偉大なホホジロザメと泳ぐ

SOUTH AFRICA 南アフリカ

なぜ今？	恐ろしい捕食動物と共に水に入り、若いアザラシを捕獲する様子を観察しよう
どこで？	ケープタウンの近くのダイヤー島
時期は？	6月から8月

12 JUL

南アフリカのファルス湾、モッスル湾、ダイヤー島周辺には、とてもたくさんの大きなホホジロザメがいる。このあたりは世界でもホホジロザメの宝庫として有名だ。この鋭い歯を持った捕食動物は、オットセイの群れの集まる深さを集団でパトロールし、爆発的な力でオットセイを攻撃する。

小さなボートに乗って近くからサメを観察したり、ケージに入って水に潜ったりして、ドキドキするような光景を間近で体験しよう。サメの観察に最適な季節は6月から8月中旬にかけて。6月はボートで近くからサメを観察するのによい季節だ（もちろんケージ・ダイビングも）。7月と8月はブリーチング（空中ジャンプ、サメの水面上への躍り上がり）を見るのに最適だ。

— www.south-africa.jp

ナーダムで男らしさを感じる

MONGOLIA モンゴル

なぜ今？	男らしい競技の祭典、モンゴル独自のミニオリンピックを見よう
どこで？	ウランバートル
時期は？	7月11日から13日

13 JUL

モンゴルの代表的な祭りは、アーチェリー、レスリング、競馬など「男らしいスポーツ」の祭典である。非公式だが、アイラグ（馬乳酒）を飲むことも重要だ。なかでも最もモンゴルらしいのが競馬であろう。大草原の遊牧民が家畜動物への感謝を込めて競馬を行う。

競馬は、騎手が馬たちを落ち着かせるために歌を歌うことから始まる。草原を横切るギャロップの後、勝者は歌で称賛される。音楽はアーチェリーでも重要だ。競技者は、自分の矢がまっすぐ飛んでいくことを祈って歌を歌う。

レスリングは女性が参加できない唯一の競技だ。女性が参加できないように、レスラーのジャケットは前開きにデザインされている。

— www.mongoliatourism.org

左：アリススプリングスのラクダ競争でゴールドライオンズキャメル杯を競っている姿。

下：レスリングはモンゴルのナーダムの3つの「男らしい」スポーツのうちのひとつ。

フランスのアルプスをサイクリング

FRANCE フランス

なぜ今？	ツール・ド・フランスのように山を自転車で走り抜けよう
どこで？	フランスのアルプス
時期は？	7月中旬

14 JUL

ツール・ド・フランスで自転車がフランスアルプスを走り抜けるとき、あらゆることが忘れ去られる。世界のサイクリストたちが巨大な山を駆け登り、歓声を上げる群衆の中をボブスレーのように疾走して下ってくる。競技者たちが到着する数時間前に自分たちも自転車で登ってもいいし、プレ競技を見るために待っているのもいい。

ラルプ・デュエズは、ツール・ド・フランスの代表的な見どころで、13.8kmの登り坂は平均8.5%の勾配で21のヘアピンカーブがある。またここは、人、色、音溢れる壮大な祝賀ステージともなる。

ツール・ド・フランスのアルプスを通り抜けるコースは年ごとに多少変わるが、7月14日は確実。その日はフランス革命記念日なのだ。フランス万歳！

— www.letour.com

氷河を横断する

PAKISTAN パキスタン

なぜ今？	トッキングのピーク・シーズンで、氷河を渡ることができる唯一の季節
どこで？	カラコルム山脈
時期は？	6月中旬から9月

15 JUL　北部パキスタンは登山愛好者にとって天国のようなところだ。最も人気のあるルートでさえ、ほかの登山者に会わずに何日も歩くことができる。多くのトレッキング地域の中でも一番はバルティスターンで、カラコルムの氷河や山頂や積み重なる岩々を見ることができる。この地の主要な氷河は、ビアフォ氷河、バルトロ氷河、チョゴルンマ氷河、パンマ氷河、カベリ・コンダス氷河で、亜寒帯以外で最も長い氷河横断を体験することができるルートだ。これらの氷河を横切ることがトレッキングのクライマックス。2つのルートで体験できる。ヒスパーラからスノーレイクへのルートと、スノーレイクへのヒスパーラトレックと、バルトロ氷河からK2ベースキャンプへのルート。どちらのルートもカラコルム山脈の中心に向かう壮大な峰に沿った氷のルートへと続いている。

— www.tourism.gov.pk

右：日本の京都の祇園祭は着物で。

下：パキスタンのカラコルム山脈は世界の秘境のうちのひとつ。

300クラブの仲間になろう

ANTARCTICA 南極大陸

なぜ今？	南極全裸走行を完遂した変人だけに許されるメンバー資格を手に入れよう
どこで？	アムンゼン・スコット基地
時期は？	7月

16 JUL　7月の南極は暗い冬。普通の観光客なら尻込みしてしまうこの時期に、アムンゼン・スコット基地にいる既にちょっと変わり者のあなた。傍にある温度計に目を向けてみよう。もし-73℃（-100°F）まで下がっていたら、ほんの一握りの人間しか味わったことのないアウトドア体験を成し遂げるチャンス。選ばれし者（奇人変人？）だけに許される、300クラブへの入会も夢ではない。

まずサウナを準備する。93℃（200°F）になるまで蒸気を満たそう。中に入り身体が熱くなったら全裸で外に走り（靴は忘れずに！）、雪の上に飛び込む。さらに勇気があればセレモニア・ポールを1周して帰ってくるもよし。そのチャレンジを証拠写真に残せたら、晴れてクラブの仲間入り。もうおわかりだろう、クラブの名前はサウナと外気の温度差が300°Fあることに由来するのだ。

— www.antarctica.ac.uk

京の街を祭一色に染める
祇園祭を見尽くす

JAPAN 日本

なぜ今？ 着物が似合う古都を旅して日本情緒を満喫する
どこで？ 京都
時期は？ 7月17日

17 JUL

　日本文化は外国人にとって多くの謎に包まれている。着物ショーと見紛う京都の祇園祭の行列も例外ではない。7月17日に行われる山鉾巡行は、869年に疫病が大流行した際、当時あった66の国の高官が行疫神である牛頭天王に都の平安を祈願するために行列を成して都をめぐったことに由来する。

　神輿を台車の上に載せるには、40人あまりの人手が必要だ。7月10日から3日間、市内では毎朝山鉾制作の現場が見られる。重さ10tにもなるという巨大な彫刻を組み立て、完成した神輿を川で清めれば、京都はいよいよお祭りムード一色になる。

　祭りでは鷺の恰好をした踊り子たちが舞う鷺踊りなど、各種の芸能が八坂神社に奉納される。白粉を塗った浴衣姿の少女たちの集団が下駄を鳴らしながら通りを練り歩く。老舗の商店が並ぶ地域では、代々伝わる家宝を展示し一般に公開する家もある。

　行列の花形はなんと言ってもお稚児さん。金の鳳凰の冠を戴き、神官装束を纏った地元の男の子がメインの山鉾に乗って現れる。お稚児さんに選ばれた子どもは、何週間にもわたって準備やお清めの儀式をしなくてはならないから大変だ。

　祇園祭は7月の1カ月間行われるが、中旬頃が見どころいっぱい。この機会に神社仏閣めぐりもよいだろう。
— www.jnto.go.jp

紫色の花畑へ

FRANCE フランス

なぜ今？ 見ごろを迎えるプロヴァンスの
香しい花畑の中で深呼吸しよう
どこで？ プロヴァンス
時期は？ 6月中旬から8月（7月が見ごろ）

18 JUL

絵に描いたように美しいプロヴァンスの7月。観光客が多いハイシーズンであることはもちろん承知の上だが、やはり人が集まるには気候だけではないそれなりの理由がある。

ラベンダー畑で有名なルベロン地方はまさに今が最盛期。整然と並んだ細長い紫色の帯が畑一面に広がり、あたりには心地よい香りが漂う。ラベンダーの開花は6月、収穫は7月中旬から8月下旬。まさにこの時期が、刈り取られる直前の満開の花が見られるチャンスなのだ。ソー高原、セナンク修道院、モン・ヴァントゥ山麓の畑が特に美しい。

7月はお祭り好きにもいい時期だ。演劇ファンならアヴィニョン演劇祭へ。3週間にわたって前衛演劇、朗読、展示、映画上映、討論が繰り広げられる。旧教皇庁をメイン会場に、魅力あふれる城壁都市のさまざまな歴史的建造物が舞台となる。他にもニースジャズフェスティバル、ラコストの野外劇場、アルル国際フォトフェスティバルなど盛りだくさんなので、タイミングが合えば是非足を運んでみたい。もちろん宿は事前に押さえておこう。

— visitprovence.com/en

149

白イルカを観察しよう

CANADA カナダ

なぜ今？	白イルカが脱皮や子育てのため群れで集まる
どこで？	ヌナブト準州サマーセット島
時期は？	7月と8月

19 JUL

　体長5m、その色はカララ大理石のように白く、その表情があまりに豊かなことから、どこか親近感を覚えるという人も多い白イルカ。そんな白イルカたちが何百、何千もの群れを成し、脱皮のために沿岸に集まる様子はじんと胸を打つ光景だ。

　夏になると、白イルカたちは脱皮や子育てのために毎年決まった河口に集まる。生まれてくる子イルカには、少しだけ水温の高い場所が理想的だからだ。大人のイルカは浅瀬の砂利に身体を擦りつけ、古くなった皮を剥ぐ。白イルカたちが非常に活動的になる時期で、水を跳ね回りながら鳴くイルカたちの甲高い声は、何kmも離れていても聞こえてくる。

　こうした白イルカの群れが見られるのは、ケベック州のセントローレンス川かマニトバ州のチャーチル川の河口だ。北極の景色の中で彼らの姿を見たいなら、ヌナブト準州のサマーセット島の北端へ行こう。オタワからイカルイトへ飛び、自家用機で群れの集まるカニンガム川を目指そう。

— www.nunavuttourism.com

ムワカ・コグワで心を清めよう

TANZANIA タンザニア

なぜ今？	ペルシア暦の新年に備え、ザンジバルスタイルで穢れを祓おう
どこで？	ザンジバル、マクンドゥチ村のカエ・クー
時期は？	7月第3週の4日間

バナナの茎でご近所さんを打ちのめす——とても健全な行いには聞こえないが、タンザニアのザンジバルでは穢れを祓うために行われる立派な儀式だ。負の感情を吐き出し、わだかまりを鎮めることによって、穏やかな心で新年を迎えるという理屈らしい。

実際にやってみると、これが何とも気持ちがいい。マクンドゥチ村出身の兄弟2人が南部出身の兄弟と戦っていると、たちまち彼らの友人が参戦。戦う男たちの周りでは一張羅で着飾った女性たちが地元の方言であるキカエ語で歌う。そしてムガンガと呼ばれる祈祷師がヤシの葉で葺いた小屋に火を点け、祭りはお開きとなる。この儀式は新年に火事が起こっても死亡者が出ないようにという願いを込めて行われるそうだ。

— www.tanzaniatouristboard.com

ヴァシリキ湾でウィンドサーフィン

GREECE ギリシャ

なぜ今？	夏に吹く「エリック」に乗ってみよう
どこで？	レフカダ島ヴァシリキ湾
時期は？	7月と8月

21 JUL

イオニア海に浮かぶレフカダ島の南岸に位置するヴァシリキ湾は、ヨーロッパ随一のウィンドサーフスポットとして有名。ウィンドサーフィンはギリシャで最も人気のあるウォータースポーツと聞けば、それも納得がいくだろう。初めてウォータースポーツを習う初心者が訪れることも多く、決して上級者向けの難所というわけではない。

夏の午後に幅が広く閉ざされた湾に吹き込む風は地元では「エリック」と呼ばれる。ビーチ沿いでは無数のウィンドサーフショップが派手な看板を掲げ、レッスンと宿泊がセットになったプランを提供している。予備の道具があれば、熱心な個人客にもレンタルしてくれる店もあるだろう。

— www.lefkada-greece.biz

右：「バッドウォーター・ウルトラマラソン」という名前にひるまないで。

下：ギリシャ、ヴァシリキ湾に集うウィンドサーファーたち。

ヘイヴァで踊り明かそう

TAHITI タヒチ

なぜ今？	花を纏い、ドラムを叩き、踊り狂う、ポリネシア最大のパーティに参加しよう
どこで？	パペーテのトアタ広場
時期は？	6月後半から7月後半

伝統的には生命の祭典、もしくは戦の前の儀式であったヘイヴァ。現在ではフランス領ポリネシア固有の文化を讃えるお祭りとして、ドラムの演奏や羽飾りの衣装をまとった踊り子たちのダンス、活気溢れるパレードで賑わう。気がつけば観光客たちもハイビスカスの首輪やティアラの花飾りをつけ、すっかりパーティの一員だ。

ダンス（マオリ族の民族舞踏ハカに少し似ている）や伝統競技の他、最近になって加えられたイベントにミスター＆ミス・タヒチのコンテストがある。候補者はヤシの木の皮を剥がしたり、ココナッツの実を割ったり、重い石を持ち上げたりしてその情熱を競い合う。

— www.tahiti-tourisme.com

バッドウォーター・ウルトラマラソンを走ろう

USA アメリカ

なぜ今？	正気の沙汰ではない、灼熱のマラソンを味わってみよう
どこで？	カリフォルニア州デスヴァレー
時期は？	7月中旬

23 JUL

世界一過酷なマラソンレースと言われるバッドウォーター・ウルトラマラソン。デスヴァレーの中心部に位置する、海抜−85mと西半球で最も低い地点にあるバッドウォーターから始まり、3つの山脈を越え、アメリカ最高峰のホイットニー山への起点となるホイットニーポータルへと抜ける。距離にして217km、標高4,000mの傾斜を走るだけでは飽き足らず、かつてデスヴァレーが56.7℃という観測史上世界で2番目という熱さを記録したこともある、真夏に競技が行われるのだ。

それでも挑戦してみたいというならば（正気か!?）、厳しい審査をクリアしなければならない。志願者は過去の記録から0から10にランク分けされ、上位90名のみがレースに参加できる。晴れて合格したならば、競技の精神に添ってレースに挑むべし。ルールには「いかなる時も礼儀正しく、品よく、スポーツマンシップに則ること。特に全裸になることを禁ず」とある。

— www.badwater.com

世界一危険な
トレッキングに挑もう

CHINA 中国

なぜ今？	夏のこの時期が最も安全でベストなコンディションだから
どこで？	陝西省華山
時期は？	5月から9月

24 JUL

　トレッキングルート「世界一」の称号をめぐって競い合うことはあっても、それが「世界一危険」となると話は別。偶然か狙ってか、中国陝西省（兵馬俑で知られる西安の近く）にある聖地、華山に軍配が上がったようだ。この山のハイキングはまるでセーフティネットなしの綱渡り。登山者は断崖絶壁の鎖場を登って行かなくてはならない。

　華山には5つの峰がある。東峰は朝日を観るベストスポット。西峰は最も美しいとされる。北峰は雲臺峰、中峰は玉女峰とも呼ばれ、それぞれ独自の景観を誇る。南峰は華山の最高峰（2,160m）で、中国の五大名山の中でも最も高い。

　南峰へ登るルートでは毎年多数の死者が出ていると言われる。なかでも最も危険なのが通称板道。ここでは断崖絶壁に沿って作られた30cm程の幅の狭い桟道を渡らなくてはならない。錆び付いた鎖が落下防止の唯一の命綱。目眩など起こしている場合ではない。

　ここまで聞いて少し不安になった方、ハード過ぎると感じた方はご安心を。20分で山頂に行けるケーブルカーが随時ご利用になれるので。

— www.travelchinaguide.com

星空の下で
映画を観よう

FRANCE フランス

なぜ今？	星空の下で行われる野外映画祭を楽しもう
どこで？	パリのラ・ヴィレット公園
時期は？	7月後半から8月後半

25 JUL

パリ19区の北東端にあるラ・ヴィレット公園は、かつての食肉処理場跡。敬遠する人も多い場所であったが、1979年に大改造が行われ、現在はパリでも有数のアウトドア文化施設として人気を誇る。敷地内にはそれぞれにテーマの異なる10の庭、3つの大きなコンサートホール、ヨーロッパ最大の科学博物館、そして名門パリ国立高等音楽・舞踊学校がある。

なんと言ってもお勧めはシネマ・エン・プレネール（野外映画祭）が開催される今の時期。巨大なスクリーンが木々や彫刻の間に設置され、アート系映画から不朽の名作まで、さまざまなジャンルの映画が上映される。入場料は無料で、デッキチェアをレンタルするには数ユーロかかる。

映画はオリジナル言語かフランス語の字幕のみ。だが内容をすべて理解できなくても、その場の雰囲気だけでも十分楽しめるだろう。爽やかなパリの夜。シートを敷いて、バゲットとボルドーワインでピクニック。星空の下、映画好きの友人たちと過ごす楽しい夜だ。
— www.villette.com

ドナウ・サイクリングロードを走ろう

GERMANY, AUSTRIA, SLOVAKIA
ドイツ、オーストリア、スロバキア

なぜ今？	中央ヨーロッパの夏を自転車で楽しもう
どこで？	ドナウ川
時期は？	7月

26 JUL

　欧州第2の長さを誇るドナウ川。この川沿いにドイツのパッサウからスロバキアのブラチスラヴァまで365km以上続くドナウ・サイクリングロードは、ヨーロッパで最も人気のあるルートだ。道は平坦で、景勝地が多く（特に素晴らしいのがヴァッハウ地方）、周辺の町やホテルも自転車で旅しやすいように配慮され、ルートのほとんどは専用道を走る。実際にはパッサウからウィーンまでの区間のみをゆったりと6日間かけて走り、オーストリア北部横断を楽しむ人が多い。サイクリングロード沿いでは無料のパンフレットが手に入るが、より詳しく知りたいなら地図やルート案内、実用情報が満載のEsterbauerの『Danube Bike Trail』をチェックしよう。
— www.danube-cycle-path.com

ウバザメを見つけに行こう

ENGLAND イングランド

なぜ今？	小さな島の沖合で、大きな鮫に出会う絶好のチャンス
どこで？	アイリッシュ海、マン島
時期は？	6月から8月

27 JUL

　かつて夏に群れを成して押し寄せるウバザメが漁師に歓迎されていた時代があった。体重2,000kgにもなるこの巨大魚からは、大量の鮫肉と油が採れたからだ。今ではウバザメは捕獲されないものの、エサにするプランクトンが豊富なマン島などの海岸に、以前と変わらず6月から8月にかけてやって来る。これまでウバザメが目撃されたのは、マン島の南から南西の海岸40kmの間、陸から1km以内の辺りが多いと言われている。
　ウバザメの背びれは高く目立つので、姿を現すとすぐにわかる。好条件が重なれば、一度に100匹以上のウバザメが見られることもあるという。
— www.manxbaskingsharkwatch.com

155

左：パリの星空の下でアート系シネマを鑑賞する。

下：ラダックの中心都市レーの南部にあるシェイ僧院へと続く眺めのいいルート。

ヒマラヤをバイクで走ろう

INDIA インド

なぜ今？	1年のうちでも稀な雪のない季節に標高5,600mのツーリングを楽しもう
どこで？	ヒマラヤ地方ラダック
時期は？	6月後半から8月

28 JUL

　ラダックから曲がりくねった道を通ってヒマラヤ山脈へ入り、標高5,602mのカルドゥン・ラへと続く道は、世界で最も高い場所にある自動車道だ。道路そのものにはこれといった特徴はなく、陸軍の薄汚れた施設が一帯を占拠しているが、そんなことで遠くに広がる眺めの美しさや高所をバイクで走るスリルは少しも損なわれない。何にせよ高山病のリスクはつきまとう。
　だが挑戦してみる価値は十分にあるだろう。さすが「世界の屋根」と称されるだけあって、雄大な景色や人里離れた静かな僧院、個性豊かな民族など、心を奪われるたくさんの出会いが待っている。道路のコンディションはよいとは言えず、天気は変わりやすい。せめてバイクはしっかり操縦できるようにしておこう。
— www.lehladakhtourism.net

棺桶に入ってみよう

SPAIN スペイン

なぜ今？ ユニークな死者の行列に参加しよう
どこで？ ガリシア州ポンテベドラ県アス・ネベス
時期は？ 7月29日

29 JUL

サンタ・マルタ・デ・リバルテメ祭は、かろうじて死を免れた人々のための、ちょっとあり得ないグループセラピーだ。まず九死に一生を得る経験をした人々が棺桶に入って死んだ振りをする。それを人々が担ぎ、マグダラのマリアの姉を祀り、その像を作るサンタ・マルタ・デリバルテメ教会へと運ぶというものだ。

行列は墓地へ向かった後また教会へ戻り、危険な目に遭いながらも命を落とさずに済んだことへの感謝を込めて、参加者は教会へ寄付金を納めるのである。

祭りではキリスト教も異教も何でもござれ。ブラスバンドの演奏が流れ、花火が打ち上がり、プラスチックのガラクタを売る屋台や銅の大釜で調理したタコを売る屋台まで登場するという、かなり不敬（？）な儀式が繰り広げられる。

— www.galicia.es/en

極楽鳥を探そう

PAPUA NEW GUINEA
パプアニューギニア

なぜ今？ ゴクラクチョウの雄の求愛ダンスが見られる
どこで？ サザン・ハイランド州タリ渓谷
時期は？ 6月から9月

30 JUL

パプアニューギニアに生息するゴクラクチョウはあまりに美しく、そして不可思議な行動を取ることから、昔の生物学者たちは生きた鳥だとはにわかに信じなかったようだ。残念ながら野生で見ることは難しい。パプアニューギニアは旅行しやすい国ではないが、それでもあの珍しい求愛ダンスを見たいなら、タリ渓谷へ向かおう。地球上で最も多くのゴクラクチョウがいる場所だ。

タリには15種類ものゴクラクチョウが生息する。目の覚めるような青い色の羽をチュチュのように広げて枝に逆さまになってぶらさがるアオフウチョウ、ワイヤーの入ったつば広帽子のような羽を纏い、奇妙なステップを踏むタンビカンザシフウチョウ。そしてフキナガシフウチョウやカタカケフウチョウ、シロジクオナガフウチョウといった珍しいものもいるので是非探してみよう。

— www.papuabirdclub.com

右：じゃれ合うホッキョクギツネの子どもたち。ロシア、ウランゲリ島。

下：パプアニューギニアの高地で舞うオスのコフウチョウ。

ウランゲリ島へ
航海しよう

RUSSIA ロシア

なぜ今？	1年のうちで雪のないごくわずかな時期は今だけだから
どこで？	ウランゲリ島保護区
時期は？	7月と8月

31 JUL

チュクチ海に浮かぶウランゲリ島は、シベリアから北へ140km離れた北極点にほど近い場所に位置する、正真正銘の野生の孤島だ。基本的には立ち入り禁止区域であり、短い夏の間だけ、それも周囲に広がる叢氷や嵐を切り抜けられた者だけがこの島にたどり着くことができる。それだけにその経験は何物にも代え難い価値があり、毎年多くの旅行会社がこの険しい旅に絶え得る屈強な旅行者を募るために席を確保している。

ウランゲリ島の総面積は7,600km²で、豊かなチュクチ海で唯一の陸地である。周辺で暮らすほとんどすべてと言っていい動物たちがこの島の浅瀬に集まり、出産や子育てをする。ウランゲリ島はひとつの海岸だけでも10万頭という、世界一多くのセイウチが生息する島だ。また、世界でも有数のシロクマの巣穴の密集地でもある。他にも20万匹ものハクガンが巣を作り、シロフクロウ、ホッキョクギツネ、ジャコウウシ、トナカイなどが見られる。

ウランゲリ島は氷河期に凍結しなかった北極圏で唯一の地域。それはつまり何百万年もの間島の生態系が破壊されずに守られてきたということであり、そのおかげで北極圏全体で最も高い生物多様性を誇っている。

— www.wild-russia.org

収穫祭でお祭り騒ぎ

BARBADOS バルバドス

なぜ今？ サトウキビの収穫祭に参加して、カリブ人たちとラム酒を飲み交わそう
どこで？ バルバドス国立スタジアム、ブリッジタウン
時期は？ 5月下旬から8月

01 AUG

収穫祭が行われる3カ月間、バルバドスの住人たちはラム酒漬けの日々を過ごす。収穫祭の歴史は、1780年にプランテーション農園の労働者たちがサトウキビの収穫を祝って行ったお祭りまでさかのぼることができる。収穫祭は砂糖産業の縮小とともに一時は衰退したが、1974年に勢いを盛り返した。

5月下旬から6月までは、華やかな衣装に身を包んだ人々がカリプソのリズムに合わせて島中を練り歩く、カバルケードと呼ばれるパレードが行われる。7月に入ると、ピック・オー・デ・クロップを代表とするカリプソのコンテストが各地で行われ、収穫祭の盛り上がりはピークを迎える。

8月第1週、首都ブリッジタウンはバルバドス料理の香りに包まれ、街中のいたるとこでスチールドラムの音が響きわたる。そして8月の第一日曜日、カホブロポットという大規模なカリプソのステージ・ショウが開催され、収穫祭はクライマックスを迎える。また、この時期になると各地で大規模なパーティーが開かれ、収穫祭の期間中に最も優れたパフォーマンスを披露したアーティストに贈られるチューン・オブ・ザ・クロップが発表される。

— cropoverbarbados.com

August 8月

コウモリの大群の大移動を見よう

USA アメリカ

なぜ今？ 2,000万匹ものコウモリの大群を見られる。
どこで？ ブラッケン洞窟、テキサス州
時期は？ 6月と8月（パブリック・ツアーの期間中のみ）

02 AUG

長年人々から恐れられ忌み嫌われてきたコウモリだが、近年、生息圏を拡大しつつあるようだ。コウモリによいイメージを抱いていない人でも、ブラッケン洞窟に生息するコウモリの大群を見れば、その神々しい風景に畏敬の念を覚えるに違いない。

ブラッケン洞窟に生息するメキシコオヒキコウモリは、世界最大級の群れ（その数なんと2,000万匹）を形成する哺乳類。同洞窟はコウモリの子育ての場なので立ち入り禁止となっているが、日没頃になると洞窟の中から外へと一斉に飛び出すコウモリの群れを見られる。

群れは約8時間空中を飛びまわり、自らの体重ほどの虫を捕食し、その総量は一晩で200tにも及ぶ。さらに驚くべきことに、夕暮れ時に洞窟の中へと戻る雌は、1m²あたり2,000匹もひしめき合っている胎児の群れから、自分の子どもを素早く見分けることができるという。

— www.batcon.org

右：キャニング・ストックルートを走行するための水と燃料を積んだ車。

下：テキサス州にある巨大なコウモリの洞窟。

花々が咲き乱れる谷を散策

INDIA インド

なぜ今？ 花々の香りや壮大な風景を体感しよう
どこで？ ビュンダー村の近くの谷、ウッタラーカンド州
時期は？ 8月から10月

03 AUG

1931年、ヒマラヤ山脈の麓にあるビュンダー村付近の谷へ迷い込んだ英国人の登山家フランク・スミスは、何百種類もの野生の花々が大地を覆い尽くすように群生する風景を見て、その谷を「花の谷」と名づけた。

花の谷へ向かうには、ウッタラーカンド州のジョシーマスの近くからトレッキングを開始するのがよいだろう。ヒマラヤ山脈の長いでこぼこ道を車で通ってリシケシュまで行き、かつて巡礼者たちが歩いた道を、聖地ヘムクンド湖がある方向に向かってたどっていくのだ。

全長10km、幅2kmもある花の谷は、ヘムクンド湖から巡礼者の道を6kmほどさかのぼった地点にある。8月初旬から一定の期間中は、万華鏡のように色とりどりの花々が咲き乱れる光景を目にすることができるはずだ。

花の谷のなかではキャンプが禁止されているが、7kmほど離れた場所にあるガンガリアでは宿泊施設を利用することができる。

— www.euttaranchal.com

キャニング・ストックルート
を走破

AUSTRALIA オーストラリア

なぜ今？	この時期が一番涼しく過ごしやすいため
どこで？	ウィルーナからホールズクリークまで、西オーストラリア
時期は？	5月から9月

04 AUG

　世界最長のオフロードであるキャニング・ストックルートは、オーストラリアで最も過酷なストックルートとして知られている。南はウィルーナから始まり、北はホールズクリークで終わるこのストックルートは、居住者がおらず、四方を植物に覆われた西オーストラリアの乾燥地帯を1,700km以上にわたってまたいでいて、途中には800を超える砂丘と、先住民族が所有する地域が計5カ所もある。

　冒険家のアルフレッド・キャニングが歩いて開拓したこのルート、自転車に乗って縦断する人間はほとんどいない。今では4WD車オーナーの聖地として広く知られているが、十分な知識とドライビング・テクニックを持ち合わせていないオフロード初心者が縦断するのは非常に危険で、実質不可能に近い。

　また、いくらオフロード熟練者とあっても、オーストラリアの夏期にこのルートを走るのは自殺行為に等しい。猛暑や豪雨に見舞われる危険性があるのはもちろんのこと、トラブルに遭遇した際助けを求めることのできる人間はほとんどいないからだ。これほどまでに過酷なルートを縦断しようとするのであれば、やはり条件のよい時期に挑戦するのが無難だろう。

　4月下旬から5月上旬になると世界各地から冒険家たちが集まり始め、シーズンは8月中旬まで続く。日中の気温が比較的低い8月初旬は縦断に最も適した時期だと言えるが、夜間はぐっと冷え込むので注意が必要だ。
— www.canningstockroute.net.au

アイスランドの内陸部を探索

ICELAND アイスランド

なぜ今？ 複雑な地形をしたアイスランドの内陸部へ行けるのは夏期の間だけ
どこで？ アイスランド内陸部
時期は？ 7月と8月

05 AUG

広大で荒廃したアイスランド内陸部は、ヨーロッパ屈指の迫力ある景観を楽しめる自然保護区域。その異世界感漂う独特の雰囲気から、1969年のアポロ計画で月面着陸に成功した宇宙飛行士たちが宇宙へ行く前にトレーニングを行っていた場所としても知られている。

旅行者向けのサービスや宿泊施設は一切なく、溶岩流をまたぐ橋もない。また、携帯電話の電波も圏外なので、何か問題が起きても誰も助けてくれない。したがって、気候が安定している7月、8月以外の期間にこの場所を訪れるのはほぼ不可能と言っていいだろう。

内陸部につながる主なルートは、キョルル・クヴェルクフィヨットル・オスキュレイズ・クヴェルクフィヨットルの計4つ。重苦しい雰囲気が漂うこれらのルートは、かつて地元住民たちから気味悪がられていたようだが、今では、アイスランドを代表する火山として知られるヘルズブレイズ山や、1875年に起きた大噴火で形成されたアスキャのカルデラ（幅50km²。アイスランドで最も深い湖として有名）を一望できるスポットとして、アウトドア好きの旅行者たちに人気だ。

また、内陸部周辺には世界一のトレッキングルートとの呼び声高いロイガルヴェグルがある。ランドマンナロイガルからポーロスモークまで続くこのルートを通行できる期間は7月中旬から9月までで、徒歩で縦断するには3日から4日はかかる。ルートの途中には、溶岩流、色とりどりの岩や丘、黒い軽石が積み重なった砂漠地帯、冷気と冷気が混じり合い巨大な滝となって噴出する噴気孔など、一種異様とも言える摩訶不思議な景観が広がっている。ルートの途中には宿泊可能な小屋があるので、利用したい場合は事前に予約を忘れずに。

— www.visiticeland.com

アマゾンでサイクリング

ECUADOR エクアドル

なぜ今？ 高原地帯をサイクリングするには乾期が最適
どこで？ バニョスからプヨにかけて
時期は？ 6月から9月

06 AUG

アマゾン盆地北部で最も綺麗な景色を見られる場所は、エクアドル中央高原地帯にある町バニョスとプヨをつなぐ長い車道だろう。バスを利用するのもよいが、マウンテンバイクにまたがって風を切りながら眺める景色は格別だ。

標高1,800mに位置するバニョスを出発してからリオ・パスタザ渓谷を通過し、標高950mに位置するプヨに到着するまでの60kmの道のりのほとんどが下り坂だが、傾斜のきつい上り坂も点在しているので、サイクリングを始める前の準備運動は入念に行っておきたい。道の途中では、いくつかのトンネルを通り抜けながら、アゴヤンの滝や、山峡を一直線に横切るようにして滑り降りていくリオベルデのケーブルカーを見ることができるほか、徒歩で回り道をすれば、エクアドルで最も有名な滝のひとつとして知られるパイロン・デル・ディアブロ滝（通称・悪魔の大釜）の美しい姿を眺めることもできる。

— www.ecuador.travel

オッピコッピ・フェスティバルで踊る

SOUTH AFRICA 南アフリカ

なぜ今？ レインボー・ネーション最大のフェスティバル
どこで？ ノーザム、リンポポ州
時期は？ 8月第2週の週末

07 AUG

グラストンベリー・フェスティバルが「泥」まみれのフェスティバルだとすれば、オッピコッピ・フェスティバルは「埃」まみれのフェスティバルだ。厳しくも美しい、太陽の照りつけるサバンナの大地は、一年中乾燥しているので過ごしやすいとは言えないが、騒々しくも陽気な旋律が鳴り響く南アフリカの週末を満喫しない手はない。

1994年に始まったオッピコッピ・フェスティバルは、今や7つのメインステージを擁し、150組のアーティストが参加する一大イベントだ。会場に詰めかけた約2万人の観客が浴びるようにビールを飲みながら大騒ぎする様は圧巻の一言。アフリカン・ロック、ジャズ、メタル、ソウル、ヒップホップ、クワイトといったさまざまなジャンルのアーティストが出演するほか、コメディアンやDJが登場したり、ボックスカーのレースやネイキッド・ダッシュ（靴以外には一切服の着用が認められていないイベント）が開催されたりと、お楽しみ満載の内容となっている。

— www.south-africa.jp

左：アイスランドのケルトリンガルフョッキ山脈はキョルル高原道路の近くに位置している。

下：エクアドル、リオのパスタザ川へと流れ落ちるベルデ滝と、その上を走るケーブルカー。

マウイでカイトサーフィン

USA アメリカ

なぜ今？ 8月は風が強く、サーフィンに最適な時期
どこで？ カナハ、マウイ、ハワイ
時期は？ 6月から9月

08 AUG

穏やかな空気に包まれたマウイの北部沿岸にあるカナハ・ビーチは、西マウイの山々を一望できる絶好のスポットだ。今ではカイトサーフィンの人気が上昇したことも手伝って「カイト・ビーチ」と呼ばれるようになり、カイトサーファー専用のエリアも設けられている。

カイトサーフィンは、マリンスポーツのパイオニアであるレイアード・ハミルトンとマヌー・ベルタンが、90年代中盤にマウイの北部沿岸でフットストラップを足に着用してサーフスタイルのボードを使用したのを機に広まった。カナハ・ビーチはその発祥の地。

カイトサーフィンは、「見るは容し、行うは難し」なスポーツ。慣れるには少し時間がかかるので、最初はインストラクターに教えてもらおう。まずはカイトの揚げ方を学び、次にボディドラッグを行い、最後にボードの上に立つことができるようになったら、今度は波が比較的穏やかな岸辺で練習を積もう。本格的な波にチャレンジしてみたいという熟練サーファーは、岩礁を越えて沖に向かってみるのもよいだろう。

— www.gohawaii.com

食糧探しから始める夕飯作り

SWEDEN スウェーデン

なぜ今？	海と山の旬の幸を食べ尽くそう
どこで？	スウェーデン国内全域
時期は？	8月と9月

09 AUG

　スウェーデンには、「良識を持った人間は国内の自然を満喫する権利がある」とする魅力的な法律上のコンセプトがあり、一部私有地を含むさまざまな場所に立ち入って散策を楽しんだり、テントを設営したりしてもよいことになっている。そんな自由な国風のスウェーデンを最大限に楽しめる期間は、リンゴンベリー（コケモモ）を収穫できる晩夏から初秋にかけての時期だろう。リンゴンベリーは見た目がクランベリーにそっくりなブッシュ状の植物で、抗酸化物質を多量に含んでおり、ミートボールやじゃがいもを使ったスウェーデンの伝統料理やパンケーキなどの付け合わせとして古くから愛用されている。

　さらに、8月に入るとザリガニパーティーが国内各地で盛んに行われるようになる。スウェーデンでは、新鮮な淡水甲殻類を捕獲できる期間が8月初旬から2カ月間ほどしかないため、仲間を集めて自宅の庭でホームパーティーを開き、夏の終わりを告げる味覚を皆で一緒に楽しむのが昔ながらの習わしになっているのだ。自分の手でザリガニを捕まえるには、ザリガニが活発に動き回る夜間に川へ行って釣りをするしかないが、試してみる価値は十分にあるだろう。

— www.sweden.se

シュモクザメと
ダイビング

COSTA RICA コスタリカ

なぜ今？ サメの群れを発見できる確率が高いから
どこで？ ココ島（コスタリカ本土から600km南西の島）
時期は？ 8月

10 AUG

映画『ジュラシック・パーク』のオープニングの、青々とした森が生い茂る島の上をヘリコプターが滑空していくシーンを覚えている人も多いはず。あの島こそが、東太平洋に位置するココ島である。島では常に雨が降っていて、年間の降雨量は7,000mmに達する。伝説では、はるか昔に海賊たちが島の近くの海域に大量の財宝を隠したと言われていて、これまで5,000回以上に及ぶ調査が行われたが、未だに発見には至っていない。だが、サメの群れが見られる世界有数のダイビングスポットとして知られる同海域は、海を愛するダイバーたちにとってはまさに宝の山が眠る場所なのだ。

8月は南アメリカにおける雨季に当たるが、サメたちが一年で最も活発に活動する期間なので、ダイビングをするには絶好の時期だ。島の中で寝泊まりすることはできないので、まずはコスタリカの首都サンホセに向かい、キャンピングボートでダイビングスポットをめぐる10日から12日間のツアーを予約するのがよいだろう。

アルキュオネー海底火山周辺の海域は、特に人気が高い。ここは、巨大な群れをつくるシュモクザメをはじめ、海中を悠々と泳ぐネムリブカやジンベエザメも見られる。フランスの海洋学者ジャック=イヴ・クストーはココ島を「世界で最も美しい島」と表現したが、彼が陸地を見てそう言ったのか、それとも海の中を見てそう言ったのかは定かではない。是非、自分の目で確かめてほしい。

— www.aggressor.com; www.underseahunter.com

野生のロバを見よう

INDIA インド

なぜ今？ 繁殖期に雌をめぐって戦うオスの
ロバの姿を見られるのはこの時期だけ
どこで？ 野生ロバ保護区、グジャラート
時期は？ 8月から10月

11 AUG

インドを訪れる旅行者の数は多いが、西端のグジャラート州にある砂漠へと向かう旅行者はあまりいない。植物はほとんど生えていないが、塩の結晶によって真っ白になった地面がどこまでも広がる風景の美しさは筆舌に尽くしがたい。ラン・オブ・カッチと呼ばれるこの砂漠は、基本的には一年中乾燥しているが、モンスーンが訪れる1カ月間だけは地面が水浸しになる。

ラン・オブ・カッチはインド国内有数の野生動物の生息地で、野生のロバはここでしか見られない。60年代は300頭ほどしか生息していなかったが、今では3,000頭近くまで回復している。発情期に雌をめぐって戦う雄のロバは特に見もので、後ろ足で立ちながら相手を激しく蹴りつけたり、ときに噛みついたりする姿は迫力満点だ。

— www.gujarattourism.com

コーステアリングに挑戦する

WALES ウェールズ

なぜ今？ アイルランド海でアクティビティをするなら、
暖かい時期がおススメ
どこで？ ペンブルックシャー、南ウェールズ
時期は？ 7月から9月

12 AUG

コーステアリングとは、アイルランドで盛んに行われている、ゴツゴツとした沿岸地帯の潮間帯をボードや船を使わずに進んでいくアクティビティのこと。80年代にペンブルックシャーで考案された。

岩だらけの海岸で行うという点を除いてはキャニオニングによく似ていて、ウェットスーツ、ライフジャケット、ヘルメットなどを着用し、崖をよじ登ったり、岩を飛び越えたり、ときには海中を泳いだりしながら進んでいく。向かってくる大きな波を避けたり、崖から海に向かって飛び下りたりできるのもこのアクティビティならではの醍醐味。おススメのスポットは、発祥の地とされているセント・デイビズ。海の水は冷たいが、きっと忘れられない体験になるだろう。

— www.visitpembrokeshire.com

左：ココ島でシュモクザメとダイビング。

下：ザルツブルグ音楽祭のパフォーマンス・グループ、オートクチュール・オン・スティルツ。

モーツァルトの音楽を体感

AUSTRIA オーストリア

なぜ今？ アルプスの麓の町でさまざまな種類の
クラシック音楽を堪能しよう
どこで？ ザルツブルグ
時期は？ 7月中旬から8月下旬

13 AUG

モーツァルトを生んだ町ザルツブルグは、クラシック音楽を語るうえでは絶対に外せない場所だ。特にザルツブルグ音楽祭が開催される夏期は、一年のうちでクラシック音楽を最も堪能できる時期だと言えるだろう。

音楽祭の開催期間中は、室内楽、オペラ、オーケストラ（もちろん、モーツァルトの曲も多数演奏される）など、あらゆる種類のクラシック音楽の音色が町中で鳴り響く。贅沢な装飾がほどこされた教会や、荘厳な趣を讃えた大聖堂、さらには大人数を収容できる巨大なホールなど、コンサートの会場となる建物も音楽に負けず劣らずの豪華さを誇っていて、一見の価値あり。興味のある人は、一張羅を持参して、歴史あるザルツブルグが紡いできた高尚な音楽に耳を傾けてみてはいかがだろうか。

— www.salzburgerfestspiele.at

ココダ道を散策

PAPUA NEW GUINEA
パプアニューギニア

なぜ今？　一年で一番涼しく乾燥している時期だから
どこで？　ココダからオワーズにかけての道
時期は？　5月から9月、6日間から11日間

14 AUG

　全長96kmに及ぶココダ道の険しく滑りやすい階段を上るには、相当の体力と集中力を要する。赤痢に苦しめられたり、敵の急襲に怯えたりしながら、重い荷物やライフルを抱えて歩いた兵士たちの苦しみはいかばかりだったろう。ココダ道は、太平洋戦争中のポートモレスビー作戦時に、日本軍の部隊が奇襲するために用いた道で、結果的に日本軍は撃退されたが、1942年から43年までの間は激戦が繰り広げられていた。現在では、オーエンスタンリー山脈の豊かな熱帯雨林や昔ながらの村々を訪れることのできる道として、世界中のハイカーから人気を集めている。村では、地元の人と触れ合ったり、旬の果物をまとめ買いしたり、簡素な作りの小屋で寝泊まりしたりと、現地ならではの体験ができる。

— www.papuanewguinea.travel

エルヴィス・ウィークは踊りまくろう

USA　アメリカ

なぜ今？　キング・オブ・ロックンロールに敬意を表す
どこで？　メンフィス、テネシー州
時期は？　8月16日（エルビスの命日）前後の一週間

15 AUG

　エルヴィス・プレスリーの命日になると、彼のコスプレをしたファンがメンフィスに続々と集まってくる。ここは、エルヴィスが1977年に大好物のピーナッツ・バターとゼリーのサンドイッチを最後に食べた場所だ。
　キッチュなアート作品が並べられたグレースランド（エルヴィスの生前の豪邸）では、エルヴィスの楽曲が流れるなか、雑学クイズ大会や、『ラスベガス万歳』に代表される出演作品が上映され、メンフィス・クック・コンベンション・センターでは、およそ100個のブースが出展する関連グッズの即売会に加えて、スクラップブック作りの教室や関連のアート作品のコンテストなどが開催される。さらに、生前親交のあったミュージシャンたちが一堂に会し、逸話を披露しながら楽曲を演奏するので、エルヴィスファンなら一度は訪れてみたいものだ。

— www.graceland.com/elvisweek

右：エディンバラのフェスティバルはライブパフォーマンスが満載だ。キャッスル・ロックの影で行われるものもある。

下：カンポ広場の中央で、パーリオを無料で楽しむことができる。

パーリオを観戦する

ITALY　イタリア

なぜ今？　歴史ある町を駆け抜ける馬を、
　　　　　熱狂的な地元の人々とともに観戦しよう
どこで？　トスカーナ州シエーナのイル・カンポ
時期は？　7月2日から8月16日

16 AUG

　イタリア人の、派閥に分かれたがる性質はパーリオでも見ることができる。パーリオは、裸馬にまたがって約90秒走り抜けるレースだ。カンポ広場を走るその短い間に、騎手は競争相手に対してほぼ何をしても許される。真っ先にゴールした馬に騎手がいないのはよくあることだ。
　このイベントは、シエーナ市民の誇りだ。それぞれの馬は町の17のコントラーデ（地区）を代表しており、その目は優勝を願う横断幕に向けられている。馬はその地区の教会で清められ、競技参加の登録を済ませると、競技者とともに中世を再現したパレードを行う。レースの前には、古くから伝わる地区のシンボルを描いた色鮮やかな旗が振られる。

— www.ilpalio.org

エディンバラ・フェスティバルにブラボー！

SCOTLAND スコットランド

なぜ今？ オペラ、アート界のスターやその卵たちが集結する絶好の機会に立ち合う
どこで？ エディンバラ
時期は？ 8月中旬から3週間

17 AUG

いくつもの組織が協同で主催する世界最大の芸術祭。溶岩で形成された丘の上からエディンバラ城が旧・新市街を見下ろすスコットランドの首都エディンバラは、芸術と文化の祭典開催地として人気を集めている。

3週間もの間熱狂が続くのは、エディンバラが街をあげてクラシック音楽、オペラ、古典・現代演劇、舞踏の分野の一線級アーティストを招致してきたからである。この地で開催されている公式の国際フェスティバルのほかにも、近年は、エディンバラ・フェスティバル・フリンジという、自主公演から出発して大きな別組織となった存在も見逃せない。フリンジ（周辺）は、コメディー、ミュージカル、モダンダンス、子どものためのショーなどより娯楽性が高いパフォーマンスを披露する場。パフォーマーは身銭を切って市街のあちこちに小さなステージを確保し、手作りのフライヤーを観客に配り、演技を行う。発言力を持ち、目の肥えた批評の目にさらされることで、自らの演技をさらに高められることを知っているからだ。

このフェスティバルを真に楽しむためには、プログラムにざっと目を通し、チケットを素早く購入することが大切。だが、ストリートでは無料でも良質のエンターテインメント作品を多数見ることができる。また、ブックフェスティバル、フィルムフェスティバルなども開催され、同祭の最後は花火で締め括られることも忘れてはならない。

— www.edinburghfestivals.co.uk

ザトウクジラと一緒にシュノーケリング

TONGA トンガ

なぜ今？	澄み切った海でクジラの親子と一緒に泳ぐことができる
どこで？	ヌクアロファから350キロ北
時期は？	7月から9月

18 AUG

南半球のザトウクジラは、1970年代まで漁で獲られ、かつて子どもを産むためトンガの海に集まっていた大量のクジラは、500頭まで減ってしまった。その歴史を考えると、息をのむほどに透明なトンガの海で、この15mにもなる優しくて巨大な生き物が、シュノーケリングやスイミングを楽しむ人々を信用し、容易に近づいて来て、ただでさえ素晴らしい体験をより感動的なものにしてくれるのは、驚くべきことだ。

ザトウクジラは、7月から9月にかけて、子どもにとって大切な暖かい海水があるトンガのババウ諸島の海へ、南極から移動してくる。ホエールウォッチの資格をもった数少ないババウのオペレーターが、トンガのガイドラインに従ってクジラに近づく。クジラのほうからやって来るのを待つが、30m以内には来させない。ボートには水中用マイクが取り付けてあり、どんな動物よりも複雑で美しい歌声を聴くことができる。陸上から観察したい人は、ババウ島の西にあるトアファ・ルックアウトに行ってみるといい。

ババウを訪れる観光客は驚くほど少ないので、人生に一度きりの素晴らしい経験を独り占めしているような気分が味わえる。一方で、生活の基盤はごく基本的なものしか揃っていない。もし、自然が損なわれていないパラダイスのような島で、クジラと一緒に泳ぐのが天国にいるようだと思う人なら、何も心配することはない。

— www.thekingdomoftonga.com

海鳥の群れを見る

IRELAND アイルランド

なぜ今？	渡り鳥の群れを見ることができる
どこで？	コーク南西のクリア岬
時期は？	8月中旬

19 AUG

1959年にクリア岬に鳥の観測所ができた時点ですでに、アイルランド南西に位置するこの場所は、北米やアジアからやって来てコースを外れためずらしい渡り鳥が見られることで評判だった。しかし、そこがすぐに世界でも有数の"シーウォッチング"の名所になることは誰も予測していなかった。

数え切れないほどの鳥たちが北大西洋のコロニーから南へ向かう8月の3週に、海鳥の渡りはピークを迎える。多い日には1時間に2万匹のマンクスミズナギドリ、1600匹のオニミズナギドリ、800匹のズグロミズナギドリ、それに安定した数のオオハシウミガラス、鵜、トウゾクカモメ、ツノメドリ、フルマカモメの群れが観測された。コークの南西に位置するボルチモアから島へ毎日フェリーが出ている。

— www.capeclearisland.eu

カララウ・トレイルをハイキング

USA アメリカ

なぜ今？	カウアイ島は世界で最も雨が降る場所のひとつだが、8月は45mmほどしか降らない
どこで？	ハワイ州カウアイ島
時期は？	8月

20 AUG

古代ハワイ人の足跡をたどりカウアイ島のナパリ・コースト沿いの渓谷を歩くカララウ・トレイルは、その美しさと過酷さから、胸が張り裂けそうになるコースだ。隠された滝や自然のビーチ、昔から変わらないハワイの風景を通り抜け、たどり着くのは、溝がある険しいカララウのパリ（崖）で、青々とした崖が青緑色の海水へとつながっている。この海岸には、珍しいこの土地の植物が多く茂り、トレイル沿いには野生のヤギの姿もよく見られる。

陸地からこの海岸へ行く唯一の道として古くから多くの人が歩いてきたこのハイキング・コースは、カララウ・バレーを18km歩き、カララウ・ビーチで2泊して3日目に復路をたどる。許可が必要で、キャンプグラウンドは予約でいっぱいのことが多い。事前に許可を取っておこう。

— www.hawaiistateparks.org/hiking/kauai

左：陽の光でまだらになったザトウクジラ、トンゴ、ババウ。

下：カララウ・トレイルのハイキング。

シャチと
カヤック

CANADA カナダ

なぜ今？	移動してきた鮭を食べるためにシャチがやって来る
どこで？	ブリティッシュ・コロンビア州のジョンストーン海峡
時期は？	7月から9月

21 AUG

水面に近いカヤックのシートから見る7mのシャチの姿に、鼓動が早まるほどの恐怖や、心の底から畏敬の念を抱くかもしれないが、忘れられない経験になることは間違いない。バンクーバー島の北東の海岸にあるブリティッシュ・コロンビアのジョンストーン海峡には、移動してくる鮭を食べに集まるシャチの数が世界一多く、このような遭遇は珍しくない。実際、シャチだけでなくミンククジラやザトウクジラも見られるホエール・ウォッチングは、テレグラフ・コーブという小さな海岸沿いの町の大きな魅力となっている。

　観察者にとってありがたいことに、ジョンストーン海峡のシャチは、安定した大きな群れで（短期で幅広く行動する群れもある）、季節ごとに比較的予測可能なパターンで行動する。それでも、群れを見つけるためには、ほかのツアーグループと無線連絡を取って、最新の位置情報を共有できるツアーグループに参加する必要があるかもしれない。こういったシャチのほとんどは、一生を同じ群れで過ごすため、シャチの個体の識別ができる地元のガイドも多い。
— www.killerwhalecentre.org

オリンポス山のハイキング

GREECE ギリシャ

なぜ今？ 山頂に雪がない山の状態が最高だから
どこで？ テッサリアのオリンポス山
時期は？ 6月から10月

22 AUG

古代人が神々の住処として選んだオリンポス山は、ギリシャで最も高く、最も崇められている山だ。頂上のミティカス(2,918m)へは2日かかるが、山を探検したければ、もっと長い時間を費やす価値がある。

1,700種の植物の間を歩き、カモシカやシカ、野生のブタ、ジャッカルそして狼の姿も探してみよう。興味深い数々の伝説が残されている鉄器時代の考古学的発見もあるかもしれない。

オリンパス山に行くには、リトコロの村に泊まるとよい。アテネやテッサロニキへもバスで行くことができる。
— www.olympusfd.gr

サンゴの産卵を見に行こう

CARIBBEAN カリブ海

なぜ今？ 珊瑚礁が爆発するかも！
どこで？ フロリダ州と南米のあいだに位置する熱帯の島
時期は？ 8月と9月

23 AUG

サンゴ礁は、地球上で最も繁殖力があり、最も多様な生態系のひとつだ。それなのに、科学者がサンゴの産卵を発見したのは1960年に入ってからだった。満月前後のある晩の数時間だけ、卵と精子を一斉に放出する。海水はピンク色に染まり、魚は食べ放題を楽しむ。

種類と場所により、産卵は違う夜に行われるが、めったに見ることのできないこの素晴らしい出来事を見るチャンスを得るため、科学者は場所を特定する表を作っている。
— www.nova.edu/ncri/research/a21/caribbean_coral_table.pdf

左：ブリティッシュ・コロンビア州のジョンストーン海峡で、ボートに近づいてくるシャチ。

下：サンゴの出産は、近づいても遠くから見ても、壮観だ。

死んだ人々を見る

MADAGASCAR マダガスカル

なぜ今？ 祖先を掘り起こすマダガスカル人を見よう
どこで？ オー・プラトー（ハイランズ）
時期は？ 6月から9月

24 AUG

古くからマダガスカルの文化は、祖先を敬うことに根付いていて、メリナ人のファマディハナ（遺骨を掘り起こす）発掘のセレモニーがその証となっている。一族が墓に集い、墓を開けて藁に包まれた祖先の体を取り出す。家族は掘り出した遺体とともに踊ったあと、ランバスという特別なスカーフで遺体を包み直し、香水を吹き付けて、それを膝に乗せて瞑想をする。その後祖先の体は、金と酒とともに墓に戻される。儀式は乾燥した冬の間に行われるため、遺体にダメージを与えることはない。
— www.madagascar-tourisme.com

天山山脈の
ハイキング

KYRGYZSTAN キルギスタン

なぜ今？	高高度のトレッキングや登山は大抵真夏に行われる
どこで？	天山山脈
時期は？	7月と8月

25 AUG

　この中央アジアで最も高く壮大な天山山脈は、東キルギスタンに位置している。巨大な山脈で、5,000m以上の山が連なり、その頂上はポベーダ山（7,439m）とハン・テングリ（7,010m）で、よくマッターホルンになぞらえられる。

　最もよいトレッキングコースはカラコルの町から始まる。町の背後にそびえるテルスケイ・アラタウ山脈で天山を体験することができる。4,000m以下の山道を登るコースはいくつもあるが、カラコルの上に位置するアラコル湖と、アクスの上に位置するアルティン・アラシャンの温泉を含むコースがお勧め。

　天山にある何千もの氷河のなかで最大は、ハン・テングリから西に60km続くイニルチェックだ。氷河の北側3,300mの地点には、毎年夏になると氷山がたくさん浮いている巨大な湖（メルツバッハー湖）が出現する。8月の初めに氷の土手が決壊し、イニルチェック川へ流れ込む。イニルチェックへの最も一般的なルートは、ジルガランから出発する6日間のトレッキングだ。

　近くにあるイシククル湖は、キルギスタン最大の名所だ。長さ170km、幅70km、深さ695mで、南アフリカのチチカカ湖に次ぎ、世界で2番目に大きい高山湖だ。

　登山シーズンのピークは6月から9月。高高度のトレッキングや登山は7月、8月に行われることが多い。

— www.kyrgyzstan-tourism.com

LEFT: JAMES STRACHAN – GETTY IMAGES

英雄を歓迎する

NAMIBIA ナミビア

なぜ今？ ナミビアの英雄の日。暖かくなり始め、気候もよい
どこで？ ウィントフックの英雄の地
時期は？ 8月26日

26 AUG

1966年8月26日、オムグルグヲンバシェに最初の攻撃を仕掛け、ナミビアの独立戦争が始まった。南アフリカから自治を勝ち取るまで、それから23年の月日がかかったが、英雄の日を祝うのはその日である。その出来事は誇りの源で、毎年、首都のウィントフックの英雄の地の記念碑で開かれる祝祭には、5万人を超える人々が集う。

式典に興味がなくても、エトーシャ国立公園での野生動物の観察には興味がある人もいるのではないか。乾季の終わりが近づくこの時期、植物が少なくなり、動物は残っている水場に集まってくるので、見つけやすい。

— www.namibiatourism.com.na

バーニングマンに参加する

USA アメリカ

なぜ今？ 砂漠のコミューンで開催されるカーニバルへ行こう
どこで？ ネバダ州、ガーラックのブラック・ロック砂漠
時期は？ アメリカの祝日、レイバー・デイ（9月の第1月曜日）を挟んだ1週間

27 AUG

バーニングマンはただのフェスティバルではない。夢想家の社会だ。鍵となる過激な自己表現や、地域の努力で、45,000人が集まる、5マイルに渡る臨時の砂漠の"町"を統治している。あらゆる抑制は町の入口に置いていかれる。

創造力が大切だ。企業家的なアーティストのチームが40℃の灼熱のなか、彫刻を作り上げる。仕上がった作品は、大型トラックからできた巨大な像から、感動的な許しの寺院までさまざまだ。ベニヤでできたこの建造物は、最後の夜に燃やされる。お芝居からシュールなものまで、あらゆるパフォーマーがいて、音楽演奏もたくさんある。ドリンクは無料だ。バーニングマンでは、自分がやるべきことをやることで"支払い"をする。ゴミ拾いでも、笑顔を広げるだけでもいい。

— www.burningman.com

右：燃えるような秋の色に染まるカナダのトゥームストーン山群。

下：バーニングマンのお祭り騒ぎは1週間続く。

この瞬間しか楽しめない秋の色を見る

CANADA カナダ

なぜ今？ 遠くの山がわずかな期間だけ金色に色づくのを見よう
どこで？ ユーコン準州のトゥームストーン山群
時期は？ 8月下旬から9月上旬

28 AUG

北極圏にまたがるカナダのユーコンは、金発掘のゴールドラッシュの歴史があるが、その地域は秋になると本当に光り輝く。この時期の北極圏は、太陽が沈まない日々から、終わりのない夜へと移り変わっているが、ドーソン・シティの外れにあるトゥームストーン山群は色が鮮やかさを増していくばかりだ。この土地の秋は気づかないうちにあっという間にやって来て、過ぎ去っていく。しかし短期間とはいえ、北極圏のツンドラが山頂の御影石の黒を打ち消すように、赤や金などの鮮やかな色に染まるのは、目が醒めるような光景だ。

トゥームストーン準州立公園には、ハイキングできる場所がたくさんある。ドライブを楽しむには、ドーソン・シティから40km離れた場所から始まり、パーク内を横切って、747km北のイヌヴィックの町の、ボーフォート海の海岸まで続く、砂利道のデンプスター・ハイウェイがいい。かつては犬ぞり用の道で、ガソリンスタンドは少なく、お互いから離れている。ハイウェイの南の端に一軒あり、次のガソリンスタンドまでは370kmだ。フェリーがピール川とマッケンジー川を渡るが、川が凍り始めると、氷の橋を渡ることができる。

ドーソン・シティ内での冒険は少々趣味が悪い。ダウンタウン・ホテルでは、サワートゥ・クラブに参加することができる。メンバーになるには、切断された足の親指が入ったウィスキーを飲み、その際に親指が唇に触れなければならない。

— travelyukon.com

プエルト・エスコンディード でサーフィン

MEXICO メキシコ

なぜ今？ 雨がふる雨季は、波もよい
どこで？ オアハカ州のプエルト・エスコンディード
時期は？ 5月から9月

29 AUG

メキシコの太平洋の波は素晴らしい。なかでもいい波は、夏のハバ・カリフォルニアのサン・ホセ・デル・カボとカボ・サン・ルーカスのあいだ、そして"世界で最も長い波"はサン・ブラス近くのバイア・デ・マタンチェンにある。だが、最も貴重とされるのは、プエルト・エスコンディードのバレル・ウェーブだ。"メキシカン・パイプライン"と呼ばれる。

エスコンディードのバレル・ウェーブは、まっすぐにのびるジカテラビーチに打ち寄せるため、魅力的なカフェやレストラン、宿泊施設がある町がさらに人を惹きつける。このビーチのヘビーなブレークは、サーファーの根性を試す。ここの波に乗るには、スキルと経験が必要だ。プロでないなら、ほかのウォータースポーツを楽しむのもいいだろう。シュノーケリング、ダイビング、スポーツフィッシング、もしくはウミガメやイルカ、クジラを探すこともできる。夜には、賑やかなバーで音楽のライブへ行き、自由で気取らない雰囲気を楽しめる。町の発展は人々にそれほど影響してはいない。プエルト・エスコンディードの魅力のひとつは、観光地であると同時に、漁港と市場の町だということだ。

町の中心地は、小さなバイア・プリンシペから上がったところにある。バスが走り、多くの地元の人々が暮らし、働く町の一部と、観光客が訪れる一部を分けるように、カレテラ・コステラ（国道200号）が丘の上を通る。

日帰りで行ける距離にマニアルテペックとチャカウアのラグーンがあり、たくさんの野鳥を見ることができる。

— www.visitmexico.com

コウノトリの渡りを見よう

BULGARIA ブルガリア

なぜ今？	何百何千という鳥が渡るエレガントな姿を見ることができる
どこで？	ヴァルナから25km北の黒海の海岸
時期は？	8月下旬から9月下旬

30 AUG

秋になると、数え切れないほどのペリカンやコウノトリ、鷺などが黒海とバルカン山脈の間の海岸を渡ってやって来る。渡り鳥はヨーロッパのあちこちからここに集まってくる。東地中海を渡って南へ行くのに一番適したルートだからだ。

20万匹の白いコウノトリ、2万匹の白いペリカン、1万匹のカラフトワシ、2万匹のハゲタカ、その他にもたくさんの鳥がこのルートを使い、何百、何千という鳥の群れを毎日観察することができる。アルベナの町の外れにあるケープ・カリアクラには100mの高さまで垂直に切り立つライムストーンの崖があり、渡り鳥を観察するのにもってこいの場所となっている。渡りは、年によって多少のずれはあるものの、だいたい8月下旬に始まり、9月の3週目にピークを迎える。

— bspb.org/index.php

グレート・ゴージでウィンドサーフィン

USA アメリカ

なぜ今？	適した風が吹くのは夏の間だけ
どこで？	オレゴン州とワシントン州の間のコロンビア・リバー・ゴージ
時期は？	6月から9月

31 AUG

コロンビア・リバー・ゴージは幅1.6kmの川で、カスケード山脈の深さ1,000mの峡谷を流れる。その結果出来たのは素晴らしい滝の数々。そして、夏になると涼しい西の海からの風が30ノットで吹き抜ける自然の風のトンネルだ。この西から吹く風は川の流れと逆行し、ウィンドサーフィンに最適なコンディションをつくり出す。東の端が最も風が強い。

経験のあるウィンドサーファーは、上級者向けのメリーヒルを目指すが、ウォールも大きな波に乗れるエキスパートが集まるスポットだ。初心者には、フード・リバーの町にウィンドサーフィン・スクールがある。

— www.fs.usda.gov/crgnsa

左：オアハカ州のプエルト・エスコンディードでサーフィンを楽しむ。

下：移動するニシハイイロペリカン。

12万頭のゾウの移動を見届けよう

BOTSWANA ボツワナ

なぜ今？	乾季のピーク時、ゾウたちが水を求めてチョベ川沿いに列をなすのを見届けよう
どこで？	チョベ国立公園
時期は？	9月と10月

01 SEP

　乾季、チョベ国立公園内の水場や川岸では、巨体の利を生かして水の補給場所を独占しようとするアフリカゾウを見ることができる。同公園に生息するゾウの個体数は6万頭から12万頭。王者然と振る舞うバッファローやイライラが頂点に達したライオンも、ゾウと同じように水を飲みに来る。そのため、9月から10月にかけては水辺に来る野生動物の数が飛躍的に増加する。

　チョベ国立公園のアフリカゾウの個体数は順調に伸びているが、公園のエコシステムにとって彼らの存在は大問題だ。ゾウの数が増えすぎて草を食べ尽くしてしまい、次の芽吹きがなかなか訪れないらしい。それでもゾウの観察という観点から見ると、今の時期がベスト。朝な夕なに何千頭ものゾウが集まり水を飲んでいる姿は圧巻である。

　チョベ国立公園で圧巻の風景といえば、水辺に集まるバッファローの子どもを狩りたてるライオンも例外ではない。ライオンが獲物をしとめるところも見られるかもしれない。ライオンが行動に移るのを待つ間、アカリーチュエ、シマウマ、セーブルやアンテロープなどの群れが目を楽しませてくれる。

— www.botswanatourism.co.bw

181

September 9月

熱帯雨林に立つ

BOLIVIA ボリビア

なぜ今？ 辺境に存在する野生動物の楽園
乾季の利を最大限に利用しよう
どこで？ マディディ国立公園
時期は？ 4月から10月

南米でも屈指の良質な生態系を保持しているリオ・マディディ分水嶺。そのほとんどの部分は総面積1万8,000km²のマディディ国立公園の中にあり、保護されている。同公園内では湿気の多い低地の熱帯雨林から5,500m級のアンデスの峰々までバラエティに富んだ自然環境が存在する。人の手が入っていない野生動物のユートピアでもあり、アメリカ大陸の哺乳類の44％、熱帯性両生類の38％、全世界の野鳥種の10％以上がここに住んでいる。希少保護種の鳥の割合は世界のどこよりも高い。

チャララン・エコロッジに滞在し、視覚よりも聴覚に訴えてくる魔法のような時間を実感してみよう。明け方の鳥のさえずり、夕刻のカエルの大合唱。そうそう、朝の空気をつんざくように何百匹ものホエザルが鳴き立てるのも忘れてはならない。

— www.chalalan.com

ドロミテスの鉄の道

ITALY イタリア

なぜ今？ 盛夏から秋の間は「鉄の道」が使える
どこで？ ドロミーティ山地
時期は？ 7月から10月

ドロミーティの切り立った峰々は、大昔は珊瑚礁だったという。氷河と気候変化で浸食が進み、現在の壮麗な山容に変化した。こうした特殊な誕生背景を持った山には、ユニークな楽しみ方がよく似合う。

ヴィア・フェラータ（「鉄の道」の意）はハイキングや山登りのルートと呼ぶには少し趣が異なる。急峻でほぼ垂直に立ちふさがる山肌に取り付くため、梯子、ブラケット、そしてアイゼンが必要だ。山側にはスチールのケーブルがボルト止めされており、手すりと安全確保の役割を果たしている。登山者はカラビナを使う要領でそれらの補助設備を使いつつ山頂を目指す。

最初にヴィア・フェラータが敷設されたのは軍用として。現在はドロミーティの各所を通っていくつものルートがある。そのうちのひとつ、アイバーノ・ディボーナルートはお勧めのルート。普通の登山技術があれば問題なくモンテ・クリスタッロの頂上にたどりつく。

— www.dolomiti.org

右：スワジランドのリードダンサー。

下：イタリア、ドロミーティ。ヴィア・フェラータを使い、モンテ・クリスタッロ山頂に向かう。

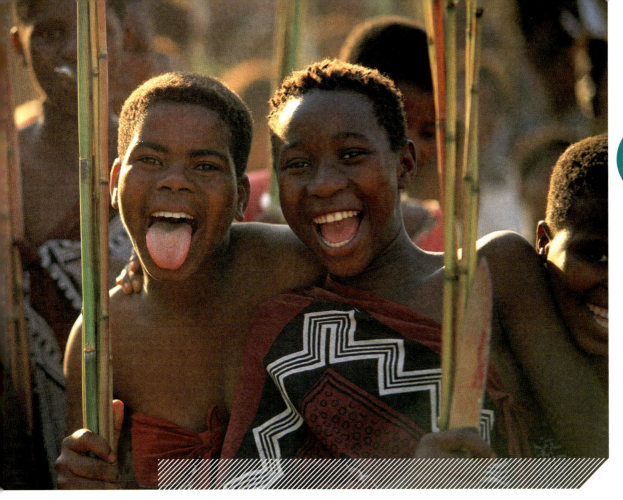

リードダンスを
見に行こう

SWAZILAND スワジランド

なぜ今？	スワジの王族と一緒に乙女たちのダンスを鑑賞しよう
どこで？	ロバンバ
時期は？	8月下旬か9月初旬

04 SEP

南半球で最小国土の国、スワジランド。だがスワジ人の伝統的な祭りであるウムランガ（リードダンス、アシの踊りの意）の参加者は3万人超と大規模なイベントである。参加者は全員処女の女性で、頭の上に背の高いアシの穂を掲げてシミーを踊る。祭りの究極の目的は夫探しだ。

王都ロバンバに集まった女性たちはまず王母の住居修復を手伝う。王母はインドゥロブカキ（偉大なる雌のゾウ）の称号で知られ、ウムランガの主催者である。その後に彼女たちは1日かけて最良のアシの穂を探す。アシの穂は求婚者のためにダンスを踊った後王母に捧げられる。伝統衣装であるビーズのスカートとサッシュは氏族によって模様や飾りが異なる。アシの穂は踊っている最中に落としたり傷つけたりしてはならない。王女たちは赤い羽根を髪に飾り、参加者の女性たちは松明を持つ。

女性たちは王族の御前で踊りを披露することでハイテンションになる。スワジの王母が民間出身であることを知っているからだ。12月下旬から1月初旬に国王が主催するもうひとつの行事、インクワラではウムランガ以降不貞を働いた人物を特定する。これで婚前性交渉を防げるとのこと。国王のムスワティ3世自身もウムランガのダンサーから娶った少女を加えて13人の妻がいるのだが。

祭りが終わって少し時間があるようだったら、もう少しスワジランドを探索してみよう。面積は小さいが、この国は雄大な野生の王国でもある。ムカヤ・ゲーム保護区はぜひ行ってみたい場所だ。希少な野生のクロサイに出会うことができる。

— www.thekingdomofswaziland.com

究極のストリートアートを求めて

NORWAY ノルウェー

なぜ今？ 町の壁を彩る超一流アート作品を堪能
どこで？ スタヴァンゲル
時期は？ 9月1週目から10月初旬

05 SEP

ノルウェーの西沿岸部の美しい港町風景と壮大なフィヨルドで知られる町、スタヴァンゲル。ここが世界有的なアートの拠点であることは意外に知られていない。

9月になると町の風景は一変。世界各地から招待された一線級のアーティストが、町の壁を塗り替えるからだ。この試みは定着し、ヨーロッパで最もダイナミックなパブリックアートのイベントとして認知されている。

イベント主催者はニュアートを「アーバン・インターベンショニズム」の拠点として位置付けている。パブリックスペースを詩的に、思いもかけない方法でインターベン（介在）する芸術的な試みというわけだ。過去のイベントでは倉庫全体を巨大なミューラルにした作品や90mの長さの船にペイントしたものなどが発表された。会期中は無料のツアーガイドサービスもある。

— www.nuartfestival.no

クイーンズランドでシーカヤックの旅

AUSTRALIA オーストラリア

なぜ今？ クラゲに悩まされないためには今が時期
どこで？ グレートバリアリーフ
時期は？ 7月から9月

06 SEP

長く続くコーストラインと美しいリーフで知られるクイーンズランド州。ウォータースポーツ愛好家のパラダイスとして名高い。唯一の悩みのタネはクラゲだ。10月から6月まではケープ・ヨークとタウンズビル、12月から3月まではタウンズビルとグラッドストーンの沖合で不意を突かれることが多い。なので、訪れるならば7月から9月にかけてをお勧めする。

聖霊降臨祭（復活祭後の第7日曜日）の時期にエアリービーチから漕ぎ出して、きらめく砂浜があるホワイトヘブンに向かうか、アウターアイランドのコーストライン沿いに進み本土に戻るのがよいだろう。オーストラリア最大の島で国立公園のヒンチンブルックでは、島の東側をパドリングして進むことを勧めている。海岸に迫った高い山々、緑濃い熱帯雨林など見どころ満載とのことだ。

— www.queenslandholidays.com.au

右：ファッション・ウィークでは当然のことながらファッションが主役。

下：モルジブのマンタ。

マンタと泳ごう

MALDIVES モルジブ

なぜ今？ 海水の透明度は劣るがマンタとの遭遇率は一年の中でベスト
どこで？ 北マレ環礁、ランカンフィノルフ・ファル
時期は？ 5月から11月

07 SEP

モルジブ島の首都、マレの真北に位置するランカンフィノルフ・ファル（マンタのポイントの意）。文字通りマンタと出会える絶好のポイントである。ダイバーは18mほど潜り、そばの石などにつかまって体を支えつつ、しばらく待つこと。マンタが目の前にやってきて30分ほど楽しませてくれるはずだ。

モルジブは高級リゾート地でありながら行く先は意外に限られている。ほとんどの場合、多くの島を所有しているプライベートリゾートに閉じ込められることになるだろう。キャビンクルーザーでのツアーを予約することでその問題は解決できる。ライセンス取得済みのダイバーボートに乗せてもらい、半島をめぐってみよう。誰もいないビーチ、ローカルのライフスタイルなど、ほかのツーリストとは一味違う体験ができるはずだ。

— www.visitmaldives.com

ファッションに
フォーカス

USA, ENGLAND, ITALY & FRANCE
アメリカ、イングランド、イタリア、フランス

なぜ今？　世界4大ファッションコレクションに
　　　　　参加してみよう
どこで？　ニューヨーク、ロンドン、ミラノ、パリ
時期は？　9月初旬から10月初旬

08 SEP

　次のシーズンに何を着たらいいか悩んでいる？　ならばファッション・ウィークに行くべきだ。クチュールデザイナー、スーパーモデル、セレブ、ハリウッドスター、その取り巻きと追っかけたちが9月初旬から春コレが発表されるファッションコレクションをめぐる旅に出発するから。

　第1週はニューヨーク。その次がロンドンで、ミラノ、パリと続く。いわゆるAリストに連なるデザイナーのコレクションに潜り込むのは無理だが、洋服好きのための周辺イベントをまわるだけでも十分楽しい。もちろん、おしゃれはしていくように。

— www.fashionweekonline.com

エンジェルフォールの飛沫を浴びるには

VENEZUELA ベネズエラ

なぜ今？ 世界最大の落差を持つ滝を見るには雨季が最適
どこで？ カナイマ国立公園内エンジェルフォール
時期は？ 8月と9月

09 SEP

　世界最大の落差を誇るエンジェルフォールは全長979m、岩にぶつかることなく落下する距離は807m。これはナイアガラの滝の約16倍に当たる。

　アメリカ・カナダにまたがる山脈と異なり、滝のある場所に行き着くのは大変難しい。陸の孤島に位置しているため、車で近づくのは不可能だ。滝から50km離れたカナイマの村が旅の拠点になるが、ベネズエラ国内からの交通網は存在しない。

　そのため滝に近づくには2段階のアクセスが必要だ。まずカナイマに航空機で飛び、そこから軽飛行機に乗り換えるか、ボートに乗るか、である。川の旅は水深が十分な時期でないと無理だ。地元ガイドを務める先住民部族のペモン族が用意する木製の船、クリアラの航行時期は6月から12月まで。滝の水量がもっとも増加するのは8月から9月にかけての雨季だが、雲に隠れてしまうことが多い。

　ペモン族がこの滝に名付けた元々の名前はケレパクンパイ・ベーニャ。「最も深い場所にある滝」という意味とのこと。アメリカの航空探検家であり、1933年にこの神秘の滝を最初に発見したジミー・エンジェルの名前にちなみ、エンジェルフォールと呼ばれるようになった。

— www.mintur.gob.ve/mintur

花もジュゴンも

AUSTRALIA オーストラリア

なぜ今？	ジュゴンが海岸近くの海草のベッドに潜り込んでくる季節。遭遇率は高い
どこで？	西オーストラリア州シャーク湾
時期は？	9月

10 SEP

パースの北900kmに位置するシャーク湾。1万3,500km²の面積を持つ湾だが水深は2mと非常に浅い。世界有数の面積を持つ海草ベッドが広がり、数えきれないほどのウミガメやイルカ、クジラが訪れる湾である。体重300kg、人魚の尾を持つといわれるジュゴンも1万頭近くこの湾に現れる。彼らは海草のベッドを産褥の床とし、9月に出産する。

同湾に接する乾いた土地のほうでは少し北のフランソワ・ペロー国立公園に注目。希少種の野生動物に数多く出会うことができる。8月から10月にかけては700種類の野生植物が満開となる。

— www.sharkbay.org

ゴーリー川と格闘しよう

USA アメリカ

なぜ今？	ゴーリー・シーズン！
どこで？	ウェストバージニア州、ゴーリー川
時期は？	レイバーデーから10月中旬までの22日間（金・土・日曜日と月曜日）

11 SEP

人々はこの季節を川に敬意を表してゴーリー・シーズンと呼ぶ。毎年秋の週末6回、ウェストバージニア州のサマーズビル・ダムから下方のサマーズビル湖に過剰水が放出される。毎分400万リットルという水量が一気に流れてくる。その急流を待ち受けるのはホワイトウォーターとの戦いをこよなく愛するラフターたちだ。

パドルを構えてクラスVのアッパー・ゴーリーに挑戦してみよう。そこにある滝壺のひとつ、スウィーツ滝では5mほどもダイブすることになる（名前からくる印象とは大違いだ）。スリルと迫力満点のこの感じこそ、ここが全米一のラフティングポイントと言われる所以である。

— www.nps.gov/gari

右：色づくカエデの葉。スウェーデン側ラップランドのアビスコ国立公園にて。

下：チベットのカイラス山周辺を歩く。

カイラス山巡礼

CHINA 中国

なぜ今？	10月、本格的な雪模様になる前に訪れよう
どこで？	チベット、カイラス山
時期は？	9月

12 SEP

総距離52kmのコラ（巡礼）に導かれ、たどりつくのはカイラス山（標高6,638m）。アジアで最も重要な巡礼行路であり、ヒンズー教徒、仏教徒、ボン教徒、ジャイナ教徒にとっては聖なる山である。チベット仏教では1度巡礼を行うと1度身を清めることになり、108回の巡礼ではこの世における煩悩がすべて振り払われるという。

塔欽（ターチン）はコラの玄関口として機能する町だ。ここからカイラス山を巻くようにして道は続き、5,630m地点を横切っていく。歩くのは楽ではない。人によっては1日の行程だというが、4日が常識的な線であろう。敬虔な信者は五体投地をしながら進んでいく。痛そうだ。

— www.freetibet.org/about/travel-guide

ラップランドで秋色に染まる

NORWAY, SWEDEN, FINLAND & NORTHWEST RUSSIA
ノルウェー、スウェーデン、フィンランド & 北西ロシア

なぜ今？	ヨーロッパの北限地域で豪華な紅葉を見よう
どこで？	ラップランド
時期は？	9月

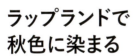

13 SEP

ヨーロッパ本土の北端と北極圏の一部を占める地域、ラップランド。サーメ人とトナカイの故郷だが、基本的には人の手が入らない大自然がどこまでも広がるエリアである。クズリ、エルク、ホッキョクギツネ、ブラウンベアなど亜寒帯性の野生動物が多く生息し、森、湖、氷河、山、川などさまざまな自然が手付かずのまま残されている。

うるさくつきまとうコバエの類もいなくなる9月はここを訪れるのに最高の季節だ。森の木々や下草も華やかな秋色をまとい、目を楽しませてくれる。移動や渡りを行わない動物たちは、冬眠に備えてたらふく食べることに専念している。夜は寒いが雪が地表を覆うのは10月に入ってからである。

訪ねてみたいポイントを挙げておこう。フィンランドではレンメンヨキ国立公園、ウルホ・ケッコネン国立公園。スウェーデンではパジェランタ国立公園、サーレク国立公園。ノルウェーではウヴレ・パスビク国立公園をお勧めする。

— www.nationalparks.fi; www.visitfinland.com; www.visitnorway.com

マウンテンバイクに夢中!

WALES ウェールズ

なぜ今?	長雨の季節はまだ先なので道はしっかりしている。観光客もまばらだ
どこで?	カントリーサイド
時期は?	9月

14 SEP

ウェールズはマウンテンバイクのメッカ。国際マウンテンバイシクリング協会も世界一と認めたトレイルが縦横無尽に走っている。

北ウェールズでは特設トラックがコイド・ア・ブレニン森林公園に敷設されている。アウトドアスポーツの中心地、ベトウス・ア・コイドの先にあるグイデル森林公園のコースも歴史的な名トレイルだ。ベトウス・ア・コイドにある28kmに及ぶマリン・トレイルにも挑戦してみたい。

ミッド・ウェールズのトレイルはネットワークがよく考えられている。マハンスレス、スランウルティド・ウェルスを起点にするとよいだろう。この地域でお勧めの施設として、アベリストウィス近くのナント・ア・アリアンとスランドロイス付近のハフレンの森を挙げておく。

南ウェールズではスウォンジーの東にあるアファン森林公園が世界的に評価が高い。ごつごつした地表のザ・ホワイツ・レベル・トレイルはチャレンジング。スペシャリスト向けのダウンヒルコースとしては、ケアフィリの北東部、クムカルンのトゥリッチ・トレイル(総距離15km)がある。

— www.mbwales.com

パーティをきれいに締める

SPAIN スペイン

なぜ今？	クロージングパーティの連続でクラブをはしごできる
どこで？	イビサ島
時期は？	9月の最終3週間

15 SEP

イビサ島はクラブとパーティで有名な島だ。真夏の太陽を浴びながら、アルコールを飲み、ダンスをしてと放蕩の日々を送った後は島のクラブが次々と繰り出すクロージングパーティで締めとなる。

イビサのクロージングパーティは世界のクラブ文化における伝説的な存在だ。エス・パラディス、パチャ、DC10、スペースなど名だたる名クラブが最高にクールな舞台を提供してくれる。ティーンエイジャーがカレッジに戻っている時期なので、どのクラブも少し年齢層が高めのクラバーを意識してプログラム構成をしているようだ。招聘されるDJもビッグネームが多い。睡眠不足は覚悟したほうがいいだろう。

— www.ibiza.travel

グランド・キャニオンでラフティング

USA アメリカ

なぜ今？	ピークシーズンを外しての旅
どこで？	アリゾナ州、コロラド川
時期は？	9月中旬

16 SEP

サウス・リムに立ってコロラド川を見下ろすと、グランド・キャニオンに対する親しみがもっと湧いてくると思う。毎年2万人強のラフターがゴムボートで参加するレースに、あなたも挑戦してみては？ コロラド川の川下りは桁外れの冒険行だ。一般的な流れのグレードは1から5。だが、ここでは160プラスの早い流れで、グレード10にまでなる難易度。しかも高い波が連続するおまけ付きだ。

単独でのラフティングは事前許可制になっている。商用の場合もはるか前から申し込んでおかないといけない。申請書類は3つ、オール用、パドル用、エンジン付きボート用。パドルの旅が最もエキサイティングだ。モーターボートは9月15日以降の進水許可が下りない。そのため、それ以降、川は静かになる。

— www.nps.gov/grca

左：ウェールズ、アングルシー島でオフロードトレイルを走る。

下：コロラド川のタピーツ・クリークで休憩中のラフターたち。

リカオンを見つけよう

BOTSWANA ボツワナ

なぜ今？	この時期リカオンの子どもが姿を表す
どこで？	モレミ野生動物保護区
時期は？	9月中旬

17 SEP

広大なオカバンゴ・デルタが産み出した最も肥沃なエリア、モレミ野生動物保護区。アカリーチュエやインパラが多く生息しており、これがリカオンにとって理想の食餌環境を形成している。リカオンは南アフリカで今最も絶滅が心配されている大型捕食動物のひとつだ。

同公園には今のところリカオンが多数生息しているが、イヌ科の動物は車をあまり怖がらないので、どこかで思わぬ出会いが楽しめるかもしれない。リカオンの子どもは真冬に生まれ、間もなく水飲み場に出てくる頃だ。

— www.botswanatourism.co.bw

目の覚めるような
秋色に染まる滝

JAPAN 日本

なぜ今？	紅葉の兆しを見に行く
どこで？	北海道、大雪山国立公園
時期は？	9月

18 SEP

日本列島の北端に位置する北海道。日本全土の20％にあたる総面積を持ちながら、人口比率は5％に過ぎない。この地域の本当の美しさは人間が立ち入らない大自然の中にある。最北端にあるので、紅葉が始まるのも日本で一番早い。おそらく9月中旬くらいから秋色のページェントを観察できる。

大雪山国立公園は日本最大面積の国立公園だ。北海道の最高峰や羽衣の滝を内包する。その美しさは、ゴンドラなどで敷地の縁をお手軽になぞるくらいでは見えてこない。この素晴らしい風景を心ゆくまで堪能するには、歩くしかない。行程は5日間のトラバース。これで主要な12岳、特に朝日岳（標高2,290m、活火山）はすべてカバーできる。

この地域は温泉も多い。湯に四肢を沈めリラックスするのは日本人ならずとも気持ちがよいものだ。大雪山トラバースの最後のほうでは、火山の恩恵がもたらす天然の野外温泉も見つかることだろう。
— http://www.visit-hokkaido.jp

サウスコーストで
サーフィン

ENGLAND　イングランド

なぜ今？	イングランド南岸で最高のサーフスポットを見つけよう。秋がベスト
どこで？	デヴォン州とコーンウォール州
時期は？	9月

19 SEP

ついに子どもは学校に戻り、デヴォン州とコーンウォール州のビーチから観光客も去った。人の数は減ったが波のサイズは増加する。この地域の夏の典型的な凪から見事なスウェルへと、9月の海は変化を遂げる。北大西洋のブレイクも大きくなりサーファーにとっての楽しみも増えてきた。スウェルは冬に一番大きくなるが、秋の波は安定している。冬より水温が5度ほど高く、空気の温度もさほど冷たくない。完璧だ。

コーンウェル州の港町、ニューキーはサーファーのハブ地点として名高いが、9月は混む。近隣のウォーターゲート湾は初心者向き。3.6kmにわたって砂浜が広がり、サーフスクールがある。さらに南下したところにあるセネン・コーブは中級者向きだろう。ビーチに雰囲気のいいカフェがあるので、行ってみよう。デヴォン州のサーフィン・メッカはクロイドだ。ローラーが安定しているためしっかりしたサーフィン環境が整っている。デヴォン州も南のほうに行くと、ビッグベリー、バンタム、ポースレーヴェンなど静かなスポットに出会うことができる。

— www.visitdevon.co.uk、www.visitcornwall.com

コルシカ島で自然を楽しむ

FRANCE フランス

なぜ今？	観光客は去っているがまだ暖かく、水温は適温の23度を保っている
どこで？	地中海、コルシカ島
時期は？	9月と10月

20 SEP

面積は小さくても大きな冒険を提供してくれるコルシカ島。緑豊かな山々と趣が異なるさまざまなトレイルがあり、ハイキングにぴったりだ。また、1,000kmに及ぶ海岸線と暖かい海水はダイビングに適している。

コルシカ島で有名なハイキングトレイルはGR20。島の内陸部の花崗岩の崖を縫うように168kmにわたって延びている。全距離を歩くには少なくとも2週間必要だ。もう少し短い距離をということであれば、メア・エ・モンティ（海から山への意）やメア・エ・メアに挑戦してみよう。

ダイビングスポットとしてのコルシカ島は地中海沿岸の数あるスポットの中でも指折りの場所だ。地上のぎざぎざとした形状は海面下まで続いている。陸側は黄色いアネモネに、海の底は赤いサンゴで覆われている。

— www.visit-corsica.fr

ボルネオでコウモリの洞窟に侵入

MALAYSIA マレーシア

なぜ今？	毎夜300万匹のコウモリが飛び立つのを見ることができる
どこで？	グヌン・ムル国立公園、サラワク州
時期は？	7月から10月

21 SEP

1977年、グヌン・ムル付近の中央山塊を調査していたとき、科学者チームは驚くべき発見をした。かつてない規模の洞窟が次から次へと見つかったのだ。そのうちのひとつ、ディア・ケイブは世界最大の洞窟通路で数百万匹ものコウモリの住処であることも報告された。コウモリの種類は12種。ひとつの洞窟から見つかった種の数としては世界最大である。コウモリは夜になるとエサを求めて洞窟を飛び出し、日中は洞窟にこもっている。

グヌン・ムルへのアクセスはミリから30分のフライトか12時間のボートでの移動のいずれかに限られる。7月から9月が乾季なので過ごしやすい。

— www.mulupark.com

左：イングランドでサーフィンはそれほど特別なことではない。

下：南アフリカのヘルマナスでクジラを発見。

ホエールウォッチング！

SOUTH AFRICA 南アフリカ

なぜ今？	ミナミセミクジラをウォッチング
どこで？	ヘルマナス
時期は？	クジラの移動のピークは9月から11月 フェスティバルは9月下旬から10月初旬

22 SEP

南アフリカのほぼ最南端に位置するヘルマナス。街のビジターセンターのひとつ、ケープ・ホエール・ルートは、正面から海とそこを泳ぐ絶滅危惧種のミナミセミクジラを観察するのにぴったりの場所だ。崖の上からの眺めを街の観光拠点にするために、ヘルマナスはフェスティバルを企画。ホエールクライアーというクジラの案内人（クジラを見られる場所を海草でできた黒い笛を吹いて知らせて歩く）制度を発足させた。

フェスティバルの目的はクジラのすべてを学習することだ。活動のひとつにウェルカム・ホエール・ウェーブ・バックがある。これは約500人の人が5kmほどの人間の輪を作り船乗りに呼びかけるというもの。ほかにも音楽やアート、ファミリー向けの企画が開催される。

— www.whalefestival.co.za

パグサンハンの急流をカヌーで下る

PHILIPPINES フィリピン

なぜ今？	雨季の雨がよい急流を形成する
どこで？	パグサンハン川、ルソン島
時期は？	8月から9月

23 SEP

マニラ近郊のパグサンハン川をカヌーで下る。ルソン島でスリル満点のスポーツといえばこの急流下りだろう。まずはベテランのボートマンが流れに逆らって船をマグダピオの滝へ連れていく。道中は切り立った崖で、F・コッポラ監督作品『地獄の黙示録』の最終シーンが撮影された場所でもある。

滝壺は10mの高さから落下してくる3連の滝の真下にある。ここでカヌーの向きを変え、出発地点まで一気に下る。基本は流れに身をまかせていればよい。水量が十分であれば爽快な川下りが楽しめる。

— www.itsmorefuninthephilippines.com

バルセロナ最大の祭りに参加しよう

SPAIN スペイン

なぜ今？	巨人に悪魔に人間ピラミッド。なんでもありの祭りに参加しよう
どこで？	カタルーニャ州バルセロナ
時期は？	9月24日の4日前後

24 SEP

メルセ祭りはカタルーニャ州都バルセロナで行われる最大のフェスティバル。4日間で600以上のイベントが行われる。港では水泳競争、ランニング大会、フリーコンサート。バルセロナ・ミュージカル・アクションでは新しいサウンドのコンピュレーションが披露される。一方フェスティバル・オブ・スカイでは気球やアクロバット飛行が行われる。だが、メルセ祭り最大の見ものはやはり人間ピラミッド（カステーレス）だろう。高さと完成度を競うコンテストで、8階建てのビルぐらいの高さまで組み上がる。コレフォク（炎のパレード）はビア・ライエタナ通り沿いでドラゴンや怪獣、悪魔が火花を撒き散らして走り回るもの。いやはや。

— www.bcn.es/merce

右：過酷なレース、スパルタスロンの出発地点、パルテノン宮殿。

下：バルセロナのメルセ祭り。爆竹を鳴らして悪魔を追い払う。

スパルタスロンを走る

GREECE ギリシャ

なぜ今？	ヘロドトスの記述どおりに走って ギリシャ神話の神々になった気分を味わう
どこで？	アテネからスパルタへ
時期は？	9月の最終金曜日

25 SEP

古代ギリシャの歴史家ヘロドトスは、ペルシャ軍と交戦中のギリシャ軍がスパルタ軍に援軍を要請したと記述している。その際使者フェイディピデスはマラトンからアテネまで2日で駆け抜けたとしている。ヘロドトスの記述が正しいものだと裏付けするために発足したマラソンはこのスパルタスロンただひとつである。

距離にして245km。スタート地点はギリシャの首都、アテネ。コースはフェイディピデスが通ったとされるポイントをほぼ忠実に再現したもの。アクロポリスの丘を9月の最終金曜日、午前7時に出発する。その後にまずは、アテネ市内を抜けて海岸沿いにコリントを目指す。

コース中一番標高が高い場所は1,200mにもなり、かなり足が疲れる。伝説によるとフェイディピデスはこの地点でギリシャの牧草神パンと出会ったとされている。夏の暑さを考えると、現代のランナーが出会うのはパン神ではなく極度の疲労であろう。

ランナーの健康状態をチェックするため、大会にはコース沿いに75のコントロールポイントが設けられており、各ポイント地点で通過タイムの最終刻限が定められている。レースの最低基準タイムは36時間だが、大会最高記録はギリシャ人選手イヤニス・クーロスが第2回大会で出した20時間25分ちょうど。スパルタスロンは大変過酷なマラソンレースだ。だが、ゴール地点のレオニダス王彫刻の前で待ち受けるスパルタ市民は、完走ランナーの一人ひとりを英雄として出迎えてくれる。

— www.spartathlon.gr

最高のカキを食する

IRELAND アイルランド

なぜ今？	カキをほおばる
どこで？	ガルウェー
時期は？	9月下旬

26 SEP

　カキは人によって好き嫌いがはっきり分かれる食べ物だ。口の中でとろけるあの感触に賛辞を惜しまない人もいれば、口の中に入れたとたん吐きそうになる人もいる。塩辛い舌部分と鼻汁のようなぬるっとした感触は、万人向けとは言えないかもしれない。でもあなたがカキ好きのグループならば、今すぐアイルランド西海岸に直行しよう。9月はエメラルド・アイランド、すなわちアイルランドでカキ漁が解禁になる月だ。この時期のヨーロッパヒラガキはフレッシュでジューシー。ブランドン・ベイかクラーレンブリッジで採取された3年ものの地場産が好まれる。

　日程が合うようであれば、ガルウェー・オイスター・フェスティバルも9月最終週末に開かれているので、行ってみてはどうだろうか。市では祭りの女王、オイスター・パールがシーズン最初のカキを市長に食べさせるオープニングセレモニー、マルディグラでの舞踏会、世界カキ殻開け選手権など、楽しいアトラクションを企画している。

　何度も言うが本当にカキが好きならギネス・オイスター・トレイルにも行ってみるとよい。30以上のパブでギネスビールと無料のシーフードプレートを提供している。さあ、乾杯！

— www.galwayoysterfest.com

バードウォッチング天国

ESTONIA エストニア

なぜ今？	渡りのピークに間に合う
どこで？	ラヘマー国立公園、タリンから50km東
時期は？	9月と10月

27 SEP

毎年北極海とエストニアの間を往来する渡り鳥の数は5千万羽とも言われている。ほとんどの観光客は首都タリンから南西部のマッツァル国立公園を目指す。そこでは1万から2万羽のツルを7カ所の見張り小屋から観察することができる。が、そこはさておいて東へ向かい、パリスピア半島のラヘマー国立公園を訪れてみてはどうだろうか。

ラヘマー国立公園は北ヨーロッパで北極圏の水鳥を観察するのに最適の場所である。日に10万羽のガン、25万羽のコオリガモが飛来したとの記録もある。近辺の茂みや野原で探してみると渡りを行う鳴鳥を数多く発見することができる。

ほかにもヴィルツ港、クレサーレ、リストナ、ヒーウマーなどもバードウォッチャーを魅了する場所がたくさんある。

— www.keskkonnaamet.ee/eng

スカイダイビングでエベレスト超え

NEPAL ネパール

なぜ今？	世界一高い山をパラシュートで超えるにはこの時期しかない
どこで？	ヒマラヤ
時期は？	9月から10月

28 SEP

2008年、3人のスカイダイバーがエベレスト山上空8,992mから補助酸素マスクと特殊な保護スーツを身に着けて飛行機から飛び降りた。1年後、エベレスト山からスカイダイビングで降りるビジネスは開始された。

経験豊富なスカイダイバーは単独ジャンプを行うが、数回しか経験がないという初心者はインストラクターと組んでタンデムジャンプになる。世界で一番高い、という要素以外にも、世界で一番長い距離を飛ぶ、という事実にも留意。参加希望者はトレーニングと準備プログラムとして、直前の1日を当てるほか、馴致のため事前に4日間の高地トレッキングを経験しなくてはならない。準備プログラムでは天候不順時にジャンプしなくてはならない局面でのトレーニングも含まれている。だが、この時期ヒマラヤは概ね天気がよい。空は晴れ渡り空気は乾燥している。ドロップゾーンはヒマラヤ山の山腹となる。

— www.everest-skydive.com

王国を馬で行く

LESOTHO レソト

なぜ今？	雨季の前なので涼しく気持ちがいい
どこで？	ラヘマー国立公園、タリンから50km東
時期は？	9月から11月

29 SEP

ポニーに乗ってトレッキングするのはレソトの旅の楽しみのひとつだ。よく使われるのはバスト種。ジャワ種とヨーロッパ系ポニーの混血で足元がしっかりしている。レソトの伝説的統治者、モシュシュ大王が1830年にバスト種のポニーに乗っていたという記録があり、以来この馬が各地の村の大切な交通手段となった。

マレレはレソトにおけるポニートレッキングの中心地。トレッキングの人気コースにはリバネン滝へ向かうルート（2日間）、セモンコンへのルート（5日間から6日間）など。1週間ほど喧騒から離れてひとり乗りをしたいということであれば、バスト・ポニー・トレッキング・センターに滞在することをお勧めする。

— www.visitlesotho.travel

右：落葉の季節のバーモント州。

下：レソトのマレツニャーネ滝を見下ろす。

紅葉のフェスティバルに参加する

USA アメリカ

なぜ今？	ノースイースト・キングダム・フォール・フォリアージ・フェスティバルで黄葉の美しさを堪能しよう
どこで？	バーモント州
時期は？	9月下旬の6日間

30 SEP

ニューイングランド地方の景観の美しさは、秋になり木々が彩りを増すと実感できる。丘の中腹や平原に立つサトウカエデ、シラカバ、カバノキなどが黄色、赤、オレンジなど燃え上がるような色に染まり、見事なコントラストを描き出す。

バーモント州の住民がこの秋色のスペクタクルを地方再生のイベントとして演出するのが、ノースイースト・キングダム・フォール・フォリアージ・フェスティバルだ。

同フェスティバルは9月の終わりに6日連続で、州内の6つの町で開催される。ウォールデン、プレインフィールド、カボット、ピーチャム、バーネット、グロトン。いずれも静かな田舎町で絵葉書のように美しい風景を持つ場所である。各町はそれぞれ独自のイベントを主催するが、共通のテーマは「古き良きバーモント」で統一されている。またどの町もアメリカの田舎とはかくあるべき、という姿とライフスタイルを維持しており、人々の郷愁を誘う。

フェスティバルのイベントは、巨大カボチャコンテスト、伝統的なクラフト製品の販売、吹きガラス製作の実演、フォークダンスの講習、農場めぐり、積みわら登り競争など、昔から行われてきたものが多い。また、町ごとにウォークツアーが行われ、歴史的な名所や黄葉林を見渡せる景色の美しい場所などに案内してもらえる。

料理もフェスティバルでは大事な役割を演じる。ランバージャック・ブレックファスト（卵料理やハム、ベーコン、ソーセージ、パンケーキなど）、コーンチャウダー、チリコンカルネ、バーベキューなど、とにかくお腹いっぱい食べられる。そしておいしい。

— www.nekchamber.com

オクトーバーフェストに乾杯!

GERMANY ドイツ

- **なぜ今?** 60,000人のビール愛好者が一同に会する
- **どこで?** テレージアンヴィーゼ、ミュンヘン
- **時期は?** 9月後半の16日間から10月初旬

01 OCT

　1810年10月、バイエルン国王太子ルートヴィヒの結婚を祝して慶賀レースが開催された。この競馬大会が大変な成功を収めたため、王国は翌年以降も同様に開催することを発表。これが今日に至る大無礼講パーティ＝オクトーバーフェストに変貌していった。

　この期間には、60,000人以上のローエンブロイ愛飲家が琥珀色の美酒を痛飲する。巨大なテントの下に設置された長テーブルに陣取り、フェス参加者が消費するビールの量は6,500,000リットル。そのほかにも500,000羽のチキン、104頭分の牛丸焼き、50,000個のアイスバイン（骨つき豚）が参加者の胃袋に収まる。フェスで提供されるのは、この日のために特別醸造されたオクトーバーフェストビールのみ。参加者は代金をトークンで購入し、必ず着席して酒や料理が運ばれてくるのを待つことになっている。自分の許容量を超えるほど飲んで気絶してしまう若者（Bierleichenと呼ばれる。ドイツ語で「ビール死体」の意）が多く出るので、参加ルールは年々複雑になってきているのが現状だ。

　この時期、彼の地では19世紀から続くカーニバルやノミのサーカスなどのイベントも開催され、ドイツ人の郷愁をかきたてる催しとして根付いている。
— www.oktoberfest.de

LEFT: **MICHAEL TAYLOR – GETTY IMAGES**

October 10月

アホウドリの
求愛ダンスを鑑賞しよう

FALKLAND ISLANDS
フォークランド諸島

なぜ今?	アホウドリがパートナーを見つける時期だから
どこで?	南大西洋フォークランド諸島
時期は?	10月から3月

南米大陸から645km沖合に位置するフォークランド諸島。19世紀にチャールズ・ダーウィンが発見した。総人口2,500人、そのうちの80%が首都スタンリーに住んでいるので、野生動物にとっては広い領土が確保されていることになる。

南極と亜南極の海水の合流点なので、固有種の鳥類、大型のアザラシ、海鳥のコロニーの数が多い。特にイワトビペンギン、ジェンツーペンギンにとってはそれぞれ世界一、世界第2番目に重要な集団営巣地域である。また、ここはキングペンギンを世界一見つけやすい地域であることも忘れてはならない。ただ、フォークランド諸島を有名にしたのは約80万羽のマユグロアホウドリだ。ここ1カ所に地球全体の同鳥の80%が集中している。

マユグロアホウドリは10月にやってきてまず前年度のパートナーを探し、挨拶を交わす。彼らの求愛の儀式はにぎやかで非常に特徴的な動きを伴う。まずは相手に面と向かい、広げると2.5mにもなる翼を大きく広げ、くちばしを空に向ける。無人島のスティープル・ジェイソン島に作られた巣が12でこれが最多だが、他の島でも営巣は行われている。

10月はそのほかにも、ミナミゾウアザラシの新生児と出会える季節だ。毎年5,000頭もの赤ちゃんがフォークランド諸島で誕生する。またこの近海ではアザラシや多くの種類のクジラと出会うことができる。

— www.falklandislands.com

カラコルム・ハイウェイを行く

CHINA/PAKISTAN
中国／パキスタン

なぜ今？	晴天が続き気温も高からず低からず。旅に最適
どこで？	イスラマバードからカシュガルまで
時期は？	9月と10月

03 OCT

中国の新疆ウイグル自治区にあるシルクロードのオアシス、カシュガルとパキスタンの首都イスラマバードを結ぶカラコルム・ハイウェイ。途中、標高4,730mに位置する紅其拉甫口岸（出入国検査上）、もはや伝説的存在のフンザ渓谷、交易拠点のギルギットなどを通る。ここが一般に開放されたのはごく最近の1986年。以来、世界で最も冒険的な道路のひとつとされてきた。

沿道からすぐのところにはカラコルム山脈の雄大な山並みが連なる。お奨めは全長1,300kmのカラコルム・ハイウェイを自転車でツーリングすることだ。体力に自信があり、未知の体験に貪欲に取り組もうとするライダーにはぜひチャレンジしていただきたい。

— www.tourism.gov.pk

生涯の伴侶を見つけよう

IRELAND アイルランド

なぜ今？	ドリームボーイ・ドリームガールに出会える
どこで？	クレア州リスドゥーンバーナ
時期は？	8月最後の金曜日から10月最初の日曜日まで

04 OCT

人口1,000人足らずの小さな町、リスドゥーンバーナ。2つ有名なものがある。ひとつはビクトリアンスタイルのスパで、もうひとつがバサドーリー、すなわち集団見合い仲介人だ。参加費用を仲介人に支払えば、独身者のパートナーを探す手伝いをしてくれるシステムである。

農作物の収穫が終わり収穫物の代金を得たところで、結婚願望がある若者たち（ほとんどが男性だが）は9月にこの町になだれ込む。お見合い大会は寂しい独身者に出会いのチャンスを与えるソーシャルイベントであり、近隣で年頃の娘を持つ親たちがあまり望ましくない候補者を遠ざける言い訳にもなっている。

現在の仲介人は地元の馬のディーラー、ウィリー・デイビスさん。また、アマチュアの競馬大会とパブでの気安い雰囲気も、未婚男女の出会いの場として一役買っている。

— www.matchmakerireland.com

左：ワタリアホウドリ流ロマンス。サウスジョージア島にて。

下：カラコルム・ハイウェイ沿道の風景ほど人に畏怖を感じさせるものはほかにない。

スノーマンを探せ！

BHUTAN ブータン

なぜ今？ スノーマントレックに申し込める数少ない
チャンスだから
どこで？ ブータン
時期は？ 9月下旬から10月中旬

05 OCT

　丘陵と険しい山並みと深い森の国、ブータン。国全体がひとつの山の中にあると言ってよいだろう。1週間ほど徒歩で旅をして、この美しい森の国を探索してほしい。トレッキングこそが、ブータンの人々の心情に触れ、王国の素朴な文化を体験する手段であるといっても過言ではない。

　トレッキングのハイライトはスノーマン探しだ。探索に挑戦した人で行程を最後まで終了した人は半分もいない。高度の問題（標高は5,300m）、豪雪の問題があるし、ベストシーズンは9月下旬から10月中旬までと短い。行程そのものも長期に渡り、およそ25日は必要。風景は文句なしに素晴らしいが。
— www.tourism.gov.bt

20万匹のカメを見にいこう

COSTA RICA コスタリカ

なぜ今？ 「アリバダ現象」を見るのに最適な
季節が雨季だから
どこで？ オスティオナル野生生物避難区
時期は？ 9月下旬から10月

06 OCT

　ヒメウミガメが産卵のためメキシコをはじめとする中米の海浜に押し寄せる現象、「アリバダ現象」。その現象はまったく予告なく始まる。ヒメウミガメは1年間海で暮らした後、ふるさとの島に戻り、海沿いにずらりと並び、足を使って穴を掘り、卵の孵化まで数日間じっと待つ。

　産卵はゆっくりと始まる。最初の日はほんの数頭が海岸に到着する。次の数日間で一晩に数十頭の単位のヒメウミガメがやってくる。次に来るのはもう数十万頭規模だ。ピークはいきなり訪れる。それが9月から10月、月が満ちてから欠けるまでの間に産卵ラッシュとなる。

　鑑賞に最適な場所はコスタリカのオスティオナルであろう。ここでの計測最高記録は50万頭。なぜここが選ばれるのかは未だ謎だが、少なくともカメたちはこの行為を1,900万年もの間延々と続けている。
— www.visitcostarica.com

右：ボートでベトナムのハロン湾を探検。

下：コスタリカの オスティオナル海岸。産卵のため集まってきたヒメウミガメがずらりと並んでいる。

ベトナム訪問の
最適な時期とは

VIETNAM ベトナム

なぜ今？	気温と湿度の高低が完璧なバランスなのがこの季節だから
どこで？	ベトナム全域
時期は？	10月

07 OCT

ベトナムの海岸線の長さは3,451km。その75%は山岳だ。探検と冒険という言葉はこの国のために作られたようなものだ。もっとも、どれだけ貴重な観光資源を有しているかをベトナム自身が自覚し始めたのはごく最近だが。

ベトナムを探索するために気をつけることはいくつかあるが、最も大切なのは適切な季節を選ぶことだ。モンスーンが2回ある。冬のモンスーンは10月から3月の間に北東からやってきて、ニャチャン以北の地域に湿気と冷たい空気を、南部に暖かく乾燥した空気を運んでくる。4月から10月の間は夏のモンスーンが、山間部以外のベトナム全土を熱くじめじめした気候に閉じ込める。そういう意味で10月は気温の高低・湿度の高低がもっともバランスのよい時期と言える。

さあ、ここにきたら何をしよう？ メコン・デルタはサイクリング天国だ。

シルト塗装を施して地面の段差をならしたロードで快適な走りが期待できる。高速1号沿岸線も魅力的だが、交通渋滞がひどすぎる。少し迂回してもっと静かな高速14号内陸線を行ってみよう。素晴らしい景色を堪能できる。

ハロン湾はベトナムの自然の美しさを代表するような場所だ。エメラルド色の海水から天に向けてタワーカルストが3,000以上も屹立し、中国の桂林やタイのクラビーにも匹敵すると賞賛されている。カルストタワーを縫って進むパドリングに人気が集まっている。

ダイビングのメインスポットはニャチャンである。ドロップオフあり、水中洞窟ありで楽しめるし、サンゴや熱帯魚がダイバーを迎えてくれる。サーフィンも人気がある。メインスポットはムイネービーチ。

— www.vietnamtourism.com

コプラ・リッジを
トレッキング

NEPAL ネパール

なぜ今？ ヒマラヤトレッキングのベストシーズン
どこで？ アンナプルナ山、コプラ・リッジ
時期は？ 10月と11月

08 OCT

かつてネパールを訪れるトレッカーのほとんどはアンナプルナ・サーキットに挑むのが目的だった。現在では定番コースとして少し飽きられてきたようだ。代わりに脚光を浴びるようになったのがエベレスト周辺。アンナプルナ登頂を新しいルートで試みたいトレッカーも増えている。2008年にはすでにその兆しがあった。デウラリ・リゾートのティーハウスで、アンナプルナ・サウスの7,219m地点のコプラ・リッジを新しい拠点にすべきだという熱い議論が行われていたという。

そのルートはアンナプルナ・サーキットのデウラリから、少し西のタタパニへ向かい、コプラ・リッジのコブの頂上まで登るというもの。コプラ・リッジは登山家たちの新しいベースになった。ここのコブから最底部のカリ・ガンダキ川までは深く鋭い斜面になっている。カリ・ガンダキ川は世界で最も深い渓谷の中に流れており、ダウラギリ山頂から7,000m下に位置している。また、崖越しにアンナプルナ・サウス、プーンヒルも眺めることができる。

山文化においてロッジはコミュニティの中心としてイニシアチブを取る立場にあることが多い。トレッカーたちが出資し村のプロジェクトとして成立しているものもある。たとえば、ロッジが2台のソーラーチャージ機を提供し、リレーステーションとしてインターネットの信号を周辺の村に提供する、など。なので、アンナプルナ・サウス3,500mの地点でEメールをチェックできたりする。

— www.welcomenepal.com

LEFT: MARK DAFFEY – GETTY IMAGES

ヤサワ諸島をカヤックで行く

FIJI フィジー

なぜ今？ フィジーの冬季で暖かくなってきているし、サイクロンのシーズンにはまだ数週間の余裕があるので
どこで？ ビティレブ島の先、ヤサワ諸島
時期は？ 5月から10月まで

09 OCT

1789年、バウンティ号の反乱に遭遇した後、ウィリアム・ブライ船長はティモール島に向けてボートを漕いでいる途中、フィジーのヤサワ諸島を発見した。当時彼はフィジー住民のカヌーにも追い立てられていたので、今日の私たちがこの地で享受する、ゆったりした時間を経験できなかった。ビティレブ島北西部に90kmに渡って広がる20の古代火山島をカヌーでめぐる旅。生きるか死ぬかの瀬戸際でなければ、彼もこの地でのんびりとしたいときっと思うに違いない。

美しい白砂のビーチ、青く透きとおった環礁、ぎざぎざとした火山島の稜線。ヤサワ諸島はグレート・シー・リーフの中でほぼ直線を描く島々である。それぞれの島は10kmも離れていないので、カヤックで行けばすぐ次の島にたどりつける。

諸島の西側をパドリングするのがベスト。島々が強く吹き付ける南西の風のシェルターになってくれるし、カヤックをゆったりとしたペースで漕ぐことができる。
— www.fiji.travel

チベットでサファリ

CHINA 中国

なぜ今？ 地面が凍り始めるけれど
それほど寒くはない。旅行するにはいい季節
どこで？ 羌塘自然保護区
時期は？ 9月と10月

10 OCT

　海抜4,000mから5,000m、ヒマラヤ山脈北部の雨陰側（雨雲を含んだ風が山を越える際、風下で「陰」となって乾燥するエリア）に広がるチベット高原。地球上でもっとも厳しい気候の地域のひとつである。北部の年間降雨量は20cm、気温が零下に落ち込む月が10カ月もある。

　こうした条件を考えると、同半島に大型哺乳類が数多く生息しているというのは、驚くべきことである。半島に5つある自然保護区の中で最大の羌塘（チャンタン）自然保護区はチベットノロバ、チベットガゼル、チベットヒグマ、バーラル、ユキヒョウ、オオカミ、リンクスの主要生息地。また、南へ行くと500もの湖があり、何千という数の鳥たちが巣作りをするエリアになっている。

— www.tew.org

光るキノコを探せ！

TAIWAN 台湾

なぜ今？ 森で発光するキノコが見つかる季節
どこで？ 台湾各地
時期は？ 10月と11月

11 OCT

　奇妙だが本当の話だ。台湾はハッコウキノコの産地で、すでに8種類以上が発見されている。ハッコウキノコは辺りが暗くなると発光を始める（その理由については未だ解明されていないが）。特に秋と冬は見つけやすいので、ハッコウキノコを探すナイトハイキングのツアーがこの時期多く組まれる。懇丁国家公園の湿地か、阿里山国家風景区の山中で探してみるとよい。そして、本当に暗闇の森を歩き回る覚悟があるのなら、ほかの光るものにも出会えるかもしれない。ホタル、発光する魚、モモンガの光る目、そして満点の星々。

— www.go-taiwan.net

右：クロマチア、ダルマチアン郡の古い港町に停泊しているボート。

下：ンゴロンゴロ国立公園でシマウマを発見。

ンゴロンゴロでサファリ体験

TANZANIA タンザニア

なぜ今？ 乾季の終わりに旅をしよう。水辺に集まる
野生生物が一番多く見られる季節なので
どこで？ ンゴロンゴロ・クレーター
時期は？ 6月から10月まで

12 OCT

　ンゴロンゴロ・クレーターは世界最大の一枚岩のカルデラ。セレンゲティ平原の中にあり、この野生動物の楽園を取り囲むように600mの円環を形成している。唯一の道路がクレーターの中心部に下るようにして設置されている。雨季のアクセスは不可能だが、乾季（7月から10月）にはこの道路（全長120km）周辺の圧巻の景色を堪能することができる。

　クレーター周辺は、アフリカの大型捕食動物の宝庫と言われている。ライオンとハイエナはすぐ見つけることができるし、チーターも時折見かける。ヒョウもいるのだが、彼らは森の周縁部に固まっていることが多い。薮が密集しているエリアはクロサイのお気に入りの場所である。

— www.tanzaniaparks.com

ボートで
島めぐりを楽しむ

CROATIA クロアチア

なぜ今？	夏の突き刺すような暑さが終わっていて、訪れるにはよい季節
どこで？	スプリトからドゥブロヴニク
時期は？	10月

6,000kmに及ぶ海岸線と1,185の島々（そのうちの66島以外は無人島）を持つクロアチア。水と親しむ機会に恵まれた国である。イストリア半島からドゥブロヴニクまで山がすぐ海岸に迫った島が延々と続く海岸線は、ヨット乗りの楽園。豊富な停泊地と安定した風が世界中の船乗りを魅了してきた。そのためこの地域では、ヨットが島々の産業に欠かせないものになっている。

ヨットをチャーターするのによい場所はスプリト。そこからフヴァル、コルチュラといった牧歌的な島々を経由しつつ南のドゥブロヴニクへと向かう。この場合、いくらかの船舶操縦技術と経験は必要。簡便なのは、スキッパーボートの便に乗ることだろう。

秋の島めぐりは素晴らしい体験になる。暑熱は過ぎ、7月、8月の観光客ラッシュも一段落する頃合いだ。少し冷えてくる日もあるが十分暖かいので、ボートの舷から水に飛び込む、なんてこともできる。地上ではブドウとオリーブの収穫の最盛期。市場にキノコやクリなど旬の作物が豊富に並ぶ季節である。
— www.croatia.hr

世界一危険なロードでサイクリング

BOLIVIA ボリビア

なぜ今？	土砂降りの雨を避けて乾季の終わりに旅をしよう
どこで？	ラパスからコロイコ
時期は？	5月から10月まで

14 OCT

ボリビアの首都ラパスとコロイコを結ぶ「ユンガスの道」。1995年発行の米州開発銀行報告も認定した、世界で最も危険な道路だ。毎年26台の車が路肩から転落する事実を鑑みると、この認定は妥当と言わざるをえない。

道路は砂利トラ専用で、道幅最大が3.2m。車一台がようやく通れる狭さだ。加えてほとんどの場所が崖淵になっており、垂直に800mも切り立った箇所もしばしばある。山肌からは巨石がせり出し、大雨になると路面が泥状になる。また、噂が噂を呼んで、アドレナリンを上げたいサイクリストの数が激増中だ。自転車はラパスでレンタルできるので、あなたがこの悪路にチャレンジしたいのであれば、路肩に注意、酔っ払いのドライバーに注意、略奪をしかけてくるトラックに注意、である。

夏（11月から4月まで）のボリビアは雨季。全土で交通渋滞となる。「ユンガスの道」は言わずもがなだ。最も人気がありもっとも快適な時期は冬（5月から10月まで）。晴天が多く湿度が少ない。それでも、バイクコントロールは慎重に。

— www.boliviatravelsite.com

グライダー乗りのための雲の柱

AUSTRALIA オーストラリア

なぜ今？ この気象現象が見られるのは初秋がベスト
どこで？ カーペンタリア湾、クイーンズランド州北部
時期は？ 5月から10月まで

15 OCT

クイーンズランド州奥地でよく言われるのが「海風がバークタウンに吹いてきて、パブの冷蔵庫に霜が付き始めたら、翌日はモーニング・グローリーが見られる」だ。科学的根拠？ おそらくないだろう。だが、カーペンタリア湾は「柱状の巨大雲海」とでも呼べるこの気象現象が非常によく観察できる数少ない場所のひとつである。長さ1,000km、高さ1kmから2km、地上100mのあたりに発生し、最大時速60kmで流れていく雲の柱だ。この雲に乗りたいなら、9月から10月の間に旅をしよう。世界最高のグライダー、ハングライダー体験になること請け合いだ。モーニング・グローリーに乗ると、それだけで最大6時間、700kmの空の旅を楽しめる。
— www.tq.com.au

秋は芸術の季節

HUNGARY ハンガリー

なぜ今？ ブダペスト随一の芸術祭を堪能しよう
どこで？ ブダペスト
時期は？ 10月中旬の9日間

16 OCT

「オータム・フェスティバル」改め「カフェ・ブダペスト・コンテンポラリー・アーツ・フェスティバル」は、ハンガリーの首都ブダペストを芸術一色に染め上げるイベント。宵闇迫る頃、音楽、演劇、ダンスなどさまざまな分野のアートイベントが始まる。無名の新人から著名アーティストまで、幅広い演者に期待しよう。中でもハイライトはジャズ・マラソンとコンテンポラリー・ギャラリーズ・オブ・ナイト。こうしたビッグイベントのときは、アートギャラリーも夜遅くまでオープンしている。

開催はギャラリー、シネマ、国立劇場、カフェ、おしゃれなカフェ、パブなど街のありとあらゆる場所で。A38、カフェ・イェーダーマンなどが特に有名だ。フェスティバルはブダペスト市が秋を迎えるための必須イベントになっている。
— www.cafebudapestfest.hu

左:「ユンガスの道」では、下りに入る前にブレーキを確認すること。

下:フィリピンの「マスカラ」では笑顔で。

マスカラフェスティバルでスマイル！

PHILIPPINES フィリピン

なぜ今？ 特大のスマイルマスクをかぶってみよう
どこで？ ネグロス・オクシデンタル州バコルド
時期は？ 10月19日近辺の週末

17 OCT

「マスカラフェスティバル」の「マスカラ」は英語のmass（「たくさん」の意）とスペイン語のcara（「顔」の意）から作られた合成語。このお祭りの性格を完璧に表している。主催都市バコルドの住民は、お祭りが始まると巨大な笑顔の仮面を身につけ、通りに繰り出す。

仮面舞踏会の起源は1980年初期。サトウキビ市場価格の暴落と、悲しい船舶事故の2つの危機を乗り越えようと計画された催しに由来する。バコルドは以来、「微笑みの街」の異名がふさわしい都市として知られる。

輝く笑顔のマスクは野菜から海の生き物まで、あらゆるものを模して作られている。こめかみから飛び出た羽飾り、紙粘土のマスク、きらきら輝くジャンプスーツなど、人々のいでたちはさまざまだが、共通項はひとつ。耳まで裂けたスマイルフェイスである。
— www.itsmorefuninthephilippines.com

マダガスカルの役に立とう

MADAGASCAR マダガスカル

なぜ今？	気候、ジャズ、キツネザルの赤ちゃんと体験したい3点がそろった時期
どこで？	マダガスカル全土
時期は？	10月

18 OCT

マダガスカルはあらゆる意味でユニークなところだ。160万年前にアフリカ本土と切り離され、島に住む20万種の生物の75%以上が固有種であることからもそれはわかる。鳥とコウモリを除けばこんな場所は世界のどこを探してもない。そして、それらのほぼ全部が絶滅危惧種である。

インド洋の島を旅するなら10月がよい。温暖で乾燥した気候は終わりに差しかかり、雨季には間があるが、7月、8月の観光シーズンが終わっているからだ。

もっとよいことに、1年のうちのこの時期はキツネザルの赤ちゃんが誕生するタイミングでもある。キツネザルはマダガスカルを代表するマスコット。体重が175gしかないコビトキツネザル、陽気なワオキツネザル、体重7kgの巨大なジャンパーのインドリなど、その種類は50を超える。ワオキツネザルを見かけるのに最適の場所はイザロ国立公園、インドリはマンタディア国立公園。

10月はバードウォッチングにもよい季節。マダガスカルの260種の鳥のうち、115種が固有種である。その中には当然絶滅危惧種も含まれている。そして、あなたに運があれば鳥の声以外にも心地よい音を耳にするだろう。ジャズ・フェスティバルもちょうどこのシーズンだから。

— www.madagascar-tourisme.com/en

シカの恋を見守る

SCOTLAND スコットランド

なぜ今？ 荒々しく、猛々しく。シカの雄の発情期
どこで？ インナー・ヘブリデス諸島、ラム島
時期は？ 9月中旬から11月中旬まで

19 OCT

面積104km²と比較的小さなラム島には、かなりの数のアカシカが生息している。オスは1年の大半をオスのみの群れで過ごすが、9月中旬になると首毛を発達させ、戦いの準備に入る。海を背景にし、逆光のシルエットでたたずむオスのアカシカが、抑えきれない性の衝動を爆発させるように雄叫びを上げる姿は壮観の一言である。

発情期のアカシカは騒がしく、エネルギーに満ちている。2カ月の間、食事はほとんど摂らない。大声で鳴き、メスと交尾し、自らの威信をかけてほかのオスと戦う。戦うのはオスだけである。

この美しい島の所有者はスコットランド・ナショナル・ヘリテッジ。対岸のスカイ島でキンロック城内のホステルを運営している。

— www.isleofrum.com

太平洋でパーフェクトダイビング

NEW CALEDONIA ニューカレドニア

なぜ今？ 蒸し暑さがそれほどでもなく、豪雨の可能性も少ないから
どこで？ ニューカレドニア
時期は？ 9月から12月まで

20 OCT

ニューカレドニアはフランスの海外領地。世界第2位のサンゴ礁に囲まれているため、ダイビングのメッカとなっている。サンゴ礁の全長は1,500km。本島のグランドテール島を囲むターコイズブルーに輝く環礁は、2.4万km²に達する。加えて海岸近くの裾礁はほかの小さな島々を抱え込むように広がっている。

首都ヌーメアから海洋生物保護の拠点であるアメデ島まではわずかな距離だ。また、イル・デ・パン島では洞窟ダイビングが楽しめる。ウベア島ではサメの幼魚を飼育している天然プールを見学しよう。大型のサメは1年の終わりに浅瀬で卵を産むが、その時期はホルモンの影響で性質が穏やかだ（なので、自分が苦労して産んだ卵を食べることはしない）。訪れた人を食べたりはしないのでご安心を。

— www.newcaledoniatourism-south.com

左：マダガスカル島で最もよく見かけるのがワオキツネザル。

下：来るべき時を待つラム島に生息するアカシカのオス。

バッファローの
大群を見届けよう

KENYA ケニア

なぜ今？	雨が降り始めると
	アフリカスイギュウもやってくる
どこで？	マサイ国立保護区
時期は？	10月中旬から11月まで

21 OCT

大型動物の中でこれほど逸話に枚挙がない動物は、アフリカスイギュウ以外いないだろう。体重850kg、体高（肩までの高さ）1.7mのオスは4WDの車を何回も押すことができる。孤立したオスは大変危険である。目をつぶされたり手負いとなった後も、何年も生きていける、などなど。10月中旬になるとマサイ国立保護区のアフリカスイギュウは深く生えそろった草原に集結し、大群を形成する。この頃の彼らは怠惰で、家畜のウシのようにのんびりと草を食むばかりだ。

アフリカスイギュウはきわめて社交性のある動物でもある。テリトリーの境界線はごく曖昧で、食料がふんだんにある限りはおよそ1,500頭の群れが一塊りになる。メスが発情期に入ると、オスは優位性を得るためぐるぐる円を描いたり、土を掘り返したり、藪の中を転げ回ったりするようになる。オス同士角を突き合わせて追いかけたり、という行為も始まる。

最初の雨粒が地面に落ち、平原が緑の園に変わり始める頃が、マサイ国立保護区を訪れるベストの時期だろう。アフリカスイギュウのほかにもシマウマ、ガゼル、ヌーの大群がセレンゲティの方向に南下を始める。草原は興奮のるつぼになる。

— www.maasaimara.com

「時代祭」の装い

JAPAN 日本

なぜ今？	「時代祭」で着物に挑戦。あるいは美しく装った着物姿の人たちを鑑賞
どこで？	京都
時期は？	10月22日

22 OCT

「時代祭」が始まったのは1895年。東京遷都以前の京都の風俗を振り返る行事を、という提案からこの名前で呼ばれるようになった。祭のメインイベントは時代行列。794年、京都に都が定められてからの年月を衣装の変遷で見せる。行列は京都御所から出発し、明治維新から延暦時代まで時代を遡った衣装の行進が続く。述べ2,000人の参加者が4.5kmの人の波となり、平安神宮まで歩き通す。すべての参加者が定められた通過点一カ所を通過するのに1時間以上かかる。
— www.kyotoguide.com

左：アフリカスイギュウの大移動。ケニアのマサイ国立保護区にて。

下：空からみたオルデニズの町とターコイズコースト。

オルデニズでパラグライダーに挑戦

TURKEY トルコ

なぜ今？	「父なる山」山頂から鳥のように羽ばたこう。この時期観光客も少なくなる
どこで？	オルデニズ、ターコイズコースト
時期は？	9月から11月まで

23 OCT

同行者と背中合わせで崖から飛び降りる、という事態を想定してみてほしい。それにふさわしい場所として思いつくのはここしかない。トルコの町、オルデニズである。このリゾート地はシェルター状の環礁付近にあり、ターコイズコーストに近接。盛夏には観光客が押し寄せるが、秋になると落ち着く。それでも気温は暖かく、町には活気が残っている。

オルデニズでは多くの旅行会社がタンデム式のパラグライダーフライトを企画している。一番は、やはり標高1,900mのババ・ダグ山（「父なる山」の意）からの滑降だ。パイロットと自分をつなぐストラップをしっかり締めて、気流を捉え、空へと飛び出そう。着地までの45分、高揚感とはかくものかと実感できる空の旅になるはずだ。
— www.babadag.com

風を礼賛する

FRANCE フランス

なぜ今？	「フェスティバル・デュ・ヴァン」で風の素晴らしさを参加者と共有
どこで？	コルシカ島カルヴィ
時期は？	10月下旬の5日間

24 OCT

地中海では時間が風に吹かれるように過ぎ去っていく。コルシカ島のカルヴィでも例外ではない。ここでは風の祭、「フェスティバル・デュ・ヴァン」が観客を迎えてくれる。

この祭は、あらゆる意味での「空気」を祝うイベントだ。何百人ものアーティストや風フリークが凧や風船、ハンググライダーを持参する。彫刻家はそよ風のきままな様子を作品にする。風車の展示会、ウインドサーフィン大会、優雅な凧上げのデモンストレーション、環境にやさしいマイクロライト、などなど。家族みんなで参加するにふさわしいイベントである。
— www.facebook.com/lefestivalduvent

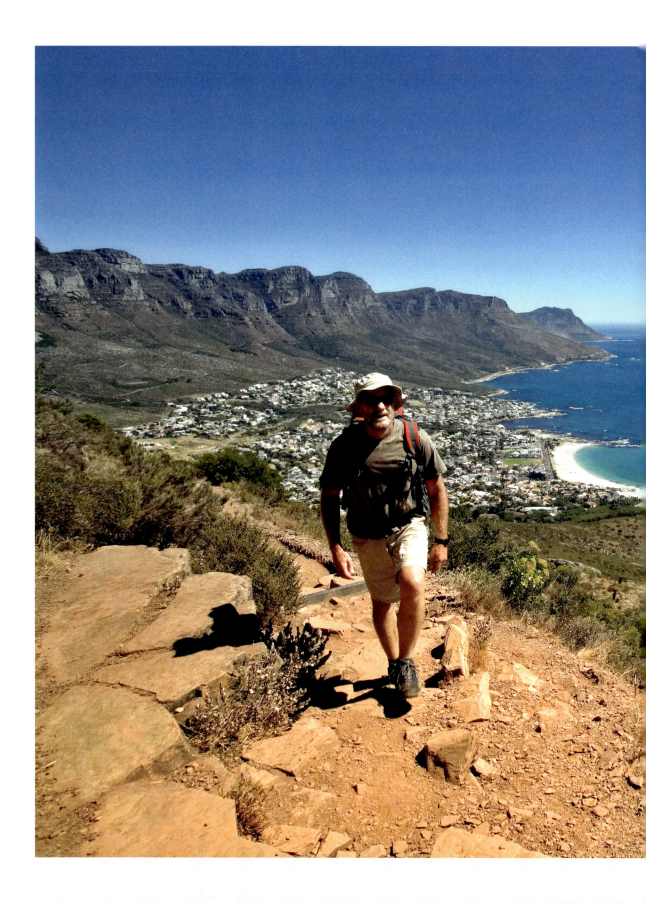

ホエリクワッゴ・トレイルを徒歩で行く

SOUTH AFRICA 南アフリカ

なぜ今？	テーブルマウンテンに咲く野生の花々を眺めつつ良好なコンディションのトレイルを歩く
どこで？	ケープタウンから喜望峰まで
時期は？	9月中旬から11月まで

25 OCT

　世界で最も魅力的なハイキングコースを体験してみよう。4泊5日、75kmをケープタウンから喜望峰まで歩き通す旅だ。途中でテーブルマウンテンも横断する。

　ホエリクワッゴとは、砂漠の遊牧民、コイコイ人がテーブルマウンテンを指して言う呼称。ホエリクワッゴ・トレイルは古代から生存するこの民族に敬意を表し名付けられた。またそこを歩く現代人がノマド体験を共有できたらとの願いも込められているそうだ。いい香りがする沿道のフィンボス（潅木植生地域）、眩しい白さのサンドビーチ、太平洋の青さ、深い谷など、徒歩ならではの道行を楽しんでみよう。

　トレイル途上には標識がない。しっかりしたガイドと地図は必須。コース上にはスミッツウィンケル、シルバーマイン、スラングコップ、オランジェクルーフといったテントサイトが4カ所ある。どの場所にも最大12名まで宿泊し、自炊ができる設備を整えている宿泊施設もある。一日の行程が終わったら、肉いっぱいの南アフリカスタイルのバーベキューを楽しんでみてはどうだろう。

— www.sanparks.org/parks

ホッキョクグマに
接近！

CANADA カナダ

なぜ今？ 大地が凍結するのを待ってホッキョクグマが
この時期に出現する

どこで？ マニトバ州チャーチヒル

時期は？ 10月と11月

26 OCT

マニトバ州チャーチヒルが氷に閉ざされる季節に入ると、住民は自らを「ホッキョクグマ世界の首都」と称する。これにはちゃんと理由がある。

毎年10月中旬から6週間、約1,000頭のホッキョクグマがハドソン湾の北端にやってくる。海が凍って渡れるようになるのを待つのだ。町の南西部からすぐのところには11,475km²のワプスク国立公園が広がっている。ホッキョクグマの出産拠点としては世界最大の場所だ。この時期は住民の数よりホッキョクグマのほうが多くなるので、チャーチヒルの住民は彼らの行動に目を光らせ、「ベアーセーフ」を着用して行動している。

ホッキョクグマは、夏にはチャーチヒルの森や海岸線をさまよい、冬眠に備えて脂肪を蓄える。10月下旬になると体重を落とし、動きを緩慢にして氷上でアザラシを捕獲する局面に備える。

この頃、観光客もツンドラ・バギー・ツアーに参加すべくチャーチヒルにやってくる。バギーは頑丈で、車高が高く、凍った地面や待機中のホッキョクグマがいるエリアにもどんどん入ってゆく。この時期のホッキョクグマは怖いもの知らずで、好奇心が大変強い。車のそばにも平気で寄ってくる。この素晴らしい生き物を間近に見る絶好のチャンスである。

— www.travelmanitoba.com

モアブでマウンテンバイク三昧

USA アメリカ

なぜ今？ 夏の暑さと冬の寒さを避け、モアブのバイクフェスティバルに参加する
どこで？ ユタ州モアブ
時期は？ 10月

27 OCT

　今のモアブを見たら当地を開発した先達は卒倒するだろう。モルモン教徒の宗教拠点として開かれた町は、今やマウンテンバイカーのアドレナリン噴出のためのカルトタウンに変貌している。

　圧倒的な美しさの砂漠はさておいて、モアブで最も有名なのはスリックロックだ。馬もつるつる滑るほどの滑らかなサンドストーンから名前を取っている。マウンテンバイクのタイヤの下にこれが敷かれると、磁石のようにぴたりと吸い付く。

　スリックロックのコースとしては、文字通りのスリックロック・トレイルがある。マウンテンバイカーの聖地だ。曲がりくねったコースからはコロラド川やアーチーズ国立公園を見下ろせる。毎年訪れるバイカーの数は約10万人。ただし、のみの心臓の人には向かない。険しい崖と心臓に悪い下りが待っているから。

— www.discovermoab.com

「ロード・オブ・ミラクルズ」を見よう

PERU ペルー

なぜ今？ ペルーの首都がイエスに感謝を捧げるため紫色に染まるのを見よう
どこで？ リマ
時期は？ 10月18、28、29日

28 OCT

　この長い行列は350年前に描かれたイエス、すなわち「ロード・オブ・ミラクルズ」を祝うためのものだ。名もない解放奴隷が描いたフレスコ画は、時の権力者の横暴や群衆の暴動、3度の大地震にも耐えて生き延びてきた。最初の行進が始まったのは1867年。地震で絵画を所蔵していた教会が屋根と壁画だけを残して崩壊した時だ。

　以来毎年10月後半になると、この「奇跡」を記念するため「紫の月」と称して絵画の前にお参りする。2,500人の屈強な男性が2tの壁画を担ぎ、行進する。ナザレの尼僧が聖なるお告げを受けたときに着ていた衣服の色、紫を誰もが身に付けて。最後にアチョ闘牛場でゴールデン・ケープ・オブ・アワ・ロード・オブ・ミラクルズの舞が捧げられ、行進の締めとなる。

— www.peru.info

左：ホッキョクグマはチャーチヒルが氷で閉ざされるのをじっと待っている。

下：モアブの砂漠、そして広大な地平線は、マウンテンバイカーたちを引きつける。

カカドゥ国立公園が色づく季節

AUSTRALIA オーストラリア

なぜ今？　最初の雨の一滴が乾季の終わりを告げる様を見届けよう
どこで？　カカドゥ国立公園、ノーザンテリトリー
時期は？　10月と11月

29 OCT

アボリジニの人たちはこの時期のことをグヌメレンと呼ぶ。荷造りし、氾濫原のキャンプ地を去り、高地へと移動することを指すのだそうだ。雨季が始まると雷雨がやってくることがわかっているからである。この時期はまだまだ暑いが、雨が降り始めると乾いた大地が潤い、メラルーカの花の香りが濃く立ち込める。大地は緑の平原に変わり、フルーツコウモリが木に鈴なりにぶら下がる。

カカドゥ国立公園は広大な敷地の中に切り立った岩からマングローブの塩水沼地までさまざまな景観を持ち合わせる。7カ月間干上がっていた水が戻ると、大地は再び生命に満ち溢れる。この時期は求愛行動をする種と、新しい土地に旅立つ種の活動が活発になるので、バードウォッチングにも最適だ。

— www.parksaustralia.gov.au/kakadu/

右：ニューヨークの通りに現れたハロウィンのモンスター。

下：雨が滝に落ち、緑をカカドゥにもたらす。

冒険映画をロッキー山中で鑑賞しよう

CANADA カナダ

なぜ今？　スポーツと冒険がテーマの映画祭で年度のベスト作品を見る
どこで？　アルバータ州バンフ
時期は？　10月の下旬から11月初旬の9日間

30 OCT

ハリウッドがハイキングスポットになり、オスカーに冒険映画部門が付け加わったバージョンと考えればよい。バンフ・マウンテン・フィルム・フェスティバルはショートフィルムとドキュメンタリーの国際映画コンペである。テーマは種々のマウンテンスポーツと壮大な大自然を描いたものに限っている。

数多くの参加作品から60点が選出され、ロッキー山脈に抱かれたバンフの街で上映される。会場はバンフ・センター。登山、カヤック、ヘリバイク、スノーボードなどのマウンテンスポーツから、崖の上でひっそりと生活する辺境の住人に会いにいく様を描いた作品まで、テーマは多岐に渡る。血沸き肉躍る、あるいは畏怖に打たれ感動に打ちのめされる良質の作品を鑑賞する。アームチェアトラベラーにとって最高の体験となるだろう。

— www.banffmountainfilm.de/en/

ハロウィンの
びっくり体験

USA アメリカ

なぜ今？	ニューヨーク最大のハロウィンフェスでコスプレに挑戦
どこで？	ニューヨーク州ニューヨーク
時期は？	10月31日

31 OCT

きしむドアの音。子どもたちの「トリック・オア・トリート！」の声。ゾンビや痩せこけた幽霊の扮装。野球やビッグマックと並んでアメリカ人の生活に欠かせないのはハロウィン。興奮した子どもたちがジャック・オー・ランタンを飾り、ゴムマスクをかぶって近所の家々すべてでお菓子をねだる。

アメリカの小さな田舎町では家族揃って迎える行事だが、大都市、特にニューヨークやサンフランシスコの若者たちにとってはどんちゃん騒ぎのパーティのために「ドレスアップ」する格好の言い訳になっている。ニューヨークは全米最大規模の大イベントとしてナイトパレードを主催。200万人以上が参加し、ベルゼブブ（悪霊の君主）、ビートルジュース（ティム・バートンの映画）、バットマンなどありとあらゆるキャラクターが巨大なパペットとなり、6番街を進んでいく。

ハロウィンとはAll Hallow's Eve（クリスマスの前の夜）が詰まったもの。さらに由来をたどれば、ケルトの年度末祝祭、サムハイン（死の神）に行き着く。ハロウィンの定番ゲーム、アップルボビング（リンゴを水に浮かべて手を使わず取る遊び）もこの祝祭が起源だ。そう考えれば、ニューヨーク、すなわちビッグアップルほどこの行事が似合う街もそうないだろう。

— www.halloween-nyc.com

メキシコで死者をたたえる

MEXICO メキシコ

なぜ今？ 今日は死者の日。生者も死者も招かれる
どこで？ メキシコ、オアハカ
時期は？ 11月1日、2日

　メキシコでは、故人の魂の追悼は死者を陽気にもてなすかたちで行われる。アステカ族から受け継いだ信仰体系のなかで、メキシコ人たちは死者たちが一種の魂の待合所であるミクトランに隠れていて、死者の日に家に戻ることができると信じている。

　家族たちは魂が帰り道を見つける手助けとなるように、明るい黄色のマリーゴールドでつくったアーチをかけるところから準備を始める。祭壇には花々やろうそく、トウモロコシ粉でできた生地のタマレスなどの供物が高く積み上げられる。また、卵の黄身と果物、テキーラでつくられたパン・デ・ムエルト（死者のパン）も供えられ、死の象徴として飾られる。

　行事は共同墓地でクライマックスを迎える。家族たちはこの日に墓地を掃除し、ろうそくや花々で飾りつけ、マリアッチ楽団を呼んでピクニックをしたり、踊ったりする。今では通り中がドレスや帽子で着飾った張り子の骸骨で埋めつくされている。

　祭礼は国中で行われるが、中心地域はメキシコ南部であり、そこには固有の文化が最も色濃く残っている。ミスキックは、礼拝堂で死者たちに呼びかける行列によって、死者の街として知られている。オアハカでは、墓地ツアーが行われている。

— www.visitmexico.com

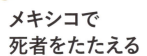

November 11月

死神の祭礼で踊る

HAITI ハイチ

なぜ今？	カリブ海の島で行われるブードゥー教式の死者の日
どこで？	ポルトープランスの国立墓地
時期は？	11月1日、2日

02 NOV

もし11月1日にメキシコに行けないのなら、死者の日の別の1シーンを見るために、カリブ海のこの風変わりな島に向かおう。「フェテ・ゲーデ（死神の祭礼）」はブードゥー教式の死者の日で、主な違いはハイチの精霊たちはほんの少し活発であることだ。実際、大統領のところに押しかけて、お金を要求するゲーデ（精霊として知られる）の物語などもある。大統領はもちろん全額支払う。

儀式は11月を通じて行われるが、大部分が月の始めに行われる。ブードゥー教の信者たちは、ゲーデと彼らすべての父祖である土曜男爵をたたえるために、ハイチの首都ポルトープランスの主要な墓地に集まる。彼らは自家製の蜜蝋のろうそくや花々、ゲーデの骨を温めるためにチリペッパーを加えたラム酒のボトルなどを供物として並べる。

寺院の列柱廊でダンスが行われている間に、死者も参加しているとされる儀式はハバネロより熱くなる。ゲーデは繁殖とも関連があるため、子どもを授かれば人々は喜ぶのだ。精霊たちに取り憑かれたと信じた参加者の幾人かは、生殖器にペッパーを加えたアルコールをすり込んだりする。

これはかなり暑い国での熱さに満ちた出来事だが、ハイチでは国際連合の安定化ミッションが展開されており、旅行はやや骨の折れる面があることを肝に銘じておこう。訪れる前に安全面についてのアドバイスを求めることを忘れずに。

— www.haititourism.org

ハクトウワシをじっくり観察

USA アメリカ

なぜ今？	冬を生き延びる猛禽類のすばらしい大群を見よう
どこで？	アラスカ州チルカット川
時期は？	11月

ハクトウワシがアメリカの国のシンボルとして選ばれたことは、驚くに当たらない。2.5mの翼開長、鋭い鳴き声、そしてその大胆な姿により、ハクトウワシは世界で最も威厳のある鳥の1種だ。

11月初旬の朝にチルカット川の川岸を訪れると、非常に多くのハクトウワシがクリスマスツリーのオーナメントのように河畔のポプラに止まっている。これは北アメリカで最も大きなハクトウワシの群れだ。アラスカ州ヘインズ付近の川の氷結しない短い一帯に沿って、3,500羽に及ぶハクトウワシが群れている。

辺境のように感じられるヘインズは、アラスカでも独特の場所である。町は冬も閉じられていない。ここで最も素晴らしいイベントのひとつ、「アラスカ・ハクトウワシ・フェスティバル」は、11月初旬に開催される。
— www.baldeagles.org

悪魔の踊りを見に行こう

PERU ペルー

なぜ今？	湖畔の町で行われる悪魔の踊りを見に行こう
どこで？	プーノ、チチカカ湖
時期は？	11月5日までの1週間

男たちが悪魔の扮装をしてプーノの町を行進する祭り、「ディアブラーダ（悪魔の踊り）」。この祭りの起源には諸説がある。一説では、角をつけた者たちの行列は、19世紀後半に悪魔のような征服者たちが退場したことを記念したものだという。別の説では、チチカカ湖の精霊たちへ敬意を払うプーノ流のやり方だという。

いずれにせよ、その地の闇の王の化身は、何かに取り憑かれたように身震いするダンサーたちを引き連れながら行列を導く。そこでは邪悪なものは何ひとつ行進しておらず、ディアブラーダが多くのラテンアメリカの行事と同様に、キリスト教とその地に固有の信仰が混ざって生じたものであることがわかる。その確かなしるしは、赤い魔物たちが首に十字架をかけていることで示されている。— www.peru.info

左：ハイチのポルトープランスで開催されたブードゥー教の祭礼。

下：羽を広げる威厳あるハクトウワシ。

たき火の夜に熱くなる

ENGLAND イングランド

なぜ今？	17世紀の反逆事件を花火と点火で祝う
どこで？	イーストサセックス州ルイス
時期は？	11月5日

05
NOV

「ボーンファイヤー・ナイト（たき火の夜）」は、17世紀に起きた陰謀による被害者を追悼する行事だ。1605年に、イギリスが強硬に押し進めたプロテスタントの教義に不満を感じたカトリック教徒が、国会議事堂の爆破を企てた。しかし、11月5日にガイ・フォークスが地下室で正体を見破られ、処刑されたことで幕を閉じた。

現在では「ガイ・フォークス・ナイト」として、「ガイ」がまきの山の上で燃やされ、群衆により喝采を受けるという儀式となっている。しかし、群衆の多くは花火の打ち上げが宗派に由来することについてほとんど知らず、関心もない。大人たちは甘味と香料を加えたワインを飲み尽くし、子どもたちは線香花火を揺らす。皆が低体温と戦い、花火が夜空に広がる。

イギリス南部のルイスで打ち上げ花火が上がるのには、二重の理由がある。1555年に、カトリック教徒の女王メアリー I 世がプロテスタントの反逆者たち17人をこの地で火あぶりの刑に処したのだ。6万人に及ぶ観光客が、殉教者たちを記念してローマ法王の彫像が火葬されるのを見物しに押し寄せる。聖なる彫像には、しばしば首相や大統領、テロリストといった現代の人物も加わる。そして中世の服装をしたシックス・ボーンファイヤー協会が燃え立つように赤い十字架を持って通りでパレードを行い、パチパチ、シューシューと音を立てる爆竹花火を詰めた樽を川の中へ送り出すのだ。

— www.visitengland.com

スカイタワーからジャンプ！

NEW ZEALAND ニュージーランド

なぜ今？	今は春（スプリング）。非常に高いビルから跳ぶ（スプリング）のにふさわしい時期！
どこで？	オークランド
時期は？	11月

バンジージャンプを想像してみよう。大都会の、まさにオークランドで身をよじるジャンプを。ニュージーランド最大の都市ではまた、国で最もアドレナリンを放出することを提供している。ニュージーランドで最も高いビルからケーブルをつけて跳ぶ192mのベースジャンプ、スカイジャンプだ。

タワーに入っているレストランやバーの上の階から、ハーネスとスーパーマン色のスーツとケーブルを着けて跳ぶと、ドラムからケーブルが飛び出し、下降器によって時速約85kmのスピードで落ちていく。街の下で見ているジャンパーたちを釘付けにするスーパーヒーローに20秒間なれるのだ。それどころか、下降器は最後には落下の速度をゆるめて、地上に足から着地できる。

— www.skyjump.co.nz

左：ルイスではたき火の夜に時代物の衣装を着る。

下：オークランドのランドマーク、スカイタワーからのベースジャンプ。

スイサイドゴージの深い峡谷

SOUTH AFRICA 南アフリカ

なぜ今？	ルートが開通するのは1年のうち6カ月のみ 峡谷は寒くなるから夏に行こう
どこで？	西ケープ州スイサイドゴージ
時期は？	11月から4月

クルーフィングとは、南アフリカの言葉で急流下りを意味する。目的は、非常に狭い峡谷を歩いたり、よじ登ったり、水たまりを跳び越えたり、岩を滑り降りたり、流れに沿って泳いだり、高い絶壁を懸垂下降したりして、通り抜けることだ。実際、どんな手段をとっても、底にたどり着いたときには、たぶん始める前より濡れて爽快な気分になっているだろう。

西ケープ州で最も人気のある旅行のひとつが、ボーランド山の滝をはね散らす峡谷、スイサイドゴージ（自殺峡谷）を通る旅行だ。時々ここは急激に水面が高くなる（約15m）ので、とても適した名が付けられていると感じるだろう。経路は18kmあり、完歩するには8時間かかる。

— www.capenature.org.za

カヤックに乗って生物発光を見る

PUERTO RICO プエルトリコ

なぜ今？	オフシーズンの価格で、避暑地でひとときの休息を
どこで？	サンフアンから南東80kmのビエケス島
時期は？	11月と5月（ショルダーシーズン）

バイオルミニセント・ベイで見るのは水中のごく小さい渦鞭毛藻類ではなく、莫大な数の渦鞭毛藻類がつくりだすびっくりするほど素晴らしい効果だ。この驚くほど楽しい場所はバイオベイといい、微生物が生物発光を行うのに完璧な条件を備えた潟である。ビエケスの生物発光は世界に残された最も素晴らしく最も明るい装飾だとみなされている。ほかの場所は開発により生態系のバランスが壊されたからだ。

ベイの水には1Lにつき何十万もの微生物が含まれ、刺激を与えると微生物は青緑の光を放つ。水中を泳いだりカヤックに乗ったりすると、その効果に目がくらむ。夜、特に満月の2日後の夜にここを訪れると楽しい。

— www.biobay.com

セノーテで
ダイビング

MEXICO メキシコ

なぜ今？	自然のプールの水は澄み渡り、その上天気は神々しいほど
どこで？	ユカタン半島
時期は？	11月から5月

6,500万年前、現在のメキシコにあたるユカタン半島のこの地域に巨大隕石が大衝突するという大異変が起き、広大なクレーターが残された。何百万年後、クレーターの石灰岩の表面に割れ目が生じ、雨水が割れ目にできた空洞を満たし始めた。そのうち地下の空洞を取り巻く表面の地層が侵食し、その下にある地下の川とセノーテ（ドリーネ）の入り組んだ構造をあらわにし始めた。

ユカタンには現在、約3,000のセノーテの穴があき、その中にはマヤ文明の遺跡であるチチェン・イッツァの聖なるセノーテも含まれる。この荘厳な自然の泉は直径60m、深さ35mあるが、悲しいことにダイビングすることはできない。

けれども、ダイビングができるセノーテもたくさんある。最もアクセスしやすい大洞窟にはラインが引かれ、ダイバーたちを中へと導く。人気があるダイビングスポットに、プエルト・アベンチュラの近くのポンデローサや、ラグナ・バカラーの海岸にある自然のプールで90mの深さがあるセノーテ・アスールがある。セノーテ・ドスオホスはもっとも印象的なセノーテのひとつで、不気味だが素晴らしい場所に鍾乳石と石筍がある。日光から離れることなく、500m泳ぐことができるのだ。

— www.visitmexico.com

海賊のように「アアー！」と言おう

CAYMAN ISLANDS ケイマン諸島

なぜ今？ カリブ海の金融資産は海賊たちが占拠
どこで？ ジョージタウン
時期は？ 11月初旬か中旬の10日間

10 NOV

「海賊祭り」は10日間の祭りで、メニューには音楽や踊り、ゲーム、そして大混乱となる演出がある。祭りは偽装の侵入劇で始まる。17世紀のガレオン船の複製2艘がボートや奇妙な潜水艦まで伴って、ジョージタウンの港に「奇襲」攻撃をかける。

けれども、このイベントで企画されたことのほとんどは海の検閲小屋よりも安全で、大部分を島の大富豪がスポンサーとなっている。（デロイト10km水泳レースは誰がスポンサー？）もしあなたが資本家ではない海賊なら、ほかの港へ向かおう。段ボールボートのレガッタは特にお勧めだ。（「最も見応えのある沈み方」という賞がある。）花火や通りで行われるパーティーは、そり身の短剣を鞘に収めさせる。

— www.piratesweekfestival.com

左：メキシコの日光に照らされたセノーテでスキューバダイビング。

下：ロンドンの第一次世界大戦戦没者記念碑に捧げられたリース。

大戦の悲劇を決して忘れない

ENGLAND & BEYOND
イングランドとその彼方

なぜ今？ 「英霊記念日」に戦没者を追悼する
どこで？ ロンドン、第一次世界大戦戦没者記念碑
時期は？ 11月11日

11 NOV

今日の記念日には多くの呼び名がある。イングランドでは「英霊記念日（またはポピー・デイ）」、ベルギーとフランスでは「休戦記念日」、アメリカでは「復員軍人の日」だ。結局のところ、国のために亡くなった勇敢な魂を忘れないということである。11月11日という日は、1918年の11月11日11時にちょうど第一次世界大戦の戦闘が公式に終結したことから選ばれた。

最近では11時に2分間の黙祷が国中で行われている。ロンドンではこの日に一番近い日曜日に、VIPや退役軍人たちが第一次世界大戦戦没者記念碑のリースを捧げる儀式に集まる。儀式の間中、ビューグル奏者が軍葬ラッパを奏でている。

— www.facebook.com/OfficialPoppyLegion

大都市をハイキング

HONG KONG 香港

なぜ今？ 天気は穏やかで空は晴れ、太陽が照っている。ウォーキングには理想的
どこで？ 香港
時期は？ 10月から12月

12 NOV

究極の都市・香港は、ダウンタウンとその界隈、そしてそれ以外に分けられる。700万人以上の人々が暮らしているが、利用可能な土地のたった10％に押し込められており、約1,000km²が未開発のまま残されている。

この地域にはウォーキング・トレイルが数多くあり、4本の長距離の散歩道も含まれている。50kmの香港トレイルは香港島の5つのカントリー・パークを横切る。70kmのランタオ・トレイルは梅窩から大澳を目指し、ランタオ山山頂へと続く。78kmのウィルソン・トレイルは香港島から始まり、新界へ続いている。マクレホース・トレイルは九龍半島を横切り、距離は100kmだ。

— www.discoverhongkong.com

自然王国、エバーグレーズでカヌー

USA アメリカ

なぜ今？	最も蚊が少ない時期だから
どこで？	フロリダ州エバーグレーズ国立公園
時期は？	11月

13 NOV

フロリダ州の南端を覆う6,070km²のエバーグレーズは、アメリカで3番目に大きな国立公園だ。ここは国で最も大きな亜熱帯の原野である。世界遺産にも登録されており、世界的にも重要な湿地がある。まったくもってエバーグレーズは自然の王国なのだ。

海峡と入り江が縞模様になっているため、この水の迷路の探検にはカヌーやカヤックが最適だ。てくてく歩く主要なルートは、ワイルドネス・ウォーターウェイ。エバーグレーズの西の端に沿った159kmの旅路で、景色は次第にマングローブやソーグラスの大草原に変わる。このルートはエバーグレーズシティから始まり、テンサウザンド諸島の間を蛇行して、フラミンゴ・ビジターセンターにたどり着く。旅行期間は7日から9日、グレーズで最も有名な生き物、アリゲーターやイルカ、マナティー、ベニヘラサギなどが見られるだろう。

キャンプサイトや東屋（展望台）は川岸にところどころに置かれている。整備されていない場所でのキャンプは許可が必要だ。なぜならそれは厳しい冒険のような感覚だから。

— www.nps.gov/ever

ピコ・デ・オリサバに登頂する

MEXICO メキシコ

なぜ今？ 山が最も混み合う時期周辺に登ろう
どこで？ トラチチュカ
時期は？ 11月

14 NOV

メキシコで最も高い山（5,611m）は、北アメリカで三番目に高い山でもある。この山より高いのは、アラスカのデナリとカナダのローガン山のみだ。オリサバは小さなクレーターを持ち、3カ月の間だけ雪を頂く休火山で、もしナビゲーションの技術や氷雪技術の経験がない場合は、ガイドなしで登山を試みてはならない。

オリサバの最もよく知られた登山ルートは北からのルートで、登山のベース地として小さな町トラチチュカを利用する。トラチチュカから3,400mのピージャ・イダルゴにタクシーで向かい、4,200mの山小屋まで10km歩く。ここからの登りはほどほどに急で、たいていは固い雪を超える。技術的には難しくないが、アイゼンが絶対に必要であり、安全のためロープとピッケルも必要だ。ほとんどの登山者たちが山小屋を午前2時ごろ出発し、日の出の時刻までに山頂に到達する。霧や雲が頂きを覆う前に。

— www.visitmexico.com

カジランガで
1本角のサイを見る

INDIA インド

なぜ今？ 公園は一般的に洪水が引いた 11月中旬に開園する
どこで？ アッサム州、カジランガ国立公園
時期は？ 11月中旬から3月

15 NOV

1本角のインドサイたちが生息できるのは、この地の広々とした川岸の森と草原のおかげだ。この地域が最初に保全されたのは1905年である。インド総督の妻がこの地域を訪問し、ここで有名だったインドサイを1頭も見なかったことがきっかけとなった。当時、ここにはインドサイがわずか12頭前後しか生息していなかった。今日では、カジランガは世界のインドサイの3分の2（約2,290頭）の生息地であり、世界で最も高密度なトラの生息地でもある。

カジランガで保護が成功しているのは、ある部分、この公園を献身的にパトロールしているスタッフのおかげだ。密猟者たちは未だに何頭かのインドサイを殺しているが、現地の猟に関する法律はかなり厳しく施行されている。

公園の動物たちにとってもうひとつの問題は、5月から10月にかけてブラマプトラ川が氾濫したときに起こる高水位の洪水だ。野生動物はミリ丘陵やカルビ高原に逃れて生き延びる。洪水が引くにつれて、公園の半分を占める草原の緑が濃くなり、動物たちは進んで四方に散らばる。

野生動物の観察は象の背かジープに乗って行われる。公園の周囲には観察塔も点在している。

— www.kaziranga-national-park.com

アイスランドで言葉を習う

ICELAND アイスランド

なぜ今？	今日は「アイスランド語の日」。その上オーロラも見られるかもしれない
どこで？	レイキャビク
時期は？	11月16日

16 NOV

Happy Dagur Íslenskrar tungu!（「アイスランド語の日」、おめでとう！）早口言葉のように聞こえるが、これはアイスランド語の日にまさに習得すべき表現だ。19世紀のアイスランドの詩人で作家でもあったヨウナス・ハトルグリムソンの誕生日を記念して、毎年11月16日は語義を祝う日で、アイスランド語を守ることの重要性を思い出させる日でもある。

アイスランド語を習得するのは容易ではないが（アイスランド語の日でも同様だが）、とにかく11月に北極付近のこの島を訪れてみよう。オフシーズンでバーゲン品は見当たらないが、気温は氷点下までは下がらない。そして北極光がピークの時期で、暗い空はオーロラがきらめく理想的なキャンバスとなる。

— www.iceland.is

ヴァージン諸島で船遊び

BRITISH VIRGIN ISLANDS
イギリス領ヴァージン諸島

なぜ今？	ちょうどハイシーズンで乾季になる転換期
どこで？	ヴァージン諸島の群島
時期は？	11月

17 NOV

地理的にも地質学的にも恵まれたイギリス領ヴァージン諸島（BVI）は、船旅には魅惑的な王国だ。一年中気候が穏やかで、貿易風は一定方向に吹く。潮の干満や海流はわずかで、ドレーク海峡では56kmおよび通行が保護されており、停泊所が何百もある。これらの要素がBVIを船遊びが最も容易な場所のひとつにしている。船遊びには3つの選択肢がある。セーリングスクールか船だけのチャーター（乗組員はいないが装備は完璧）か、豪華な乗組員付き船のチャーターだ。

カリブ海のハリケーンシーズンは6月から11月だが、11月の中旬には天候は安定し始め、ハイシーズン価格にはまだならない。

— www.bvi.gov.vg

シナイ半島を探検する

EGYPT エジプト

なぜ今？	夏は暑すぎて冬はしばしば雪に見舞われる。訪れるならその間に
どこで？	シナイ半島
時期は？	11月

18 NOV

聖書のように美しいエジプトのシナイ半島は砂漠地帯でありながら、海のアクティビティで有名だ。紅海の海峡にコルク栓のように突き出したシナイ半島の南海岸は、水面下にみごとな光景が広がり、ダイビングやシュノーケリングの天国である。ラスムハンマド国立公園には紅海で最も素晴らしいダイビングスポットがある。公園内には難破船も含めて20のダイビングスポットがあり、ウナギ園やサメの監視所もある。

シナイ半島の内陸はさらに乾燥しており、とがった岩の山岳地帯や砂漠の平原が広がる。最も有名な孤峰は2,285mのシナイ山で、モーゼが十戒を授かった場所と言われている。山頂へは悔い改め階段を3,750段登って到達する。

— www.egypt.travel

左：インドのカジランガ国立公園で草を食む、つがいの1本角のサイ（ラテン語ではユニコーン）。

下：イギリス領ヴァージン諸島のトルトラ島に停泊するヨット。

「世界トイレの日」にトイレに乾杯！

INDIA インド

なぜ今？　今日は「世界トイレの日」！ トイレを最も愛しているのは、インドの資本家たちだ

どこで？　ニューデリー

時期は？　11月19日

トイレは狂った世界のように悪臭を放つが、この日は本当に「世界トイレの日」だ。聞こえるほど奇妙なことではない。この特別な日を制定した世界トイレ機関は、世界中の政府に公衆衛生の改善をひたむきに陳情している。そして世界トイレの日は行動への呼びかけ（または歓喜（flush）？）なのだ。

トイレを愛したり、感謝したり、褒めたたえるのに最もよい場所は、おそらくニューデリーにあるスラブ国際トイレ博物館だ。ここには紀元前2,500年から現代にかけての簡易便所や部屋で使うポット、ビデなどのコレクションがある。ルイ14世のトイレの複製さえあるのだ。

— www.worldtoilet.org;
www.sulabhtoiletmuseum.org

海中散歩に出かけよう

MAURITIUS モーリシャス

なぜ今？　雨季に入る前の適切な時期に海中散歩に出かけよう

どこで？　グランドベイとベルマーレ

時期は？　5月から12月初旬

海中散歩（別名スヌーバ）という新しいアクティビティは、ダイバーでない人々にも波の下にいる色彩に富んだ生き物を安全に体験する機会を提供してくれる。ウェイトベルトとダイビング用ヘルメットを身に着け、海中の砂底（深さ約3mから4m）に導かれて潜ると、自然の生息地にいる魚と顔をつき合わせることができる。呼吸には問題がない。船上の太陽電池で動くポンプが酸素を供給するため、15分から25分も海中に留まって散歩ができるのだ。頭はまったく濡れることがないため、メガネをかけたままでも可能だ。

モーリシャスを訪れるのに最もよい時期は冬（5月から12月初旬）だ。この時期はより涼しく、乾燥しているから。

— www.tourism-mauritius.mu

右：ザンビアのカサンカ国立公園にいる麦わら色のフルーツコウモリ。10万匹以上のコロニーを作り飛んでいる。

下：セネガル、ダカールのヨフ海岸。サーフィンはもう少し波があるときが好まれる。

大西洋のうねりに乗ろう

SENEGAL セネガル

なぜ今？　冬が始まり、波はあらゆる種類のサーファーたちに好都合

どこで？　ンゴールとダカール

時期は？　11月

11月にセネガルに滞在するのには多くの理由がある。天気は乾燥していて気温は涼しい25℃、でも砂浜はまだ混んでいない。もし寒い冬から逃れたいなら、これは素晴らしい選択だ。

でもそれ以上に、もしサーフィンをしたいならこれほどよい選択はない。11月にはあらゆる形とサイズ（約50cmから3m）の波がやって来て、初心者や中級者、そしてプロにも同様に適した機会を提供してくれる。首都ダカール周辺と本土から少し離れたとても小さなンゴール島にはサーフスクールがある。ここでは昼間は混雑していない砂浜でボードの技術を学べるし、夜にはクールな曲と新鮮な魚介類といったアフターサーフィンをリラックスして楽しむこともできる。

— www.gosurf.dk

500万匹の
コウモリに驚嘆

ZAMBIA ザンビア

なぜ今？	実がなる季節には莫大な数のコウモリがいる
どこで？	カサンカ国立公園
時期は？	11月と12月

22 NOV

　野生生物による最も素晴らしいショーのいくつかが、何年も気づかれないままというのはおかしなことである。ザンビアのカサンカ国立公園にいる麦わら色のフルーツコウモリはその実例だ。赤道付近のアフリカにいる大きなコウモリで、実のなる木を求めて長い距離を移動する。毎年11月と12月にムスクの実の生産が頂点に達するのと同時に、コウモリたちはカサンカに現れる。およそ500万匹のフルーツコウモリがここの1haの湿地の森に集まる。多数のコウモリが一度に木にとまるため、大きな木の枝がコウモリたちの重さによって落ちることでも知られている。

　毎晩日没のころ、止まり木全体が持ち上がり、公園のフィブウェハイドで観察する人々は、巨大なコウモリの群れが空を横切りながら広がるという忘れられない光景を、25分間、目の当たりにできるだろう。フルーツコウモリは何km²も飛びながら夜を明かし、行く先々で果実を食べたり種を吐き出したりしながら、これらの木々のために種をまき散らすという生態学的に重要な役割を果たしている。昼間には、コウモリたちが木の幹や枝の上で何列にもなって身を寄せ合っているのが見られる。

— kasankanationalpark.com

シミエンのハイキングで
アフリカ屈指の景観を一望

ETHIOPIA エチオピア

なぜ今？	乾季の初めに青々とした景色や野草を見に来よう
どこで？	シミエン山地
時期は？	10月から5月

23 NOV

　アフリカの踏み固められた山道にはほど遠く、この大陸のほかのどことも似ていない山脈。シミエン山地は広い河谷によって隔てられたいくつもの高原からなる。エチオピアの最高峰でアフリカで4番目に高いラス・ダシャン山（4,543m）を含むいくつかの山頂は、4,000mを越える。山脈の北端には、アフリカで最も素晴らしい景観が一帯に広がる岩峰や、メーサ地帯を見下ろす長さ60kmの急斜面がある。

　たとえどのように見ようとも、シミエン山地は畏敬の念を起こさせる。この広い高原は骨が折れるが非常に価値のあるトレッキングをたっぷり提供してくれる。景色（と高度）だけでなく、ゲラダヒヒの群れに交じる興奮や岩棚で戦っている堂々としたワリアアイベックスを見れば、言葉を失うだろう。

　すべてのトレッキングが、公園本部があるアムハラ地域のデバークからスタートし、そこで終わる。最も人気のあるトレッキングルートは連峰の西側に沿って歩くルートで、急斜面の最も印象的な区間を歩く。最も壮観な景色はギーチ深淵の周辺で、標準的なシミエントレッキングはギーチを通り過ぎてラス・ダシャン山の山頂へと向かう。帰路のハイキングには8日から10日かかる。

— www.ethiopia-emb.or.jp/e-front/e-tourism

不気味なほど
静かな稲妻を見る

VENEZUELA ベネズエラ

なぜ今？ 嵐のショーが最も見どころの時期に
どこで？ マラカイボ湖カタトゥンボ川
時期は？ 9月から11月

24 NOV

カタトゥンボ国立公園で起こる奇妙な現象には衝撃を受けることだろう。雷鳴を伴わない稲妻が、マラカイボ湖のカタトゥンボ川河口に集中して頻繁に起こるのだ。カタトゥンボの稲妻は例えて言うなら、不気味なほど静かな電気の嵐が、夜になるとはっきりわかるほど強く、明るく、絶え間なく起こる。それは世界で最も大きな、ただひとつのオゾンガス発生器とも言えるだろう。

この稲妻を説明するためにさまざまな仮説が発表されてきた。その中で最も有力な説は、付近にあるアンデス山脈の5,000m級の高い山頂から下ってくる冷たい風が、マラカイボ湖から蒸発した暖かく湿った空気とぶつかることが原因であるというものだ。これが空気の粒子のイオン化を引き起こし、稲妻の原因となっている。

この地の空は平均して1年に約160日間もの夜に静かに電気が流れる。電飾は9月と11月（湿度が高いシーズン中）に最も多い傾向があり、その時は400km上空に1分間に150から200に及ぶ稲光が見られる。

カタトゥンボ国立公園へのツアーはベネズエラ西部のメリダで手配できる。ここはゆっくり時間をかけて楽しむ価値があるところだ。なぜなら街には多くの歴史的な広場や魅力的なコロニアル風の家並みや教会、緑深い公園が多く存在するからだ。

— www.mintur.gob.ve/mintur

プシュカルのラクダ見本市

INDIA インド

なぜ今？	ラクダを買うために
どこで？	ラジャスタン州プシュカル
時期は？	プールニマー（満月）の日に同時に開かれる（2015年は11月25日）。通例10月か11月

25 NOV

　5万頭のラクダと20万人の人々を引きつける「プシュカルのラクダ見本市」は、表面上はラジャスタン州の農場経営者たちがラクダや牛、馬を売買するために集まる機会だ。けれども取引のほとんどは見本市の準備期間中に終わっている。祭りが正式に開始するとラクダは中央舞台で行われる口ひげコンテストとスポーツイベントのために外へ連れ出される。

　祭りの正式な7日間の期間中に、イベントの日程が組まれており、その多くが祭りのグランドで開催される。綱引きやカバディの試合、ターバン巻きコンテストに思いをめぐらしてみよう。もし人々よりラクダを見たいと思ったら、断然祭りの前に訪れよう。取引は開始日が決まっていない。けれどもラクダの乗り手たちはたいてい祝祭の行事が始まる1週間前には到着している。

— www.rajasthantourism.gov.in

何百万匹ものカニにびっくり

AUSTRALIA オーストラリア

なぜ今？	1億2,000万匹の深紅色の甲殻類が年に一度の大移動を開始
どこで？	クリスマス島
時期は？	11月中旬から12月中旬

26 NOV

　クリスマス島の1億2,000万匹の赤いカニの大移動は、自然界の最も風変わりな出来事のひとつだ。ここは降雨量が多く、湿度が高いため、このカニたちは一年中この島に住むことができるが、繁殖のときには水の中に戻らなければならない。そのため年に一度カニたちは森の巣を出て海に向かう。それは危険な旅で、100万匹以上のカニたちが道の途中で暑さや脱水、自動車によって命を落とす。実際、カニはドライバーたちにも危険を引き起こすため、カニの移動に関する短いニュースが日々流れる。

　カニたちは海岸で交尾し、その後巣穴に隠れて、満潮の夜に卵を産み落とすために海へ突進する。この活動は11月中旬から12月中旬に行われる。

— www.christmas.net.au

左：カタトゥンボ川河口から見た稲妻。

下：プシュカルのラクダ見本市で最高の姿を見せるラクダたち。

ペンギンの
ごく近くまで巡航する

SOUTH GEORGIA サウスジョージア島

なぜ今？ 地球で最も素晴らしい野生生物の集団の
ひとつが群れ始める
どこで？ 南大西洋
時期は？ 11月下旬から2月

27 NOV

南アメリカの南端から2,150km離れて、南大西洋にポンと置かれたサウスジョージア島は世界で最も孤独な出先機関のひとつだ。激しい亜南極地域の嵐に揺さぶられ、波立つ海にたたかれて、起伏の多いこの島は訪れるのが困難で、ほとんど旅行者がいない。幸運なことに専門家の巡航船は立ち寄るのだが。

サウスジョージアは栄養物が豊富に湧昇する南極収束線の端に位置するため、海鳥や海棲哺乳類が繁殖する主要地点となっている。ここには40万匹のキングペンギンが巣を作り、300万匹から500万匹のマカロニペンギンが生息する。さらに、莫大な数のほかの海鳥や30万匹のミナミゾウアザラシ、300万匹のナンキョクオットセイが暮らし、世界中で最も野生生物が集中している場所と言えるかもしれない。

正真正銘の2種の主役はキングペンギン（すべてのペンギンの中で2番目に大きい種）と歩き回るアホウドリだ。11月中旬以降にこの地に巣を作る。これらの莫大な数の鳥たちの半数を占め、手の込んだ求愛を示すために飛来する。

— www.sgisland.gs

カリブ海の晴天を歓迎する

CARIBBEAN カリブ海

なぜ今？	ハリケーンシーズンは実はもう1年先まで終わっている
どこで？	地域全体
時期は？	11月下旬

28 NOV

カリブ海は天国だ。ある警告を伴うが。美しい砂浜と透明で澄んだ水、リラックスできて勉強なんて忘れてしまいたいほどの牧歌的な地域だが、問題をただひとつ抱えている。天気が少々心配なのだ。6月1日から11月30日までの期間は公式にはハリケーンシーズンで、非情な嵐が島々を襲うかもしれないのだ。おそらく雨はもっと降るだろう。ありがたいことに11月の終わりには気候がよくなり始め、湿気もなくなって落ち着くので、訪れるには理想的な時期となる。ピークシーズンの12月中旬から2月にかけて、たくさんの観光客たちが来たことはまだないが、ラム酒のカクテルは気前よく振る舞われ、空はたぶん晴れて日が照るだろう。ああ、天国に戻ったのだ！

— www.caribbeantravel.com

左：サウスジョージアのキングペンギンの雛たちが集まる保育所。

下：タイ北部の民族衣装。

タイの部族の丘へトレッキング

THAILAND タイ

なぜ今？	天気はさわやかで雨はわずかまったく降らず、野の花が咲いている
どこで？	チェンマイとチェンライ周辺
時期は？	11月から2月

29 NOV

タイ北部の丘は、風景が壮観なだけでない。伝統的な地域社会が勢ぞろいした場所であり、そこへの滞在はハイキングの質を向上させるだろう。ハイキング旅行は責任を持って行う必要があるが、こうした人里離れた村々をのぞき見るのは落ち着かない気分になるだろう。地元のしっかりとしたツアー業者は、ここでは慎重に歩く必要があることを意識しており、特定の地域では観光客の人数を制限して、部族に恩恵をもたらすように注意している。

トレッキングの主な中心地は、チェンマイとチェンライだ。ガイドは必ずしも必要ではないが、より深い見識を与えてくれる。旅の途中に試しにホームステイを手配してみよう。

— www.tourismthailand.org

ザンベジ川でラフティング

ZAMBIA ザンビア

なぜ今？	ザンベジ川の急流は最高の状態
どこで？	ビクトリアの滝
時期は？	8月中旬から12月

30 NOV

ビクトリアの滝の雷鳴のように響く水の幕は自然界の偉観だ。平均55万m³もの水が、この幅1.7kmの絶壁を流れて狭いバトカ峡谷へと、毎分100mで急落している。

ビクトリアの滝はアフリカでの冒険の中心地だ。膨大な数のアクティビティが揃っており、そこには世界最高のホワイトウォーターラフティング（急流を下るラフティング）も含まれている。ビクトリアの滝の下を流れるザンベジ川はグレード5の急流が地球上で最も集中している場所と言われている。低水位の激流が約22kmに渡って8月中旬から12月下旬にかけて管理されて流れている。グレード6の9番目の急流は、すべてのオペレーターが歩いて回避しているのだが、そこは大量生産の自殺というあだ名がつけられている。

— www.zambiatourism.com

トーレス・デル・パイネで ハイキング

CHILE チリ

なぜ今？	夏のショルダーシーズンの12月は トレッキングにもっとも適した時期のひとつ
どこで？	パタゴニア、トーレス・デル・パイネ
時期は？	12月

01 DEC

パタゴニアの大草原に2,000m以上の高さでそびえ立つトーレス・デル・パイネ（パイネの塔）。おそらく南アメリカでもっとも立派な国立公園の風景を見下ろす、壮観な花崗岩の支柱である。181km²のトーレス・デル・パイネ国立公園は（右ページ写真）、ハイカーたちにとって、トレイルが網目状によく発達し、効果的な場所にレフジオ（山小屋）やキャンプ場がある夢のような場所だ。

ほとんどのトレッカーたちにとって問題なのは、1周するべきかW字形に歩くかということである。1周するには約8日間かかり、入ったり出たりするルートの形から名づけられたWトレックを歩くには、約5日間かかる。大半のハイカーたちはどちらのルートでもアマルガ湖からスタートするが、Wトレックを行くハイカーたちはトーレス・デル・パイネのすぐ下にある壮観なトーレス・デル・パイネ展望台に登る。棚状の氷河に取り囲まれた壮大な柱とともに、ここはパタゴニアで最高の風景のひとつである。Wトレックはロス・ケルノスとペホー湖を経由してグレイ湖に向かう。ここでは厚さ200mのグレイ氷河の突端がぐらついて、凍った水の中へ絶えず崩れ落ちている。なかには家ほどの大きさもある氷の塊まである。完全に1周する場合は、Wトレックに加えてさらに遠方の連峰の裏側に向かう。

— www.torresdelpaine.com

245

December 12月

海の殺し屋シャチを畏れよ

NORWAY ノルウェー

なぜ今？ ニシンが集まり、飢えたシャチも集まる
どこで？ 北極圏内のノルウェー、ベステローレン
時期は？ 11月から2月

02 DEC

10月下旬になると、北極圏北部のノルウェーのノードランドに移動中のニシンが到着する。そしてニシンの後には、飢えたシャチが何百匹もやって来る。この殺し屋たちはこの冷たい海の中で獲物に忍び寄り、フィヨルドの間を注意深く進み、ニシンを追いかけながら何カ月も過ごす。彼らは餌をかたまりにして捕食する方法で狩りを行う。銀色の魚をひとところに集めて、尾でびしゃりと打って、気絶した魚の群れに噛みつくのだ。

シャチがニシンを追いかけるのと同様に、野生生物の観察者たちはシャチを追いかける。ここはなめらかな黒と白の哺乳類を見るには最良の場所だ。シャチを観察するには、屈強なホエールウォッチング用のトロール船に留まるか、水面の高さで見たければ、船から降りて小さなゾディアック（堅い空気で膨らますボート）に乗ることができる。

ベステローレン諸島の北端にあるアンデネスはシャチを見るのに最良の場所だ。さらによいのは、ここでのボートサファリではナガスクジラやザトウクジラも目撃できるかもしれないのだ。

— www.visitvesteralen.com; www.whalesafari.no

「秩父夜祭」で山車に感動する

JAPAN 日本

なぜ今？	「秩父夜祭」で巨大な曳山（山車）が坂を引き上げられるのを見る
どこで？	本州、埼玉県秩父
時期は？	12月2日から3日

03 DEC

さて、これは寒い冬の夜の雰囲気を明るくする方法だ。歴史上重要な「秩父夜祭」は公式には日本三大曳山祭のひとつであり、素晴らしい花綱飾りを施された2基の笠鉾（巨大なパラソルのようなもの）と4基の屋台（家の形をした山車）が暗い町の通りを行進する様子が見られる。特に12月3日の夜の活動がエキサイティングだ。その夜は壮大な山車（20tもの重さがある）が急な坂を引き上げられ、太鼓や横笛が鳴り響き、観衆が騒々しく喝采をあげる。一連の花火が同時に打ち上がり、冷たく真っ黒な空に光り輝く照明をもたらす。

— www.jnto.go.jp

左：殺し屋クジラとも呼ばれるシャチが、ノルウェーのフィヨルドでスパイのようにひょいと顔を出す。

下：「秩父夜祭」の間、ぼんぼりで飾られた巨大な2基の屋台が祭の山車として曳かれる。

ローランドゴリラの足跡を追う

CONGO コンゴ

なぜ今？	観光客がめったに訪れないこの聖域で短い乾季が始まる
どこで？	ヌアバレ・ンドキ国立公園
時期は？	12月から2月

04 DEC

謎に覆われ政情が不安定なため、コンゴ盆地では観光客はわずかしか見られない。今のところコンゴと中央アフリカ共和国の国境の広大な地帯は、アフリカ全体の中でも特に野生生物を見られる主要な地区のひとつだ。

コンゴのヌアバレ・ンドキ国立公園はもっとも訪問が容易な場所で、多くのローランドゴリラとマルミミゾウがここで暮らしている。2001年から野生生物保護協会とコンゴ政府が、野生生物保護と旅行者の基幹施設の建設という重要な仕事を成し遂げてきた。トレイルと展望台、良質な宿が今ではベリ・バイの森林開拓地で利用でき、そこには180頭に及ぶ人に慣れたローランドゴリラが集まってくる。

— www.wcscongo.org

スイスでサンタを打ちのめす

SWITZERLAND スイス

なぜ今？	スイスの群衆がサンタクロースをムチ打ち、追いかける様子を見る
どこで？	ルツェルン湖畔キュスナハト
時期は？	12月5日

05 DEC

「聖ニコラウスの日」の前夜に、キュスナハトの人々は風変わりなパレードのためにムチとカウベルを引っ張り出す。悪霊がカウベルで追い払われた中世の時代から続くこの儀式は、あまりに騒々しくなったため18世紀に禁止された。異教徒と思われないように聖ニコラウス（サンタクロースと同義）が登場するようになり、儀式は「クラウスヤーゲン」として復活。

パレードはゼーボーデン通りから始まり、ムチの音が先導する。その後ろに、イッフェレ（紙でできた司教の帽子）をかぶり、中に入れたろうそくで照らされた男たちが続く。聖ニコラウスは次に続き、カウベルをカランカランと鳴らす500もの人々の集団に追われる。クリスマスの贈り物には耳栓が欲しいとサンタも音をあげる騒々しさだ。

— www.klausjagen.ch

サンダーバンズを巡遊する

INDIA インド

なぜ今？ トラを見る確率がもっとも高く、天気はより涼しく、乾燥している
どこで？ 西ベンガル州サンダーバンズ・トラ保護区
時期は？ 10月から2月

06 DEC

木々が青々と茂った広大なサンダーバンズ・トラ保護区は、世界最大の河口の三角州にある森。このガンジス川流域の西ベンガルの大部分はマングローブと塩分を含んだ泥の湿地で覆われており、54のごく小さい島々が点在し、無数の小川が網目のように流れている。そこはまた、この惑星で最も多くの個体数のトラの生息地のひとつでもある。

ロイヤルベンガルトラ（およそ250頭）は見通しのきかないマングローブの森を歩き回り、水路で泳ぐこともある。彼らは人を喰うことで知られるが、一般的には臆病である。トラを目撃することは例外的であり、日常ではない。けれどもここにはそのほかの野生生物が多数生息している。木々の間にいるアクシスジカやアカゲザル、泥の川岸に潜むワニやたくさんの魚、カニ、鳥を探してみよう。

— www.wbtourism.gov.in

「ろうそくの日」に夜を照らそう

COLOMBIA コロンビア

なぜ今？ 「ディア・デ・ラス・ベリタス（ろうそくの日）」に閃光を発する
どこで？ ヴィラ・デ・レイバ
時期は？ 12月7日

07 DEC

コロンビア風のクリスマスに立ち寄ってみよう。「無原罪の御宿り」の祝日（12月8日の国の祝日）の前夜、国中の人々が聖マリアをほめたたえ、大量のろうそくや紙製のちょうちんに火を灯す。ろうそくやちょうちんは、家の中や彫像の上、公園や公共の広場、家族の墓など至るところに置かれる。それは宗教的な儀式であり、祭りのシーズンが公式に今まさに始まろうとしているという合図でもある。

「ディア・デ・ラス・ベリタス」は国中で見られるが、参加するのに適した場所はボヤカ県のヴィラ・デ・レイバだ。きれいなコロニアル風の村が3日間の祭りの間行事に専念し、行列やクリスマスの聖歌隊、花火やちらちら揺れる光が見られる。それは神秘的な光景だ。

— www.colombia.travel

右：南極大陸のパラダイスベイでペッツバール氷河のそばを巡航。

下：サンダーバンズのマングローブではシカはトラの餌になる。

白い大陸を
航行する

ANTARCTICA 南極大陸

なぜ今？	毎日20時間も昼間が続き、孵化したばかりのペンギンが見られる
どこで？	南極半島
時期は？	12月

08 DEC

地球上でもっとも孤立した大陸である南極大陸へは、長時間かかり、たいていは心地よく感じられない船旅か、高価な飛行機の旅のいずれによってしか到達できない。天候と氷の状態がスケジュールを決め、旅行計画は大陸の移り変わる気分に左右される。けれどもそこで見られるものは、雪と氷、岩で覆われ、野生生物であふれる壮大な荒野である。

南極大陸を訪れる最適な方法は、遠征隊の船に乗ることだ。もっとも人気のある旅行は南極半島の調査を必ず含んでおり、そこは大陸の中でも特に豊かな海鳥やアザラシ、ペンギンの繁殖地のひとつである。旅行は南アメリカのフエゴ島のウシュアイアから出発する。最初の上陸地はおそらくサウスシェトランド諸島のひとつだ。そこは南極半島の北端にある一連の小島で、壮大な風景と豊富な野生生物が見られる。

南極半島で上陸に適した地は、ポートロックロイにある前イギリス基地か、氷河がしばしば雷鳴のような轟音を上げながら氷塊を落とすネコハーバーか、アメリカのパーマー基地か、雄大な氷山と水に映った像によって世界でもっとも適切な名前をつけられた場所と評されるパラダイスハーバーだろう。

南極の旅行シーズンは約4カ月と短いが、どの月も独自のハイライトを提供している。12月に訪れると南の夏の最中で、ペンギンが卵をかえして雛にエサをやっているところが見られ、1日に20時間も日光を浴びることができる。

— www.bas.ac.uk

ツバメが飛び交う
イグアスの滝で濡れる

ARGENTINA アルゼンチン

なぜ今？	この時期は雨季。でもだからこそ滝の水量が最大で、最も印象的
どこで？	イグアス国立公園
時期は？	12月から2月

09 DEC

イグアスとは現地のグワラニ語で「大きな水」を意味する。これは額面どおりの表現だ。イグアスの滝は世界で最も壮観な滝だ。アルゼンチンとブラジルの国境に位置し（パラグアイも近い）、イグアス川は川幅を広げながら南北に曲がりくねった後、巨大なU字型で高さ80mの堅い玄武岩の注ぎ口を越えて急落する。

この地点で川幅は1,500mあり、水面の高さにもよるが、あちらこちらに160から260の独立した滝を形成し、周囲には轟音を立てる巨大な霧のつぼと虹、熱帯雨林が見られる。雨季の期間（12月から2月）に訪れれば、濡れるかもしれないが、滝が最大水量で流れているのを見られるだろう。

この場所のとても魅力的な景色は、大量のオオムジアマツバメによって強調されている。途方もないエネルギーと運動選手のような優美さで、何百羽ものツバメが群れとなって、勢いよくふき出る泡と霧の煙の間を、恐れを知らぬかのように弧を描き、旋回する。ツバメたちを見るのに最もよい時間帯は夕暮れで、ツバメたちがアルゼンチンとブラジルを跨るイグアス国立公園により保護された2,200km²の熱帯雨林を越えて、日々の餌探しの移動から戻るころだ。ツバメたちの目的は、滝のベールの背後にある捕食動物に襲われる危険のない寝ぐらにつくことだ。彼らが滝を横切り、水の背後に消えるのを観察しよう。

— www.iguazuargentina.com

RIGHT: MICHAEL RUNKEL – GETTY IMAGES

レバノン杉の森で朝スキー

LEBANON レバノン

なぜ今？	ベツレヘムにもっとも近い雪の地でスキーを滑ってお祭り気分
どこで？	レバノン杉スキー場
時期は？	12月から4月

10 DEC

レバノン人は、朝にスキーができて午後には地中海で泳ぐことができる唯一の国だと自国を自慢するのを好む。その可能性は魅惑的だ。

レバノンでもっとも高所にあり、もっとも古いスキー場レバノン杉は、地中海沿岸から30km未満、ベイルートから130kmの場所にある。人々はここで1920年代からスキーを滑ってきた。この地の最初のスキーリフトは1953年にできた。ここにはレベルに応じたコースがあり、滑走コースから外れる機会も同様に数多くある。

コースは2,000mを越える地点から始まり、スキーシーズンは通例、この国のほかの観光地より早い12月上旬（ときには11月）に始まる。雪質がよいため、4月まで滑ることができる。

— www.skiinglebanon.com

「エスカラード」でチョコレートを食べる

SWITZERLAND スイス

なぜ今？	この祭りでは大破した大量のスイスチョコレートを食べることが積極的に奨励される
どこで？	ジュネーブ
時期は？	12月11日

11 DEC

クリスマス前にチョコレートを食べる口実が必要？この街でもっとも大きな祭り、「エスカラード」では、1602年12月11日にサヴォア公爵の襲撃をジュネーブ市民が打破したことを記念して、マジパンで出来た野菜を詰めたチョコレート製の鍋を粉々にして、それを集めてむさぼり食う儀式が行われている。ある言い伝えでは、大鍋で騎兵を強打した主婦によって敵軍が追い払われ、その後警報が鳴ったという。

祭りでは松明の光で照らされたパレードも行われ、8kmのエスカレードのコースが古い街をめぐり、装飾的なドレスをきた人々も同様に行進する。実のところ、ジュネーブの12月の夜は気温が平均0℃と低く、可能ならもっとも毛皮で覆われた衣装を着たいと思うだろう。

— www.compagniede1602.ch

右：チチカステナンゴのコロンブス以前のポールダンス。

下：トルコのコンヤで修道僧たちが旋回する。

修道僧たちと旋回する

TURKEY トルコ

なぜ今？	「メヴラーナの祭り」でスーフィの秘教の旋回舞踏を鑑賞する
どこで？	中央アナトリア地方コンヤ
時期は？	12月10日から17日

12 DEC

イスラム教の世界では、13世紀のスーフィ教の詩人、ジェラール・ルーミー、別名メヴラーナ（我が師）は聖人同然とみなされている。彼は世界でもっとも偉大な神秘主義の哲学者のひとりで、神との一体化は踊りによって成し得ると信じた。メヴラーナの死後、彼の後継者たちはメヴレヴィー教団を設立した。つまり、主要な礼拝のセマー（儀式）のひとつとして、修行僧たちが踊り、旋回するのだ。

「旋回する修行僧たちの祭り」は、1273年12月17日のメヴラーナの死を追悼している。祭りでは、修行僧たちは有名な旋回を滑らかに純粋に優雅に恍惚状態で行う。彼らのゆったりとしたスカートは広がって、彼らの精神は神と一体化する。

— mevlana.net

「サント・トマスの祭り」で盛り上がる

GUATEMALA グアテマラ

なぜ今？ 定期市と花火を楽しみ、飛ぶように動く棒の上で危険を冒して手足を動かす人々を見物する

どこで？ チチカステナンゴ

時期は？ 12月13日から21日

13 DEC

高原の町チチカステナンゴ（チチ）では守護聖人を死をものともしない方法でほめたたえる。一週間の間、祝いの行事は典型的な祭りのイベントであるパレードや伝統的な踊り、花火に限定されるが、12月21日（「サント・トマスの日」）には物事が文字通り上向く。この日、高さ30mの木の棒がサント・トマス教会のそばの広場に建てられ、パロ・ボラドール（飛ぶ棒）の踊りが始まる。

それぞれの棒の先端から2本のロープがぶら下がり、パロ・ボラドールの踊り手たちがふたりひと組で登る。木のはしごを使って棒を登り、自分たちの体にロープを巻きつける。それから速いスピードで棒の周りを旋回しながら跳ぶ。ロープは踊り手たちが動くにつれてほどかれて、彼らを地面へと下ろす。ロープを手に巻き付ける者もいれば、足首に結ぶ者もいる。それは忠実な信者たちのためのバンジージャンプのようだ。

チチでは宿の選択が少ないため、行事の期間中滞在したいと思うなら数日前に到着しよう。もしそれに失敗した場合、バスで約1時間半のところに人気の都市パナハッチェルがある。

— www.visitguatemala.com

ナイル川の源流で
ラフティング

UGANDA ウガンダ

なぜ今？ ラフティングは一年中楽しめるが、ウガンダがより乾燥しているこの月がお勧め
どこで？ ジンジャ
時期は？ 12月

14 DEC

ナイル川の源流については長い間議論されてきた。何世紀もの間、多くの者たちがアフリカの広大な川の始まりを探しに出かけた。今ではこの問題に決着がついている。

ナイル川はウガンダのジンジャ近くのリポン滝のあるビクトリア湖から始まる。そう信じられるようになったことで、この町は世界で最高のホワイトウォーターラフティング（急流を下るラフティング）の目的地のひとつとなった。この場所に来れば、アフリカのサファリでたいてい探れる「ビッグファイブ」の動物たちではなく、ナイル川の水源のグレード5の急流である「ビッグフォー」に挑むことができる。

ラフティング旅行はジンジャの外で運営されており、そこはウガンダの首都カンパラからバスで約1時間半のところにある。ホワイトウォーターのメニューは増え続け、ジンジャをアフリカの冒険の目的地のひとつとして著しく発展させた。勇敢な心の持ち主は、ブギーボードのみを備えてナイル川を渡るリバーボートに挑戦できる。または、ちょっとした指導の後にホワイトウォーターにカヤックで挑むこともできる。少々勇気に欠ける者は、自分でカヤックを操縦する代わりにタンデムカヤックに乗ることもできる。あるいは単に、高さ44mのナイルハイバンジーから水中に飛び込むこともできる。

— www.visituganda.com

ゾウアザラシたちの闘いを見物

USA アメリカ

なぜ今？ ゾウアザラシのオスたちの支配権を求めた闘いを、ガイドツアーで見ることができる
どこで？ カリフォルニア、アニョ・ヌエボ州立保護区
時期は？ 12月15日から3月31日

15 DEC

12月中旬から2,700kgのオスのゾウアザラシたちがアニョ・ヌエボの砂浜に上がり、動物の王国である種最も獰猛な闘いを始める。立ち上がると3mある体で、彼らは危険な犬歯と怒りに満ちた強打を使って、互いに切りつけあう。闘いは45分間にも及ぶこともあり、闘士たちがほとんど動けなくなるまで続く。このすべての努力に対する褒美はコロニー内での支配者の地位であり、12月下旬から浜に上がるメスたちのハーレムに出入りする権利である。

約5,000匹のゾウアザラシたちが、大陸では世界でもっとも大きな繁殖コロニーであるアニョ・ヌエボの砂浜に上陸する。彼らを見ることができるガイドウォークは、12月15日から3月31日まで開催している。

— www.parks.ca.gov/?page_id=523

聖ラザロを見るために這い進む

CUBA キューバ

なぜ今？ 天気がよいときに聖堂に巡礼しよう
どこで？ エル・リンコン、聖ラザロ聖堂
時期は？ 12月16日

16 DEC

巡礼をするなら、膝を血だらけにしてハバナに近いエル・リンコンに向かってまっすぐ進み、5万人にのぼる忠実な信者たちが、崇拝している聖ラザロの聖堂に下っていくのを見る（あるいはともに下る）価値はある。ラザロは、ハンセン病患者やより貧しい者たちに奉仕したことで知られる聖人である。聖ラザロの行進は、かつてカストロ支配下のキューバで禁止されたが、1961年に再び政府によって許可された。

聖堂へ近づくのに骨が折れるほど、想定上の褒美は大きくなる。巡礼者たちは血だらけの膝で這い進み、あるいは裸足で歩いたり、ひれ伏しながら体を引きずっていく。すべてがよい行為の名のもとで行われる。巡礼のルート沿いには、松葉杖をつき、傷口を犬になめられる姿で描かれた聖ラザロに供物が捧げられている。

— www.gocuba.ca

左：ウガンダ、ジンジャ北部のブジュガリの滝に向かってナイルの急流を流れる。

下：カリフォルニアのアニョ・ヌエボ州立保護区でキタゾウアザラシのオスたちが徹底的に闘う。

フォンテーヌブローの巨石でボルタリング

FRANCE フランス

なぜ今？ フランスの冬に砂岩は最高の状態になる
どこで？ フォンテーヌブロー
時期は？ 12月

17 DEC

パリの南東67kmのフォンテーヌブローにあるかつての王家の優雅な邸宅を通り過ぎると、森で行われているそれとは対極にある勇敢なボルダリングの世界に気づくだろう。ボルダラー（地面の近くからロープなしで登る人）たちにとってここは神秘の森であり、岩のおかげで木々は彼らの目に入っていないだろう。

フォンテーヌブローはその多様なルートとサーキットの集まりによって高く評価されている。サーキットではひとつのルートのなかで課題が互いに組み合わされている。サーキットは75にも及ぶ課題があるのが特徴のようだ。あるサーキットは10kmにわたる。それぞれのサーキットがその難易度に応じて色分けされており、黄色がもっとも容易で、黒がもっとも難易度が高くて腱が裂けそうになる。

— www.bleau.info

雪猿に
優しく話しかける

JAPAN 日本

なぜ今？	雪の降る冬の日に温泉につかるサルが見られる
どこで？	本州、長野県地獄谷野猿公苑
時期は？	12月から2月

18 DEC

　関東の北西の険しい山々の間にはスキーリゾートと火山があるが、別の自然の魅力も隠されている。地獄谷野猿公苑（地獄谷のサルの公園）の雪猿だ。この日本のマカク属ははるか北方の、人類以外の霊長類のどの種よりもはるかに寒いところにも住んでいる。北日本の寒冷な冬の間、このサルたちは木の皮や木の芽といった貧弱な常食で生き延び、暖を取ろうと奮闘する。

　けれども雪猿たちは、新しい着想を得る神秘的な能力を持っている。有名な「100番目のサル」という物語は、新しい着想は多数の人間に届くやいなや自然に広まるという意味である。実際、1匹の猿が自分のエサを海で洗い始めたところ、数世代の間にすべてのサルたちが同じことをするようになったという観察結果も残されている。

　これと同様の習性が、1963年に1匹の雪猿が湯けむりの立つ長野のある温泉に勇敢にも飛び込んだ。厳しい寒さの日に、この50℃の湯は天国のように感じられたに違いない。なぜならこの温泉に漬かるという習性は地獄谷に住む270匹すべてのサルたちにすぐに広まったからだ。

　この温泉は湯田中の外側に集まっている。湯田中には古くからの建造物と丸石で舗装された道があり、19の温泉と民宿がある。

— www.jigokudani-yaenkoen.co.jp

クリスマスの店

GERMANY ドイツ

なぜ今? この国で最も伝統的なクリスマスに、ニュルンベルグのマーケットを楽しむ
どこで? バイエルン州ニュルンベルク、ハウプトマルクト
時期は? 12月24日までの降臨節の日曜日の前の金曜日

19 DEC

12月はドイツでは買い物を楽しむ季節だ。月間を通して国中でクリスマスマーケットが開かれるが、もっとも有名なのがニュルンベルクのマーケット。そこでは市の中央広場が約200の露店で埋めつくされる。クリスマスマーケットでは金色のガウンを来た「クリスマスの天使」が次の序文を読むことで始まる。「幼児キリストによって、このマーケットを見るべくすべての人々を招待することを喜びなさい。訪れた人は誰でも歓迎されます」

最初のクリスマスマーケットがハウプトマルクトで開かれたのは16世紀だと考えられている。19世紀に人気が衰えた後、1930年代にナチスによって復活させられた。

この町は「木と布でできた小さな町」として知られ、マーケットはクリスマスの買い物上手にとって、何でも揃う総合店舗だ。つまり、ツリーの飾り、キリスト生誕の図、ろうそく、おもちゃ、ジンジャーブレッド、フルーツケーキ、クリスマス用の豚肉ソーセージなどが売られている。クリストキンドルマルクトに特有のものとして、ニュルンベルガー・ツヴェッチゲンメンレ（ニュルンベルクのプラム人形）をいくつか買ってみよう。ドライフルーツでできた小さな人形で、クリスマスランチの気分を盛り上げるには理想的だ。

— www.christkindlesmarkt.de

朝、鳥とともに目覚める

PANAMA パナマ

なぜ今？	渡り鳥との最良の付き合いを楽しめる
どこで？	ソベラニア国立公園、キャノピータワー
時期は？	12月

20 DEC　目を覚ますと、林冠の高さにいる鳥たちがベッドルームの窓のすぐ外でけたたましく鳴いているのを想像してみよう。鳥の居場所としては世界で最も記憶に残る場所のひとつであるソベラニア国立公園のキャノピータワーの朝の光景だ。放置されていた風変わりなレーダー塔を改築したこのホテルは、ほかの方法ではとても観察できない何百羽もの鳥たちがいる場所へと宿泊客を案内してくれる。

さらに多くの種を見たいと熱望するなら、打ってつけのこの国に、一年で最適な時期に来ればいい。20年の間、パナマはクリスマス・バード・カウントで最高の数を記録し、世界をリードしてきた。24時間の間に約350種の目撃情報を知らせてきたのだ。

— www.canopytower.com

左：ニュルンベルクのクリスマスマーケットではジンジャーブレッドが大好きになるだろう。

下：コトパクシ山でクレバスを迂回する。

楽園でマンタとダイビング

MICRONESIA ミクロネシア

なぜ今？	太平洋の天国でマンタと泳ぐ
どこで？	ヤップ島ミルチャネル、マンタリッジ
時期は？	12月から2月

21 DEC　ミクロネシアの2,000の島々の全域はとても小さい。多くの世界地図では島々を点で描くことさえしていない。しかしこの27℃の透明な水には、珊瑚と熱帯の魚がたくさんいるため、これらの島々はすべてのダイバー用の地図に掲載されている。

ヤップ島を選んで見てみよう。そこには素晴らしい珊瑚と垂直の壁、海の洞窟、深水部の水流、メジロザメとオニカマスの群れ、ウミガメや難破船があり、ダイビングに適している。けれどもこの海の大きな魅力はマンタだ。12月から2月にかけて、マンタの群れがミルチャネルをゆったりと泳ぐ。このおとなしい生き物は体の幅が3.6mにもおよび、ダイバーが岩棚にしがみつくとそばを泳いで通過する。マンタはしばしばひれの先でダイバーをかすめるくらい近づいてくる。

— www.visit-micronesia.fm

名峰コトパクシ山に登る

ECUADOR エクアドル

なぜ今？	登山の条件は最高。この時期はもっとも乾燥し、風がもっとも少ない
どこで？	火山大通り、コトパクシ山
時期は？	12月から2月

22 DEC　左右対称の円錐形であるコトパクシ火山（5,897m）はエクアドルで二番目に高い峰だ。この山はキトに近く（55km）、その見事な姿から登山も人気がある。登山の基準からすると、登頂に専門技術は必要ないが、ルートにはクレバスがあるため、氷河を渡る技術が不可欠な場所である。

登頂は夜12時の直後に山の北側斜面のレフジオ（山小屋）から開始する。雲がかかる前の早い時間に登頂し、雪が柔らかくなる前に下山するのが適切だ。山頂に到達するのに5時間から7時間かかり、下山には3時間かかる。山頂からの眺めには、エクアドルの最高峰チンボラソ（6,310m）も含まれる。

— www.ecuador.travel

「サハラフェスティバル」に参加する

TUNISIA チュニジア

なぜ今？ ラクダレースを楽しむためにサハラ砂漠の端のベドウィンのテントで寝る
どこで？ ドゥーズ
時期は？ 12月23日から27日

23 DEC

キリスト教の世界がクリスマスに夢中になっている間、サハラ砂漠の遊牧民たちはチュニジアの砂漠への通路であるドゥーズに集まる。自分たちの文化の祭典のためだ。砂の町はサルーキ犬とともにウサギを狩るラクダのレースや、アラビア馬に乗った騎手たちが上手に駆けたり、回ったり、止まったり、ライフル銃で撃つという空想のような軍隊の実演を主催したりする。

北アフリカを横断して来た5万人に及ぶ観光客たちは、町はずれにテントを張る。夜にはチュニジア人やアルジェリア人、パレスチナ人たちの一団によって、ダンスや詩の朗読が行われる。ベルベル人の結婚市として始まったため、祭典では公的な結婚式も呼び物としている。食べ物の観点からは、風変わりなラクダのタジン鍋とこの年にドゥーズで収穫されたチュニジアで最良のナツメヤシが期待できる。

— www.cometotunisia.co.uk

右：フィンランドのラップランドのロバニエミのファザークリスマス、別名サンタクロース。

下：チュニジアの南西、ドゥーズのサハラ国際フェスティバルの騎手たち。

教皇庁で真夜中の群衆に加わる

VATICAN バチカン

なぜ今？ クリスマスイブを究極に祝福するため、ローマ教皇に会う
どこで？ バチカン、サン・ピエトロ大聖堂
時期は？ 12月24日

24 DEC

金ぴかで食べ過ぎで猛威をふるう消費主義が蔓延するなか、クリスマスの本当の根源を見失うことはたやすい。そうならないために、クリスマスイブを教皇とともに過ごしてみよう。毎年、カトリック界のまばゆく輝く支柱であるバチカン市のサン・ピエトロ大聖堂で、教皇庁が真夜中の群衆を接待する。

誰でも参列でき、無料であるが、収容能力には限界がある（この洞窟のような教会は約1万5,000人収容できる）。チケットを確保する機会を得るためには、数カ月前にファックスで申し込む必要がある。

滞在中にローマのそのほかの地域でお祭り気分を楽しもう。ナヴォーナ広場のクリスマスマーケットを訪れ、町中で見られるプレゼピオ（キリスト降誕場面）を探し、ローストした胡桃の香りを嗅いでみよう。

— www.papalaudience.org

ラップランドで
サンタに会う

FINLAND フィンランド

なぜ今？ キッチュなクリスマスの祝祭を
サンタクロースの裏庭で楽しもう
どこで？ ラップランド、ロバニエミ
時期は？ 12月

25 DEC

北極圏にまたがるフィンランドの都市、ロバニエミは、自称サンタクロースの故郷だ。ここにはサンタクロース・ツーリストセンターや遊園地のサンタパーク、サンタクロース村（サンタパークとサンタクロース村の間はトナカイのそりで移動）、サンタクロース補佐官の養成学校がある。それに加えて、ロバニエミの空港は国際民間航空機関によって、サンタの公式空港として指定されている。手短かに言えば、ここは子ども時代のクリスマスの空想のすべてが現実になる場所だ。

赤い服を着たサンタクロースの姿を堪能したあとに（5分で十分かもしれない）、ロバニエミは雪のアクティビティをたっぷり行うのにも便利な拠点だということに気づくだろう。幸運なことに、ラップランドが極地の夜に包まれるという事実は（毎日4時間前後の黄昏時を除いて）野外を楽しむことを何ら妨げない。

ロバニエミから人里離れた原野のロッジへ向かい、トナカイのそりに乗ったり、スキーやスノーシュー、アイスフィッシングをしたりできるのだ。元気いっぱいのハスキー犬チームを率いてきらめく雪原を横切る犬ぞり旅行をしたり、軽快なスノーモービルの速度を上げて、凍結した湖を越えたりすることもできる。空を見上げることを忘れないで欲しい。暗い冬の空は神秘的な北極光（オーロラ）、究極のクリスマスイルミネーションの理想的なキャンバスなのだから。

— www.rovaniemi.fi

イボイノシシの赤ちゃんを見る

KENYA ケニア

なぜ今？ イボイノシシの子どもを見るのに最良の時期で、天気も暖かく乾燥している
どこで？ アンボセリ国立公園
時期は？ 12月中旬から3月

26 DEC

イボイノシシはアフリカの平原でもっとも魅力的なキャラクターのひとつだ。彼らが子どもを連れているときに見るのが特に楽しい。母イノシシの後を頭を高く持ち上げ、たてがみを揺らし、尻尾を浮かしながら小走りでついていく赤ちゃんイノシシが一列に連なっているのを見つけられるかもしれない。

イノシシの群れ（メスとその子どもたち）は生き延びるために潜り穴に頼っている。ライオンやチーター、ハイエナに追いかけられたとき、イノシシたちはもっとも近い穴に驚くべき速さで逃走する。穴には最初に赤ちゃんイノシシたちが先頭で入り、その後母イノシシが牙でかき分けながら後ろに続く。

ケニアの公園や保護区の多くでイボイノシシのおどけたしぐさを目撃することができるだろう。けれども絵のように美しいキリマンジャロ山を背景にしたアンボセリでイノシシたちを見るのはどうだろう。この公園はアクセスしやすく、素晴らしい基本設備を備えている。加えて、「短い雨季」の後は緑で覆われる。短い雨季は12月中旬に終わり、暑く乾いた季節に取って代わって3月まで続く。
— www.kws.go.ke

RIGHT: GRANT DIXON – GETTY IMAGES

フランクリン川を漕ぎ進む

AUSTRALIA オーストラリア

なぜ今？ 春には雨が降り、適切な水位になる
どこで？ タスマニア、フランクリン川
時期は？ 12月から3月、旅行期間は8日間

27 DEC

ダム造成の反対運動が1980年代に成功した後、タスマニアのフランクリン川はオーストラリアの環境保護主義の代名詞となっている。今ではこの荒々しい川はラフティングの人気スポットで、タスマニア南西部の世界遺産原生地域を通過する、100km以上におよぶ探検スタイルの冒険を提供している。

ラフティング経験者はフランクリン川に単独で挑める。初心者には旅行会社がラフティングのためのパッケージを提供している。ライエル・ハイウェイの下のコリングウッド川からスタートし、サー・ジョンの滝で終わる。最大の激流は大峡谷の中にあり、そこでは長さ5kmの峡谷にコールドロンやサンダーラッシュ、チャーンのように魅惑的な名前がつけられた急流が泡立って流れている。そのほかにハイライトとして水深の深いイレナビスや聖像画のようなロックアイランド曲流とその滝がある。

フランクリン川の水位は株価のように上下し、旅行に大きな影響を与える。高水位はパドリングの作業に適している。大峡谷が危険な場所となるので注意。
— www.parks.tas.gov.au

ゾウに乗って独創的なトレッキング

CAMBODIA カンボジア

なぜ今？	湿度が低く雨も少なく、田園が涼しい
どこで？	モンドルキリ州
時期は？	12月から1月

28 DEC 東側の国境沿いに位置するモンドルキリ州はカンボジアでもっとも人がまばらに住む州である。このことはこの州をゾウトレッキングに最適な場所とするのに役立っている。

センモノロム近くのプルーン村とプータン村がトレッキングを手配しやすい場所だ。けれども本当に独創的なゾウ体験を求めるなら、センモノロムから11kmのエレファント・バレー・プロジェクトで1日過ごそう。ここではゾウ使いの技巧を学ぶことができる。ゾウたちがいる場所のそばの木々の間をハイキングし、ゾウたちが家族の集団の中で触れ合っているのを観察しよう。午後にはゾウの背に乗り、川で動物たちを洗うのを手伝おう。そしてゾウたちがその土地の生活の中で果たしている独特の役割を理解しよう。

— www.elephantvalleyproject.org

ポンコツ車でアフリカに行く

ENGLAND TO GAMBIA イングランドからガンビア

なぜ今？	中古車の大パレードが始まる
どこで？	プリマスからバンジュール
時期は？	12月下旬

29 DEC メジャーで豪華な「パリ・ダカール・ラリー」の出場に必要なお金やスピードがないのなら、代わりに「プリマス・バンジュール・ラリー」への出場を試してみよう。この毎年開催される、競争なしの格安ラリーに出場するには、車は100ポンド以下の価格でなくてはならず、その準備や修理にもわずか15ポンドしかかけてはいけない。そして、車を注意して扱いながら6つの国（イギリス、フランス、モロッコ、モーリタニア、セネガル、ガンビア）を横切り、6,000km先のバンジュールに向かうだけだ。バンジュールでは車は地元の慈善活動のためにオークションにかけられる。通例では、プリマスをクリスマス直後に出発する。完走にはおそらく3週間前後かかるが、それも故障の回数次第である。

— www.dakarchallenge.co.uk

右：大みそかにエジンバラに関する知識をアップデートする。

下：クイーンズランドの「ウッドフォード・フォーク・フェスティバル」で演奏するオーストラリアのバンド、ザ・キャット・エンパイア。

フォーク・フェスティバルに参加する

AUSTRALIA オーストラリア

なぜ今？	豪州最大のフォークの祭典が始まる
どこで？	クイーンズランド州、ウッドフォーディア
時期は？	12月27日から1月1日

30 DEC 「ウッドフォード・フォーク・フェスティバル」は新年を迎えるためのいたずらっぽい祭典だ。ブリスベンの北70kmにある田園のクイーンズランドの中に、6日間の間、つかの間のおとぎの国、ウッドフォーディアが突然現れ、2,000人を越える演奏者たちが約13万人のファンを楽しませるために450前後のイベントを開催する。都市の流行の先端を行く過激なヒッピーから一般的なたくさんの家族まで、誰もがクリスマス後のキャンプ生活を満喫できる。

そこではフォークミュージックはもちろんのこと、パフォーマンスや映画、コメディアン、アコースティックジャム、政治の議論、サーカスの芸、手工芸の講習会、深夜のキャバレーも行われている。刺激的なイベントは新年を迎える真夜中に最高潮に達する。

— www.woodfordfolkfestival.com

「ホグマニー」で歓声をあげる

SCOTLAND スコットランド

なぜ今？ スコットランドの首都ではほんの少しの間パーティーが行われている

どこで？ エジンバラ

時期は？ 12月29日から1月1日

31 DEC

スコットランド人にとって、新年はいつもクリスマスよりも大事な祝典だ。エジンバラ中を巻き込み、25万人の観光客を楽しませる巨大な大みそかの祭典「ホグマニー」を通じて、彼らはなんとかして新年がクリスマスよりも大事であることを世界にも納得させようとしてきた。

「ホグマニー」の催しは、12月29日に自由な行進とともに始まる。火を点けた松明を持った人々がロイヤルマイルに沿って進み、カールトンヒルを目指す。そこには明かりが灯された複製のバイキング船が置かれている。「前夜」の12月30日には、バグパイプが鳴り響き、さらに多くの生演奏が奏でられる。

大みそかの夜は「ホグマニー」による人々の歓声がまさに炸裂するときで、エジンバラの町の中心が巨大なストリートパーティーの会場になる。コンサートの舞台が通りに並び、オーグ・ダンスパーティーや、お城に仮設されたガーデンステージで行われる話題のコンサートのチケットを購入することができる。

元日はエジンバラの住民が最もばか騒ぎをする日だ。ホリールード公園を横切る犬ぞりレースが見られるドッグマニーをチェックして、ルーニー・ドゥックで仮装してフォース川の氷のように冷たい水に飛び込んでいる何百人もの参加者たちに加わろう。

— www.edinburghshogmanay.com

INDEX

- ウォーキングトレイル
- 河川
- 国立公園、保護区、サンクチュアリ
- バードウォッチング

ア

アーカンサス州 108
アーサー川 57
アーサーズ・パス国立公園 28
アーチーズ国立公園 221
アーロ 136
アイスクライミング・フェスティバル 41
アイススケート 36
アイスランド 61, 63, 162, 235
アイスランド語の日 235
アイルランド 127, 205
アヴィニョン演劇祭 148
アヴェンティーノ 27
アウシュビッツ・ビルケナウ 27
アオアシカツオドリ 69
アオショウビン 15
青ナイル渓谷 15
アカバ 107
アガラス岬 113
阿寒丹頂の里 22
アクス・ジャパグリ自然保護区 112
アクロポリスの丘 197
アコンカグア 38
旭岳 193
アスワン 37
アダムスピーク 28
アデア岬 35
アティアティハン 7, 20
アディスアベバ 21
アディロンダック山地 20
アテネ 197
アド・エレファント国立公園 67
アドラ 92
アナトリア 252
アナビリャーナス自然保護区 60
アニカ・ククク 91
アニョ・ヌエボ州立保護区 255
アバナシー森林保護区 80
アパラチア山脈 108
アピア 75
アプヨタカ 102
アホウドリ 69, 242
アボッツフォード・ハウス 129
アマゾン 60, 163, 182
アマルガ湖 16
アマルフィ 127
アムハラ 238, 239
アムンゼン・スコット基地 146
アメデ島 215
アメリカ 20, 29, 41, 44, 48, 52, 59, 70, 79, 84, 90, 102, 108, 123, 124, 127, 139, 142, 151, 160, 164, 168, 171, 176, 179, 185, 188, 191, 201, 221, 223, 227, 232, 255
アラスカ 41, 63, 127, 142, 227
アラスカ・ハクトウワシ・フェスティバル 227
アリ=フレイ・キャッスル・シアター 42
阿里山国家風景区 210
アリススプリングス 98, 144, 145
アリゾナ州 79, 191
アルゼンチン 16, 38, 70, 250
アルバータ州 139, 222
アルファマ 124
アルヘンティーノ湖 16
アルボルツ山脈 19, 124
アルル国際フォトフェスティバル 148
アレーナ・ディ・ベロナ 130
アングレシア 97
アンダルシア 101
アンタヤ 92
アンデス山脈 16, 38
アンナプルナ (山群) 208
アンボセリ国立公園 262
イーストサセックス州 228

イウィック 27
イエローストーン国立公園 28, 29, 83, 123
イカルイト 149
イギリス海峡 140
イギリス領ヴァージン諸島 235
イグアス国立公園 250
イグアスの滝 4, 254, 255
イグルス 138, 139
イザロ国立公園 214
イストリア 211
イスラエル 58
イスラエル・ナショナル・トレイル 58
イスラマバード 205
イタリア 39, 40, 41, 49, 78, 86, 104, 105, 124, 127, 130, 168, 182
イヌワシ 112
イパネマ海岸 100
イラン 19, 124
イリンガ 15
イル・デ・パン島 215
インカ道 109
イングランド 3, 86, 91, 94, 95, 130, 135, 140, 155, 185, 194, 228, 231, 264
インジーノ山 104
インスブルック 138, 139
インティライミ 132, 133
インド 14, 34, 119, 155, 160, 167, 234, 235, 241, 248
インドネシア 105, 122
インドノロバ保護区 167
ヴァシリキ湾 150
ヴァル・ド・アルベッテ 78
ヴァルプルギスの夜 (ヘクセンナハト) 93
ヴァレンタインデー 38, 39
ヴィーキンガ・レンネット 36
ウィーン 18, 19
ヴィクトリアの滝 243
ウィダー 15
ウィッチーズロック 45
ウィナイワイニャ 109
ウィリィ・ダリー (仲介人) 205
ウィルソン・トレイル 231
ウィルダネス・ウォーターウェイ 232
ウインドサーフィン 33, 150, 179
ウィントフック 176
ウヴレ・パスピク国立公園 189
ウェールズ 134, 167, 179, 190
ウエストコースト・トレイル 125
ウェストバージニア州 188
ヴェネツィア 40, 127
ヴェネツィア・カーニバル 6, 40
上野公園 68
ヴェレビト山脈 91
ウォータースレッジ 20
ウォルラス・アイランズ・サンクチュアリ 127
ウォルラス島 127
ウガンダ 25, 52, 254
ウシュアイア 16
ウズベキスタン 112
ウッタラーカンド州 119, 160
ウッドフォード・フォーク・フェスティバル 264
ウプサラ 36
ウフル・パーク 44
ウベア島 215
ウムランガ (リードダンス) 183
ウユニ 19
ウランゲリ島 155, 157
ウランバートル 145
ウルワツ 122
ウルホ・ケッコネン国立公園 189
雲南省 11, 44
ウンブリア州 39, 104, 105
ウンブウェ・ルート 44
エアリービーチ 183
英国 134

英雄記念日 176
エイラット山 58
英霊記念日 231
エイン・ネタフィム 58
エギュー・デュ・ミディ山 28
エクアドル 69, 163, 259
エジプト 15, 37, 235
エスカレード 252
エストニア 77, 199
エチオピア 21, 238
エディンバラ 70, 169, 265
エディンバラ・フェスティバル 169
エディンバラ・ライディング・オブ・マーチ 129
エドゥアルド・アバロア国立自然保護区 19
エトシャ国立公園 121
エバーグレーズ国立公園 232
エフカイ・ビーチ・パーク 48
エベレスト山 88, 114, 200, 208
エル・キャピタン 70
エル・ロザリオ・バタフライ・サンクチュアリ 43
エルヴィス・ウィーク 168
エルブール村 114
エルブルス山 135
エレーナ氷河 52
エンジェルフォール 166
オアハカ 174, 225
オアフ島 47
オウム 54
王立自然保護協会 83
オオカミ 28, 29, 76, 83, 210
オークランド 229
オースティン 59
オーストラリア 13, 38, 46, 56, 66, 66, 70, 80, 97, 98, 121, 144, 161, 213, 222, 241, 263, 264
オーストリア 18, 19, 138, 155, 167
オートルート (高き道) 78
オオハシ 15
オーロラ 3, 63
オカバンゴ・デルタ 191
オクトーバーフェスト 60, 202
オクラホマ州 102, 108
オケチ川 20
オスティオナル野生生物避難区 206
オタワ 149
オックスフォード 95
オッピコッピ 163
オマーン 42
オランダ 89
オランチョ 54
オリンポス 92, 173
オルデニズ 92, 217
オレゴン州 124, 179
オレゴン・デューンズ国立保養地 124

カ

カーペンタリア湾 213
ガイ・フォークス・ナイト 228
ガイアナ 27
海賊祭り 231
カイトボード 164
カイラス山 7, 188
カイロ 15, 37
カウアイ島 171
カエ・クー 150
カカドゥ国立公園 222
カザフスタン 112
華山 153
カサンカ国立公園 237
カシ 92
カシュガル 205
カジランガ国立公園 234
華人居住区 30
カスティーヨ・ピラミッド 65

- フェスティバル&イベント
- 冒険、アクティビティ、スポーツ
- 山
- ワイルドライフ・ウォッチング

カセッセ 52
カタトゥンボ国立公園 240
カトマイ国立公園 142
カトマンズ 88
カナイマ国立公園 27, 186
カナダ 11, 34, 63, 108, 124, 125, 139, 140, 149, 172, 177, 220, 222, 233
カニンガム川 149
カニング・ストックルート 161
カニン山脈 120
カバ 133
カピトリーノ美術館 86
カフェ・ブダペスト・コンテンポラリー・アーツ・フェスティバル 213
カベリ氷河 146
ガボン 133
カミーノ・デ・サンティアーゴ 3, 112
カムチャツカ半島 136
カメ 19, 36, 53, 58, 69, 206, 259
カモノハシ 38
カラコルム・ハイウェイ 205
カラコルム山脈 146
ガラパゴス島 69
カラワ・トレイル 171
ガラビー県 207
カリ・ガンダキ川 208
ガリシア 112, 156
カリフォルニア州 70, 75, 84, 123, 151, 255
カリブ海沿岸地方 23, 243
カリペ 102
カリボ大聖堂 20
臥龍自然保護区管理局 83
カルヴィ 217
ガルウェー 198
カルガリー 139
カルドン・ラ 155
カルナ・トル村 82, 83
カレ 116
カレリア 139
カング村 122
寒食節 76
カンヌ 105
カンヌ映画祭 105
カンパラ 52, 254
ガンビア 264
カンビドリオ 86
カンポ・サン・ポーロ広場 40
カンボジア 264
ギーザ 15
キーストン・グリーン・ステップス 41
キーストン渓谷 41
ギーチ深淵 238, 239
祇園祭り 146, 147
北朝鮮 77
北ルアングワ国立公園 99
狐火 62, 63
木登り 80
喜望峰 219
キボ峰 44
キャニオニアー、岩登り 79, 229
キャバレテ 33
ギャンツェ 88
キャンプス・ベイ 71
キューケンホフ公園 89
旧正月 81
休戦記念日（仏、伯）231
キューバ 23, 255
キュスナハト 247
京都 146, 147, 217
橘頭 96
玉龍雪山 11
キラ 13
キリアイ 27
ギリシャ 150, 173, 197
キリマンジャロ 15, 44, 262

キリン 98, 99
キルギス 3, 112, 175
ギルギット 205
キングストン・ピア 121
吟遊詩人のカーニバル 10, 11
キンロック城 215
グアテマラ 253
クイーンズタウン 20, 48
クイーンズランド 13, 38, 56, 213, 264
クエバ・デル・グアチャロ国立公園 102
クガラガディー・トランスフロンティア・パーク 41
グジャラート州 167
クジラ 32, 33, 57, 70, 94, 113, 133, 140, 149, 170, 172, 195, 246
釧路市 22
クスコ 109, 132
グッビオ 104
グヌン・ムル国立公園 65, 195
クマ 29, 50, 112, 139, 142, 143, 157, 210, 220
クラウスヤーゲン 247
クラクフ 27
グラストンベリー・フェスティバル 3, 135
グラッドストーン 183
クラビー県 207
グラン・コンバン 78
グランド・キャニオン 3, 105, 191
グランドテール島 215
グリ＝ネ岬 140
クリアウォーター・ケイブ 66
グリーンビル 52
グリーンランド 63, 126, 140
クリスマス 3, 247, 258, 260, 261
クリスマス島 241
グリニッチ 91
クリフ・パレス・ルーフ・ロード 44
クリフトン 71
クルーガー国立公園 102, 103
クルーフィング 229
クレア州 205
クレイドル山＝セントクレア湖国立公園 46
グレイ氷河 244
グレート・オーシャン・ロード 97
グレート・シー・リーフ 209
グレートバリアリーフ 183
グレートプレーンズ 102
グレートリフトバレー（大地溝帯） 100
クレスタ・ラン 11
クロアチア 91, 211
グローバーズリーフ（海洋保護区） 38
グロスター・ツリー 80
クロップ・オーバー 158
黒と白のカーニバル 12
クワズール・ナタール州 113
紅其拉甫口岸（出入国検査場） 205
クンブー氷河 114
ケア 28
競馬 168
ケイブ・オブ・ザ・ウインド 66
ケイマン諸島 230
桂林 207
ケープ・カナベラル 20
ケープ・クリア・アイランド 171
ケープ・ヨーク 183
ケープ・ブランチ川 52
ケープタウン 10, 15, 71, 145, 219
ケオラデオ・ガナ国立公園 14, 15
ケニア 3, 15, 131, 216, 262
ケベック 34, 150
ケベック・ウインター・カーニバル 34
ケラーノ・メグナ 98
ケレバクパル・ベーニャ 186
高アトラス 98
紅海 58, 107
公現祭 21

コウノトリ 14, 179
コウモリ 56, 160, 195, 222, 237
コースト・パス 86
コーチェラ・フェスティバル 84, 85
コートダジュール 105
ゴーリー川 188
ゴールウェイ国際オイスターフェスティバル 198
ゴールドコースト 13
コーンウォール州 86, 194
コカジョ 52
五月祭（メーデー） 94
国際スピードクライミング大会 91
国際ホロコースト記念日 27
国立野生保護開発委員会 41
黒龍江省 30
ココドラトラック 168
ココ島 166
湖水地方 134
コスタリカ 45, 166, 206
虎跳峡 96
黒海 179
コトヌー 15
コトパクシ火山 259
コパカバーナ 100
コフウチョウ 156
コプラ・リッジ（こぶ） 208
コペンハーゲン 110
コミュニティ・ブーン・サンクチュアリ 114
コモド国立公園 105
コモドラゴン 105
コリカンチャ 132
ゴリラ 24, 25, 247
コリント 197
コルコバード 100
コルコバド滝 57
コルサ・ディ・チェリ 104
コルシカ島 195, 217
コルベット国立公園 119
コロイコ 212
コロマンデル半島 48
コロラド川（コスタリカ） 45
コロラド川 3, 191, 221
コロラド州 44, 108
コロンビア 12, 248
コンゴ 247
コンゴウインコ 54
コンゴ民主共和国 52
ゴンダール 21
コンダス氷河 146
コンチネンタル・ディバイド 29
懇丁国家公園 210
ゴンベ渓流国立公園 86

サ
ザ・グランピアンズ 134
ザ・テラス 84
ザ・マッチメイキング・フェスティバル 205
ザ・モール 91
サー・ロウリーズ・パス 71
サーディンラン 113
サーフィン 13, 48, 97, 122, 178, 194, 236
サーレク国立公園 189
サイ 113, 210, 234
サウジアラビア 41
サウス・ウィスト島 121
サウス・ウェスト・コースト・パス 86
サウス・バイ・サウスウエスト 59
サウス・ルーアングワ国立公園 99
サウスジョージア島 242
サギ 14, 54
サクサイワマン 132
サザーランド滝 57

INDEX

サバ州 53
サバク砂漠 27, 98
サハラフェスティバル 260
サファリ 41, 103, 105, 119, 210
サマーズビル湖 188
サマーズビルダム 188
サマセット州 86, 135
サモア 75
サヤクマルカ 109
サラジ渓谷 114
サラワク・チャンバー 65
サラワク州 65
ザリガニパーティ 165
サル 14, 50, 54, 74, 114, 214, 257
ザルツブルグ音楽祭 167
サロン・グアダルビール 12
サン・イグナシオ 52
サン・フェルミン祭 141
サン・マルコ広場 40
サンイグナシオ・ラグーン 32
サンクトペテルスブルグ 126
珊瑚礁 91
ザンジバル 150
ザンスカール川 34
サンタ・エレーナ保護区 45
サンタ・マルタ・デ・リバルテメ祭 156
サンダーバンズ・トラ保護区 248
サンティアゴ・デ・コンポステラ 112
サント・トマスの祭り 253
サント・ニーニョ（聖なる幼きイエス） 20
サンドニ
サンドボード 124
ザンビア 98, 99, 237, 243
サンフアン 19, 229
ザンベジ川 99, 243
サンホセ 45
サンモリッツ 11
シェイ僧院 154
シェークスピア・クリフ 140
シエーナのパーリオ 168
シェガル 88
ジェノバ 127
ジェベル（丘） 107
シェホレ渓谷 58
シェムシャク 19
シエラネバダ山脈 123
シェラン島 110
ジェリーフィッシュレイク 19
シカ 14, 215
死海 83
シガツェ 88
ジキボンボ村 23
シグナル・ヒル 71
四国巡礼 88
地獄谷野猿公苑 257
死者の日 224
時代祭 217
自転車の旅 15, 23, 89, 105, 110, 134, 155, 163, 190, 212
シドニー 121
シナイ半島 227
シネマ・エン・プレネール 154
ジビルチャルトゥン 65
シミエアン産地 238
シムケント 112
シャーク湾 188
シャカ 88
シャムス山 42
シャモニー 28, 78
ジャンカヌー 8
シュガーローフ 100
ジュゴン 19, 130, 188
ジュネーブ 252
ジュリアン山脈 120

松花河 30
乗馬 101, 112, 129
ジョージタウン 231
ジョン・オ・グローツ 134
ジョン・グローバー 38
シラオス
シラサギ 14, 54
新界 231
新疆ウイグル自治区 205
シンコ・デ・マヨ 97
ジンジャ 254
ジンバブエ 105
シンハラジャ森林保護区（ライオンの王国） 74
ズアカサウチョウ 74
水泳 44, 66, 140, 145, 166
スイサイド・ゴージ（自殺渓谷） 229
スイス 11, 78, 247, 252
スウェーデン 36, 63. 67, 165, 189
スーダン 15
スーパーバンク 13
スーフリエールズ火山 60
スカイダイビング 200
スカイ島 215
スカンジナヴィア半島 36
スキー 11, 19, 28, 57, 78, 252
スキューバダイビング 38
スコットランド 80, 121, 129, 169, 215, 265
スタヴァンゲル 184
スタンリー 204
スタンレー山群 52
スティーブル・ジェイソン島 204
ステップ 16
ストームチェイス 108, 240
ストーンヘンジ 130
ストックホルム 36
ストロング・ピアフェスト 60
スナッパーロックス 13
スヌーバ 236
スノーシュー 44
スノーモービル 52
スパルタスロン 197
スプラヴィシュテ 105
スプリト 211
スペイン 3, 64, 112, 135, 141, 156, 191, 196
スポルベルゲイタ 133
スミニャック 122
スリックロック・トレイル 221
スリランカ 28, 50, 74
スルターンカブース・グランドモスク 42
スレンダーロリス 74
スロバキア 155
スロベニア 120
スワジランド 183
聖アントニオの休日 124
聖ウバルドの日 104
清県市 83
聖ソフィア大聖堂 30
聖パトリックの祝日 60, 61
聖ヴァレンティーノ教会 39
清明節 76
聖ヨセフの祝日 64
聖ラザロの行進 255
ダイビング、シュノーケリング 19, 38, 44, 91, 113, 130, 145, 170, 179, 195, 215, 230, 246, 259
世界トイレの日 236
石鼓鎮 96
節分 33
セナンク修道院 148
セネガル 236, 264
セノーテ 6, 230
セノーテ・アスール 230
セノーテ・ドスオホス 230
セピロク・オランウータン・リハビリテーション・センター 53

セブーモック 52
セラドス・オルガオス国立公園 100
セラノ川 16
セルカーク 129
セレンゲティ 29, 33, 83, 206, 131, 210
セントデービッド島 102
セントヘレナ島 108
セントヘレナデー 108
セントローレンス川 34, 150
ゾウ 50, 113, 180, 264
ゾウアザラシ 16, 255
ソウゲンライチョウ 102
ソー高原 148
ソーマー国立公園 77
ソカ川 120, 121
ソノラン砂漠 84
ソベラニア国立公園 259
ソンカヤルヴィ
ソンクラーン（タイ暦旧正月） 7, 81
ソンダー山 98

タ
ターコイズコースト 217
タジ・マハール 49
塔欽（ターチン） 188
ダートムーア 134
タートル・アイランズ国立公園 53
ダーリングストリート 10
ターレ 93
タイ 81, 243
大澳 231
大雪山国立公園 193
タイ太陽暦新年 81
セーリング 37, 102, 116, 211, 235
ダイヤー島 145
太陽島公園 30
大理 96
台湾 210
ダウラギリ 208
タウンズビル 183
ダカール 236
タタバニ 208
竜巻街道 108
タバ 58
タヒチ 150
ダブリン 61, 127
ダマーヴァンド山 124
タラ川 106
タラス・アラ・トゥー山脈 112
タリン 199
ダルハウジー村 28
ダルマチア郡 210
タンザニア 15, 33, 44, 86, 131, 150, 210
ディアブラーダ（悪魔の踊り） 227
チーター 33, 41, 210, 262
チェソーチャ 120
ティエラ・デル・フエゴ 16
チェンマイ 81
チチェン・イッツァ 65, 230
チチカカ湖 121
チチカステナンゴ 253
秩父夜祭 247
地中海 49
チベット 87, 188, 210
チベット高原 210
チャーウェル川 95
チャーチヒル 220
チャーチル川 149
羌塘自然保護区
中国 11, 30, 76, 83, 88, 96, 153, 188, 205, 210
中尼公路 88
チュクチ海 157
チュニジア 260

- フェスティバル&イベント
- 冒険、アクティビティ、スポーツ
- 山
- ワイルドライフ・ウォッチング

チョウ 42, 43
長江 96
超燐公園 30
チョゴルンマ氷河 146
チョベ国立公園 180
チリ 16, 17, 57, 244
チリッポ山 45
チリング 34
チルカット川 227
陝西省 153
チンパンジー 86
ツイード川 13
ツイードヘッズ 13
ツール・ド・アフリカ 15
ツール・ド・フランス 145
ツェバン・ポリエ 106
ツェルマット 78
筑波山 118
ツル 22, 23, 129
ディア・ケイブ 66
ディア・デ・ラス・ベリタス（ろうそくの日）248
ディアブラーダ（悪魔の踊り）227
抵抗の森 74
ディジョン 19
デイブ・ブルーベック 90
ティミリス岬 27
ティムカット祭 20, 21
ティモール島 209
ディリンガム 127
デヴォン州 86, 194
デウラリ 208
テーブルマウンテン 10, 71, 219
テキサス州 59, 108, 160
デザート・ハイウェイ（15号線）83
デスヴァレー 151
テッケ半島 92
デド・デ・デウス（神の指）100
デナリ 232
テネシー州 168
デパーク 238, 239
テプイ、メサ、テーブル台地 27
デブレベルハンセラシエ教会 21
テヘラン 19
デムレ 116
テラス・デュフラン 34
デリー 14, 119
テル・ダン 58
テルニ 38, 39
テレジアンヴィーゼ 202
天山山脈 175
デンパサール空港 122
デンマーク 110
ドイツ 60, 93, 155, 202, 258
トウィーゼル 48
トゥーアン・トゥーアン・クリーク 56
トゥームストーン 177
トウェルブ・アポストルズ 71
ドゥブロヴニク 211
東北虎林園 30
トウミ村 82
ドゥルー村 23
ドゥルセ・ノンブレ・デ・クルミ 54
ドロミトル国立公園 106
トーキー 97
ドージェの舞踏会 40
ドーセット州 86
ドーバー 140
トールグラスプレーリー保護区 102
トーレス・デル・パイネ国立公園 16, 244
独立記念日 139, 231
トケラウ 75
ドゴンカントリー 23
登山 44, 52, 70, 114, 118, 124, 133, 135, 182, 233, 259
トスカーナ州 168

ドナウ川 155
トフィノ 11
ドミニカ共和国 33
トラ 119, 248
トラチュカ 232
トランスパンタネイラ 72
トリエント氷河 78
トリグラウ国立公園 120, 121
トリニダード・トバゴ 58
トルコ 92, 116, 217, 252
トロギル 210
ドロミーティ 182
トワイゼル 48
トンガ 170
ドンソール 44

ナ
ナーダム 145
ナイル川 37, 254
ナカル・ギシュロン 58
ナゴール 87
ナショナル・トレイル 86
ナッソー 8
七つの人形の神殿 65
ナパラ州 141
ナピトレイル 103
ナミビア 121, 176
ナミブ砂漠 121
ナリーニョ県 12
ナルシス・スネーク・デンズ 108
南極大陸 16, 35, 146, 249, 204, 205
南壁ルート 38
ニースジャズフェスティバル 148
西オーストラリア州 80
西ケープ州 69, 71, 229
西ネグロス州 213
西マクドネル山脈 98
ニセコ 57
日本 22, 33, 57, 68, 80, 118, 147, 193, 217, 247, 257
ニュチャン 207
ニュアート・フェスティバル 184
ニューイングランド 52, 201
ニューオリンズ 90
ニューオリンズ・ジャズ&ヘリテッジ・フェスティバル 90
ニューオーリンズ・ジャズ・ナットル・ヒストリック 90
ニューカレドニア 215
ニューキー 194
ニューギニア 53
ニューサウスウェールズ州 13
ニュージーランド 20, 48, 57, 75, 91, 229
ニューデリー 236
ニューファンドランド島 140
ニューヨークシティ 139, 185, 223
ニュー・ヨーク州 20
ニュルンベルク 258
ニンガルー・リーフ 66, 67
ニンガルー海洋公園 66
ヌアバレ・ンドキ国立公園 247
ヌー 33, 131, 216
ヌーメア 215
ヌナブト準州 149
ネイチャー・シーカーズ 58
ネヴァ川 126
ネグロ川 60
ネシー・ブリッジ 80
ネパール 82, 88, 114, 200, 208
ネバダ州 176
ネブラスカ 108
ネルソン 48
ノーザンテリトリー 144
ノース・イースト・キャリー 52
ノースイースト・キングダム・フォール・フォリアージ・フェスティバル 201

ノースランド地方 91
ノードランド 244, 246
ノーフォーク島 121
ノット・ソー・サイレント・ダンスパーティ 84
ノホーク・チェン考古学保存地域 52
ノルウェー 63, 133, 184, 189, 246

ハ
パード=カレー県 140
パース 188
バーニングマン・フェスティバル 176
ハービー湾 56
ハーフ・ドーム 123
バミューダ 102
バーモント州 201
バーラル 210
パール・ジャム 84
ハイイロペリカン 27
ハイキング 16, 17, 23, 27, 34, 38, 52, 57, 58, 67, 83, 86, 92, 96, 98, 103, 109, 120, 124, 125, 146, 153, 160, 167, 168, 171, 173, 175, 195, 206, 208, 219, 231, 243, 244
バイソン 29, 83, 102
ハイチ 226
パキスタン 146, 205
バクアレ川 45
白頭山 77
バクレニツァ国立公園 91
バクタプル村 82
バコロド 213
羽衣の滝 193
バサドーリー 205
バザルト半島 130
バジェランタ国立公園 189
パシフィック・グローブ 75
バスト 12
バスト・ポニー・トレッキング・センター 200
パストラーナ公園 20
バターリャ・デル・ヴィーノ 135
パタゴニア 16, 17, 244
パチャン 260
バグサンハン川 196
バックスキン・ガルチ 79
パッサウ 155
バッドウォーター・ウルトラマラソン 151
バッファロー 103, 216
バドゥム 34
ハドソン湾 220
パナス 87
パナニ村 23
花の谷 160
パナマ 259
花見 3, 68
バヌアツ 4, 86, 87
ババ 217
バハ・カリフォルニア 32, 33
ハバナ 23
バハマ 8
パプア・ニューギニア 156, 158
パペーテ 150
ハヤル山地 42
パラオ 19
パラグライダー、滑空 71, 213, 217
パラッツォ・メディチ 127
バラデロ 23
バラ島 121
バラトプラ 14
バランゴン 122
パリ 122
バリ 154, 185
バリア渓谷 79
バリスピア半島 199

INDEX

📍 ウォーキングトレイル
📍 河川
📍 国立公園、保護区、サンクチュアリ
📍 バードウォッチング

バルセロナ 196
バルセロナ・ミュージカル・アクション 196
ハルツ山脈 93
バルディーズ 41
バルディスターン 146
バルデス半島 16, 70
バルトロ氷河 146
バルバドス 158
ハルビン氷祭り 30
パレ・デ・フェスティバル(カンヌ) 105
バレー・ブランシュ 28
バレンシア 64
ハロウィン 223
ハロン湾 206, 207
ハワイ 48, 164, 171
パン・ダルガン国立公園 27
パン・ホエベンバーグ山 20
ハンガリー 213
バンクーバー島 11, 125
バンザイ・パイプライン 48
バンジージャンプ 4, 87
パンダ 4, 83, 97
パンタナル 72
パンディアガラの断崖 23
バンフ・マウンテン・フィルム・フェスティバル 222
パンプローナ 6, 141
パンマ氷河 146
ビージャ・イダルゴ 233
ビアフォ氷河 146
ピークセイラム 112
ビースティ・ボーイズ 84
ビエケス 229
東ケープ州 113
ビクトリア州 70
ピコ・デ・オリサバ 233
ピサ 127
ビスケットジャトラ(蛇殺祭) 82
ビッグサー 75
ピットン・ファーム 52
ビティレブ島 209
ピトケアン島 121
ピトン・デ・ネージュ 23
ビニャーレス渓谷 23, 27
ヒマラヤ 53, 114, 155
姫沼 119
ビャウォヴィエジャ国立公園 83
白夜 126
ヒョウ 50, 74, 90, 97, 113, 133, 210
氷壁登り 41
平壌 77
ビルカ 36
ピンクフラミンゴ 27
ヒンチンブルック 183
プアーナイツ 91
ファヴェーラ地区 100
ファカオフォ島 75
ファシリデス帝の沐浴場 21
ファジル・ゲビ 21
ファッション・ウィーク 185
ファルス湾 145
ファンシーパン山 67
フィジー 209
フィッシュリバー渓谷 121
フィッツロイ山 16
フィヨルドランド国立公園 57
フィリピン 20, 44, 196, 213
フィンランド 138, 189, 261
フヴァル 211
ブウィンディ原生国立公園 25
ブータン 97, 206
ブードゥーフェスティバル 15
プーノ 271
プール 86
ブーンヒル 208

フェアグラウンド競馬場 90
フェスティバル・デュ・ヴァン(風のフェスティバル) 217
フェテ・ゲーデ(死神の祭礼) 226
フェトヒイェ 92, 116
プエブラ 97
フェリア・デル・カバージョ(馬祭り) 101
プエルト・アベンチュラ 230
プエルトリコ 102, 229
フォー・コーナーズ 44
フォークランド諸島 204
フォンテーヌブロー 255, 256
プキット半島 122
復員軍人の日 231
フクロウ 14
富士山 118
プシュカルのラクダ見本市 241
ブダペスト 213
フタレフ川 16
ブッシュマンズトレイル 103
仏領アルプス 145
ブヤパタマルカ 109
ブライダルベール滝 41, 123
ブラウ・グリサン 53
ブラジル 27, 60, 72, 73, 100, 250
ブラチスラヴァ 155
フラミンゴ 19, 27
フラミンゴ・ビジターセンター 232
フランクリン川 7, 263
フランス 28, 49, 78, 97, 105, 140, 145, 148, 154, 185, 195, 217, 231, 255, 265
フランス革命記念日(バスティーユ・デイ) 145
ブリストルベイ 127
ブリティッシュコロンビア州 124
プリマス・バンジュールラリー 264
プリンス・ウィリアム湾 41
ブルームズデー 127
ブルガリア 179
フレンチウォーター 90
フローレンス 124
ブロッケン山 93
フロリダ州 102, 232
フンザ渓谷 205
ヘイ・フェスティバル 108
平安神宮 217
ヘイヴァ 150
ベーリング海峡 127
ベステローレン諸島 246
ベトナム 67, 207
ペトラ 107
ペナン 15
ベネズエラ 27, 102, 186, 240
ヘブリディーズ諸島 121
ペホー湖 244
ヘラサギ 27
ベリーズ 38, 52, 114
ペリト・モレノ氷河 16
ヘリバイク 48
ペルー 109, 132, 221, 227
ベルギー 231
ベルズビーチ 97
ヘルマナス 71, 195
ヘルマナスクジラ祭 195
ヘレス 101
ベローナ 130
ベローブの森
ペンギン 16, 34, 35, 204, 242, 249
ペンテコスト島 87
ペンバートン 80
ペンブロークシャー 167
ホイットニー山 151
ホエリクワッゴ・トレイル 219
ボイス 179

ポーターヴィル 71
ポート・セント・ジョンズ 112
ポートオブスペイン 58
ボートや船の旅 37, 77, 106, 120, 136, 157, 196, 232, 249
ホーフブルグ王宮 18
ポーラナー・ケラー 60, 202
ポーランド 27, 83
ポーランド山 229
ボカの滝 120
ボクシングデー (12/26) 8
ホグマニー 265
ボスニア 106
北海道 22, 57, 118, 193
ボツワナ 41, 105, 180, 191
ボデ村 82
ポピーデイ 231
ボブスレー&トボガン 3, 11, 20, 138
ポペック 120
ボリビア 11, 19, 182, 212
ポルトープランス 226
ポルトガル 124
ボルネオ 53, 65, 195
ホワイトヘブン 183
香港トレイル 231
ホンジュラス 54, 55
ポンテベドラ県 156
ポンデローサ 230

マ
マーセド川 70
マインヘッド 86
マエストロ山脈 23
マグダーレン橋 94
マグディポの滝 196
マクマード基地 35
マクレホース・トレイル 231
マクンドゥチ村 150
マサイ国立保護区 131, 216
マシャトゥ野生動物保護区 105
マスカット・フェスティバル 42
マスカラフェスティバル 213
マダガスカル 26, 27, 173, 214
マチャメ・ルート 44
マチュピチュ 109
マチュラビーチ 58
マックノン・パス 57
マッターホルン 78
マッツァル国立公園 199
マツトラ・スーク 42
マディディ国立公園 182
マナウス 60
マニトバ州 108, 149, 220
マファト圏谷 114
マラウイ湖 15
マラカイボ湖 240
マラ川 130
マラソン 91, 151
マラング・ルート 44
マリ 23
マルゲリータ峰 52
マルディグラ 20
マルマリス 116
マルモレの滝 39
マレアルア 200
マレーシア 53, 65, 195
マレニャーネ滝 200
マワジン 119
マンタディア国立公園 214
マン島 155
マントン 48, 49
ミーアキャット 67

📍 フェスティバル&イベント　　📍 山
📍 冒険、アクティビティ、スポーツ　　📍 ワイルドライフ・ウォッチング

ミクロネシア 25, 259
ミスキック 225
ミチョアカン州 43
南アフリカ 10, 15, 41, 67, 71, 103, 105, 113, 145, 163, 195, 219, 229
ミナミゾウアザラシ 204, 242
南パタゴニア氷原 16
南ルアングワ国立公園 98, 99
ミネラル・デ・アンガンゲオ 43
ミュンヘン 60
妙香山 77
ミロラ 185
ミルフォード・サウンド 57
ミルフォード・トラック 4, 57
梅窩 231
ムイネビーチ 207
ムースヘッド湖 52
ムカヤ・ゲーム保護区 183
ムサンダム半島 42
ムジブ自然保護区 83
ムフエ 100
ムベヤ（タンザニア）15
ムワカ・コグア 150
メイン州 52, 53
メヴラーナの祭り 252
メーサ地帯 238, 239
メーラレン湖 36
メール・ド・グラース氷河 28
メキシコ 32, 43, 65, 97, 178, 206, 224, 230, 233
メコン・デルタ 207
メサ・ヴェルデ国立公園（緑の大地）44
メラルーカ 222
メリンカ 57
メルセ祭り 196
メルボルン国際コメディフェスティバル 70
メンドーサ 38
メンフィス 168
モアブ・ホーダウン・バイク・フェスティバル 221
モアフィールド・キャンプグラウンド・ロード 44
モードリン橋 94
モーリタニア 27, 264
モゴテ 23
モザンビーク 130
モッスル湾 145
モバン川 52
モモイロペリカン 27
モルジブ 185
モレミ野生動物保護区 191
モロッコ 98, 119, 264
モン・ヴァントゥ山 148
モンゴル 145
モンテ・ローザ 78
モンテズマ郡 44
モンテネグロ 106
モンテベルデ自然公園 44, 45
モントセラト（イギリス海外領土）60
モントリオール 70
モントレーベイ 75

ヤ
ヤーラ国立公園 50
屋久島 118
八坂神社 33
ヤサワ諸島 209
ヤップ島 259
ユカタン半島 65, 230
ユタ州 79, 221
ユンガスの道 212
ユンゲラ国立公園 38
ヨセミテ国立公園 70, 123
ヨルダン 83, 107
ヨルダン川 21

ラ
ラ・ヴィレット公園 154
ラ・セイバ 54
ラ・モスキティア 54, 55
ラ・リオハ州 136
ラ・ルンラ・パス 88
ライオン 41, 113, 210, 262
ライオンズヘッド 71
ライベラ 20
ラウンド島 127
ラオカイ省 67
ラガン・ケイブ 66
ラグーナ・バカラー 230
ラグーナ・ロス・ホルコネス 38
ラクダ 241, 260
ラグナ・コロラダ（赤い湖）19
ラサ 88
ラジャスタン州 14, 241
ラス・ダシャン山 238, 239
ラス・ファジェス 64
ラセターズ・キャメル・カップ 144
ラダック 34, 155
ラッコ 75
ラップランド 63, 189, 231, 261
ラドヴァン・ルカ 106
ラパス 19, 212
ラバト 119
ラフティング&カヤッキング 3, 20, 48, 106, 120, 188, 191, 209, 229, 232, 243, 254, 263
ラヘマー国立公園 199
ラマー渓谷 29
ラム島 215
ラムナガル 119
ラム村 107
ララピンタ・トレイル 98
ラング・ケイブ 66
ランズ・エンド 134
ランタオ・トレイル 231
ランタオ山 231
リーワード諸島 60
リエクサ 139
リオ・コロラド、コロラド川 45
リオデジャネイロ 18, 100
リオ・プラタノ生物圏保護区 54, 55
リカオン 191
利尻岳 118
リスドゥーンバーナ 205
リスボン 124
リドリービーチ 35
リバーチューブ 52
リビエラ 49, 105
リマ 221
リミニ 124
リヤド 41
リロングウェ 15
リンコン・デ・ラ・ビエハ国立公園 45
ル・グラン・バル 18
ルイ・アームストロング 90
ルイス 228
ルウェンゾリ山地 52
ルキア海岸 92
ルキアン・ウェイ 92
ルクソール 15
ルソン島 44, 196
ルブアルハリ砂漠 41
ルベロン地方 148
麗江 11, 96
レネ 124
レー 34, 155
レーク・プラシッド 20
レガッタ 127
レスト 200
レッド・ホット・チリ・ペッパーズ 84
レッドサイドガータースネーク 108
レディオヘッド 84
レバノン 58, 252
レバノン杉スキー場 252
レフカダ島 150
レモショ・ルート 44
レモン祭り 49
レユニオン 115
レンメンヨキ国立公園 189
ロアンゴ国立公園 133
ローガン山 233
ローズフェスティバル 98
ロードトリップ 155, 161, 205, 212
ローマ 86
ロシア 63, 126, 135, 136, 137, 157, 189
ロス・ケルノス 244
ロッキー山脈 108
ロックアイランド 19
ロックウッド 52
ロッククライミング&ボルダリング 91, 100, 255
ロッホ・ネス 134
ロデオ 139
ロトルア 20, 48
ロノロレ 87
ロバニエミ 261
ロバンバ 183
ロフォーテン諸島 133
ロライマ山 27
ロレンゴ国立公園 133
ロンガイ・ルート 44
ロンセスバーリェス 112
ロンドン 91
ロンドンマラソン 91
絨布寺 88
ロンボン 120

ワ
ワーディー・ラム 7, 107
ワイオミング州 29
ワイヤー・パス 79
ワイルド・パシフィック・トレイル 11
ワシントン州 179
ワッフルデー 67
ワディ・ムジブ（アルノンの奔流の谷）83
ワナカ 20, 48
ワプスク国立公園 220
ワリ 87
ワルミワニュスカ（「死んだ女性」）109
ワンダムー川 33

ン
ンゴール島 236
ンゴロンゴロクレーター 210
ンゴロンゴロ国立公園 210, 211

271

The BEST PLACE TO BE TODAY

Translated from the THE BEST PLACE TO BE TODAY 2014
Lonely Planet Publications Pty Ltd.
© Lonely Planet 2014
© Photographers as indicated 2014
Japanese translation rights arranged with LONELY PLANET GLOBAL INC.
through Japan UNI Agency, Inc., Tokyo.

365日、今日行くべき
世界で一番すばらしい場所

2015年12月1日 初版第1刷発行

[編著者]
サラ・バクスター

[発行人]
穂谷竹俊

[発行所]
株式会社日東書院本社
〒160-0022
東京都新宿区新宿2-15-14 辰巳ビル
電話 03-5360-7522（代表）
FAX 03-5360-8951（販売部）
http://www.TG-NET.co.jp

[翻訳]
駒野谷理子 [pp.1-93, 116-135, 180-223, 266-271]
深須祐子 [pp.94-104, 224-265]
中村亜希子 [pp.105-115, 146-157]
朝岡あかね [pp.136-146]
ジャスティン・ボウマン（アールアイシー出版）[pp.158-168]
栗原千恵（アールアイシー出版）[pp.168-179]

[編集]
小泉宏美
高城昭夫、明石康正（パッド株式会社）
篠原洋

[DTPオペレーション]
一瀬貴之

[印刷・製本]
凸版印刷株式会社

本書へのご感想をお寄せ下さい。また、内容に関するお問い合わせは、お手紙かメール（otayori@tatsumi-publishing.co.jp）にて承ります。
恐縮ですが、電話でのお問い合わせはご遠慮下さい。

本書の無断複製（コピー）は、著作権法上の例外を除き、著作権侵害となります。
落丁・乱丁本はお取り替えいたします。小社販売部までご連絡ください。

日本語版©Nitto Shoin Honsha Co., Ltd. 2015
ISBN 978-4-528-02000-9 C0026
Printed in Japan